本书为 2022 年度国家社会科学基金重大项目"侨联组织在国家公共外交中的作用研究"（项目批准号：22&ZD175）的阶段性成果。本课题研究得到国家社科基金重大项目资助。

教育部人文社会科学重点研究基地
Key Research Institute of Humanities and Social Sciences at Universities

暨南大学华侨华人研究院
Academy of Overseas Chinese Studies in Jinan University

·世界华侨华人研究文库·

丛书主编　张小欣

侨联工作研究

张春旺　著

暨南大学出版社
JINAN UNIVERSITY PRESS

中国·广州

图书在版编目（CIP）数据

侨联工作研究 / 张春旺著. -- 广州 ： 暨南大学出
版社，2025. 7. --（世界华侨华人研究文库 / 张小欣
主编）. -- ISBN 978-7-5668-4111-7

Ⅰ. D634.1

中国国家版本馆 CIP 数据核字第 2024U02641 号

侨联工作研究

QIAOLIAN GONGZUO YANJIU

著　者：张春旺

- -

出 版 人：阳　翼
策划编辑：黄圣英　郑晓玲
责任编辑：郑晓玲　冯　琳
责任校对：刘舜怡　黄晓佳
责任印制：周一丹　郑玉婷

出版发行：暨南大学出版社（511434）
电　　话：总编室（8620）31105261
　　　　　营销部（8620）37331682　37331689
传　　真：（8620）31105289（办公室）　37331684（营销部）
网　　址：http：//www. jnupress. com
排　　版：广州市新晨文化发展有限公司
印　　刷：广东信源文化科技有限公司
开　　本：787mm × 1092mm　1/16
印　　张：12. 75
字　　数：258 千
版　　次：2025 年 7 月第 1 版
印　　次：2025 年 7 月第 1 次
定　　价：59. 80 元

前　言

中国侨联发轫于延安华侨救国联合会，成立于1956年。在长期的革命、建设、改革的历史进程中，各级侨联紧紧围绕党和国家的中心工作，紧密团结联系广大海外侨胞和归侨侨眷，充分发挥独特优势和作用，谱写了丰富多彩的侨联工作实践篇章，侨联工作已经成为党和国家事业的重要组成部分。

在这个历史进程中，党和国家领导人对侨务工作、侨联工作和华侨华人的地位作用有很多重要论述，形成了党的侨务理论，成为侨务工作的重要遵循；特别是党的十八大以来，习近平总书记关于侨务工作的重要论述作为习近平新时代中国特色社会主义思想的侨务篇，为新时代的侨务工作指明了前进方向。

侨联工作既是党和国家侨务工作的重要组成部分，也涉及党的群众工作、统战工作和国家外交工作等，政策性强，工作要求高。进入新时代，侨联工作需要进一步实现机制化、规范化、长效化，在党和国家工作大局中发挥新的更大作用。这就需要对侨务工作、侨联组织、侨联工作进行比较系统的了解和学习，不断提高侨联组织的整体工作水平和侨联干部队伍的整体素质。

针对多年来欠缺系统介绍侨联工作相关著述的情况，笔者在认真学习党的侨务理论、侨务工作和侨联工作丰富实践的基础上，尝试编写了《侨联工作研究》一书，希望能对侨联干部学习培训、党政干部和社会各界了解侨联工作有所帮助。本书由中国华侨华人研究所副所长张秀明审读，得到李明欢、赵健、张国雄、张小欣、张振江、张应龙、范宏伟等专家的指导，以及中国侨联机关诸多领导干部的帮助，在此表示感谢。

由于这是侨联历史上第一本系统介绍、研究侨联工作的书籍，而笔者水平有限，错谬之处在所难免，希望能得到读者的批评指正。

张春旺

2025 年 2 月

目 录

第一编

侨务工作

中国侨务工作源于晚清时期，清政府意识到各国侨民在维护其母国利益中所起的重要作用，逐渐改变了视华侨为海外弃民的观念，将华侨作为国民看待，努力吸引华侨回国参与国家建设。民国政府进一步加强侨务工作，强化华侨的国家和民族认同感，凝聚侨界力量，共同抵御外侮，反抗侵略。

新中国成立以来，我国的侨务工作一般是指有关机构、组织针对华侨、归侨、侨眷开展的管理、服务、联谊、引导等有关工作。侨务工作的主要任务是保护华侨、归侨、侨眷的正当和合法权益，为华侨、归侨、侨眷服务，团结联系广大海外侨胞和归侨、侨眷为党和国家事业发展作贡献。

第一章 侨务工作对象、方针、原则与 华侨华人历史概述

我国侨务工作的对象、方针、原则等是在长期的侨务工作中形成的，是做好侨务工作必须掌握的内容。

一、侨务工作对象

侨务工作对象在我国是指华侨、归侨、侨眷。与此相联系的，还有外籍华人。[①] 同时，根据形势发展和工作需要，很多地方侨联组织还把海外留学人员及其国内的眷属作为工作对象。

（一）华侨

根据我国的有关规定，华侨是指定居在国外的中国公民，其中"定居"是指中国公民已经取得住在国长期或者永久居留权，并已在住在国连续居留两年，两年内累计居留不少于 18 个月；中国公民虽未取得住在国长期或者永久居留权，但已取得住在国连续 5 年以上（含 5 年）合法居留资格，5 年内在住在国累计居留不少于 30 个月，视为华侨。

华侨是一个严格的法律概念。不是所有在国外生活、工作、学习的中国人都是华侨，也就是说，海外中国公民与华侨是两个不同的概念。华侨是指定居在国外的中国公民，其法律概念有三层含义：一是在国籍选择上，华侨必须是保留中国国籍的中国公民，国籍不同是华侨与外籍华人的本质区别。二是必须是定居在国外，香港、澳门和台湾是中国领土，定居上述区域的港澳台同胞是中国公民，不能称为华侨。但如果港澳台同胞移居国外，获得住在国永久居留权，则是华侨。三是按照有关规定，我国出国留学生（包括公派和自费）在外学习期间，驻外机构工作人员、访问学者、各种临时出国人员、劳务输出人员在外工作期

---

① 本章所述华侨、归侨、侨眷、外籍华人等概念，主要依据《中华人民共和国归侨侨眷权益保护法》和国务院侨务办公室《关于界定华侨外籍华人归侨侨眷身份的规定》。相关解释参见张秀明：《华侨华人相关概念的界定与辨析》，《华侨华人历史研究》2016 年第 2 期。

间，以及经常在边境出入的边境居民，这些人并非定居国外，无论他们在国外居留时间长短，都不是华侨。

（二）归侨

归侨是指回国定居的华侨。"回国定居"是指华侨放弃原住在国长期、永久或合法居留权并依法办理回国落户手续。

外籍华人经批准恢复或取得中国国籍并依法办理来中国落户手续的，视为归侨。

归侨具有以下法律特征：一是必须曾经是华侨或华人。非华侨华人回国的中国公民不是归侨。二是必须是回国定居。华侨临时或短期回国旅游探亲、讲学交流、经商办厂但没有定居的均不属于归侨。是否回国定居是华侨与归侨的重要区别。

（三）侨眷

侨眷是指华侨、归侨在国内的眷属。侨眷包括：华侨、归侨的配偶，父母，子女及其配偶，兄弟姐妹，祖父母、外祖父母，孙子女、外孙子女，以及同华侨、归侨有长期扶养关系的其他亲属。外籍华人在华具有中国国籍的眷属（其范围与侨眷相同）视同侨眷。根据《中华人民共和国归侨侨眷权益保护法实施办法》第二条的规定，归侨、侨眷的身份，由其常住户口所在地的县级以上地方人民政府负责侨务工作的机构根据本人申请审核认定。

（四）外籍华人

外籍华人是指：已加入外国国籍的原中国公民及其外国籍后裔；中国公民的外国籍后裔。根据《中华人民共和国国籍法》的规定，父母双方或一方为中国公民，本人出生在外国，具有中国国籍；但父母双方或一方为中国公民并定居在外国，本人出生时即具有外国国籍的，不具有中国国籍。与此相联系的还有"华裔"的概念。华裔不是独立的法律概念，一般是指在住在国出生的第二代以上的华人（取得外国国籍）。根据对"外籍华人"的界定，外籍华人中包括华裔，但不宜用"华裔"指代"华人"。在北美地区，一般用"亚裔""华裔""印度裔"称谓具有亚洲血统、中国血统、印度血统的族群。在此种语境下，"华裔"一般是指北美地区的"华人"。

与具有本国血统的外籍人士加强联系联谊，是国际惯例。世界上有70多个国家都建立了以由本国移居他国人员及其后裔为服务对象的移民工作机构。外籍华人虽然不是中国公民，但由于其原籍或祖籍为中国，客观上与中国有着千丝万

3

缕的联系。比如，有的人出于各种原因入籍住在国，但在国内可能还有父母、配偶、子女等亲朋好友，以及产业、事业等；有的人虽然是华裔，但家族还有不少人在国内，有着寻根问祖的愿望；有的人出生后虽然没有到过中国，但对中华文化有着天然的亲近感，对中国有亲戚般的感情，等等。涉侨机构与国内民众十分珍惜与外籍华人的关系和感情，一向把他们作为中国人民的亲戚来善待。我国侨务工作可在分清国籍的原则下，在符合国际惯例和外交基本原则、住在国能够接受、符合华人自身利益的前提下，基于亲情、友情，开展联谊联络工作，在来往事务中尽可能对外籍华人给予一定的照顾，增强他们对中国的了解和感情，带动更多的住在国民众了解中国，不断发展壮大对我友好队伍。同时，我们也希望住在国能够客观公正地看待华人，尊重和维护他们的正当合法权益，共同结成人类命运共同体。

华侨和外籍华人简称华侨华人。华侨华人的概念，是在中国历史及世界历史进程中演变出的，尤其与近代历史发展、国际关系变化密切相关，是住在国经济、政治、文化、社会发展等因素综合作用的结果。

（五）留学人员

改革开放后，大批公费和自费留学人员赴国外学习。据教育部统计，1978年至2019年度，我国各类出国留学人员累计达656.06万人，其中165.62万人正在国外进行相关阶段的学习或研究；490.44万人已完成学业，423.17万人在完成学业后选择回国发展，占已完成学业群体的86.28%。[①] 由于这些出国留学人员与所在国家的教育机构、科研机构、文化机构及教师、科研人员、国外同学等有着密切的联系，具有学历高、视野开阔、海外联系广泛的特点，特别是他们当中有一大批高层次人才，相当一部分人学成后留在所在国家工作、生活。从侨联群众组织的特点出发，加强与海外留学人员的联系，做好他们在国内眷属的工作，成为很多地方侨联组织拓展工作领域、加强服务职能的重要工作，也进行了很多探索。在第十次全国归侨侨眷代表大会通过的《中华全国归国华侨联合会章程》提出，"密切与海外侨胞、留学人员及其社团的联系"，[②] 留学人员及其社团组织成为侨联组织的工作对象。

---

① 《2019 年度出国留学人员情况统计》，中华人民共和国教育部网站，http：//www.moe.gov.cn/jyb_xwfb/gzdt_gzdt/s5987/202012/t20201214_505447.html。

② 《中华全国归国华侨联合会章程》（2018 年 9 月 1 日第十次全国归侨侨眷代表大会通过），中华全国归国华侨联合会网站，http：//www.chinaql.org/n1/2018/0622/c419637-30075925.html。

二、侨务工作的基本方针

侨务工作不仅涉及华侨、华人、归侨、侨眷，还与华侨华人住在国的国家关系、民间交往有着必然联系，政策性、敏感性很强。新中国成立特别是改革开放以来，党和国家总结侨务工作的经验，确立了以下方针。①

（一）华侨工作的基本方针

保护华侨的正当合法权益，关心和扶持华侨的长期生存和发展，促进华侨团结互助；教育华侨遵守住在国法律，尊重当地社会、民族习俗，并与当地人民和睦相处；尊重华侨自愿加入住在国国籍的意愿，鼓励华侨发扬爱国爱乡优良传统，为促进祖国和住在国的发展以及祖国与住在国的友好合作发挥积极作用。

这一方针的确定，主要是基于华侨是定居在国外的中国公民。根据《中华人民共和国宪法》第五十条"中华人民共和国保护华侨的正当的权利和利益"的规定，以及相关国际惯例，必然要把保护华侨的合法权益、关心和支持华侨在当地的长期生存发展作为工作方针。同时，由于华侨定居在住在国，其行为规范必须符合当地的要求，必须遵守住在国的法律，与当地人民和睦相处。他们又具有融通中外的优势，完全可以在促进中国与住在国友好方面发挥重要作用。

（二）外籍华人工作的基本方针

关心外籍华人的长期生存和发展，增进外籍华人同我国的亲情乡谊与合作交流，鼓励他们融入当地主流社会，传承民族文化，为住在国的发展以及住在国与我国的友好合作发挥积极作用。

这一方针的关键是中国不实行双重国籍政策，华人应效忠住在国并融入当地社会。贯彻这一方针，一方面有利于消除华侨华人住在国的疑虑，改善和发展我国与有关国家的关系，更有利于华侨华人在当地的长期生存和发展；另一方面充分考虑到华人的特殊性，以及他们在血缘、地缘及文化传统上与中国及家乡的密切联系，可以更好地增进他们与我国的亲情乡谊与合作交流。

（三）归侨、侨眷工作的基本方针

依法保护归侨、侨眷的合法权益，根据归侨、侨眷的特点予以适当照顾，鼓

---

① 侨务工作方针、政策参见《党政干部统一战线知识读本》编写组编著：《党政干部统一战线知识读本》（第2版），人民出版社、华文出版社2016年版，第363—366页。

励他们在本职岗位建功立业，积极发挥他们与海外有着广泛联系的优势，为实现中华民族伟大复兴的中国梦作贡献。

这一方针的确定，是基于归侨、侨眷是中国公民，享有中国公民的一切权利并履行公民义务。同时，根据归侨的海外经历以及归侨、侨眷与海外亲友联系紧密等特点，需要按照相关法律法规及政策，对他们予以适当照顾，以更好地促进海内外同胞关系和谐，凝聚起同圆共享中国梦的强大合力。

三、侨务工作的基本原则

（一）"三有利"的原则

开展侨务工作要有利于华侨华人的长期生存和发展，有利于发展我国同海外侨胞住在国的友好合作关系，有利于推进我国现代化建设和祖国统一。

（二）区别国籍界限的原则

开展侨务工作既要遵守《中华人民共和国国籍法》，注意外籍华人与华侨的国籍区别，又要尊重外籍华人的族裔感情和他们与祖籍国有着千丝万缕联系的实际，增进同他们的亲情乡谊。

（三）公开合法的原则

开展侨务工作要遵循相关的国际条约和国际惯例，符合海外侨胞住在国的法律，做到合情、合理、合法，不授人以柄，不强人所难。

（四）积极稳妥的原则

侨务工作是一项政治性和政策性很强的工作，应当服从和服务于党和国家的工作大局，既要积极进取，又要稳妥慎重，做到因地、因时、因人、因事制宜。

（五）"一视同仁、不得歧视，根据特点、适当照顾"的原则

华侨和归侨侨眷是我国公民，但又具有其他公民所没有的一些特点。在国内工作中，既要一视同仁，依法保护华侨和归侨、侨眷的合法权益，又要根据他们的特点，予以适当照顾。

四、华侨华人历史概述

中国海外移民的历史源远流长，最早可以追溯到西周时期。古代移居国外的中国人没有固定的称谓，寄居他乡的人一般被称为"侨人""侨士"，唐宋以后多被称为"唐人""汉人"，近代也被称为"华工""华民""华人""华商"等。1883 年，清末思想家郑观应在呈报给李鸿章的一份文件中称，"凡南洋各埠华侨最多之处，须逐渐布置，亦派船前往"[1]，他也成为最早使用"华侨"一词的人。此后，人们开始普遍使用"华侨"专称寄居海外的中国人。

我国海外移民在不同历史时期体现出不同的特点，它不仅是中国历史的重要篇章，也是世界历史的组成部分。

很早以前，中国就出现了移民周边地区的现象。较为可靠的记载始于汉代，当时中国人已经开辟了从雷州半岛沿中南半岛、暹罗湾到印度的海上贸易交通线，不少商贾因航行、贸易需要数年时间而"住蕃"在海外。[2]

唐朝是中国封建社会鼎盛时期，国都长安成为当时东方政治、经济、文化交流中心，中外交往十分频繁，不仅有阿拉伯人、东南亚人、东亚人侨居中国，也有不少唐朝人赴朝鲜、日本、阿拉伯、东南亚等地区。鉴真东渡，是中日文化交流的历史丰碑。因大唐盛世，海外诸国称侨居当地的中国人为"唐人"，这些人也乐于以"唐人"自称。他们及其后代把回国称为"回唐山"，把在海外的聚集地称为"唐人街"，把中国文字称为"唐人书"。这些称谓具有强大的文化生命力，"唐人街"这一名称一直延续到现在。

宋元时期，我国的海外移民出现大规模增长。由于宋代经济繁荣，对外贸易需求增加；造船与航海技术有了较大发展，指南针开始运用于航海，赴东南亚开展贸易的商人很多。这些人一般随着季风乘船出洋和返回中国。但是，由于商贸周期，比如货物没有卖出去、货款没有收到等，错过了春季东南季风航船回国，只好住在当地，等待来年往返航船的到来，这种现象称为"住蕃""住冬"。也有一些商人出于种种原因最后留在了当地。

明朝实行了严厉的海禁政策。但郑和七下西洋，历时 28 年（1405—1433），阵容强大，声威显赫，其主要目的是"通西南海道朝贡""宣德化而柔远人"。他对于当时和后世的华侨出国及其在当地的生存发展、华侨社会的形成产生了重大而深远的影响。后来，郑和在南洋华侨中被神化了，如今在东南亚等地的三保庙里仍有

---

[1] 郑观应：《禀北洋通商大臣李傅相为招商局与怡和、太古订立合同》，夏东元编：《郑观应集》（下册），上海人民出版社 1988 年版，第 790 页。

[2] 庄国土：《华侨华人与中国的关系》，广东高等教育出版社 2001 年版，第 23-24 页。

民众对郑和顶礼膜拜。1567年，明朝隆庆皇帝开放海禁，恰与大航海时代相契合，海外贸易更加繁荣，西方殖民者在东南亚也需要建筑、开矿、垦殖等方面的劳动力，于是福建、广东等地的商人、农民、手工业者等来到这些国家，很多人留居当地。随着明代中后期海外移民的人数剧增，海外华侨社会初步形成。明末清初，因战乱有大批军民逃到越南、缅甸等东南亚国家，有的做小生意，有的靠手艺谋生，有的垦田务农，有的成为雇工。其中在越南的被称为"明乡人"，居住的村社被称为"明乡"。这一时期，"在海外求衣食者已达十余万人"。①

由于留居当地的中国人越来越多，不少人与当地女性结合养育下一代，比如在马六甲等地区，其后代男性被称为"峇峇"，女性被称为"娘惹"。

清朝顺治时期禁止国人下南洋，康熙时期更甚。雍正、乾隆时期虽开放海禁，但对国人出洋的立场依然如故。1740年，荷属东印度当局在爪哇的巴达维亚（今雅加达）制造大规模屠杀华人的"红溪惨案"，清廷竟认为遇害同胞是"自弃王化""与番民无异"而不闻不问。②

1840年鸦片战争后，帝国主义的坚船利炮打开了中国的国门，中国沦为半殖民地半封建社会，民众生活更加艰难，不少贫苦民众被迫出卖自己的劳动力。此时西方殖民者开发东南亚、美洲、非洲、大洋洲，比如东南亚的锡矿开采、橡胶园开辟，北美、大洋洲、南非等地的金矿开采与铁路建设，拉丁美洲种植园的开发等，需要大量劳工。而中国人吃苦耐劳、报酬和生活要求低、服从管理，成为西方殖民者理想的劳动力，因而出现了大量契约华工，且伴生了"猪仔贸易"。据清廷官方统计，在这段时期，中国至少有500万契约华工前往世界各国，华侨也因此遍布全世界。

第一次世界大战期间，中国对德宣战，加入协约国一方，因英、法、俄协约国兵源的后勤保障不足，中国"以工代兵"招募了大量劳工，赴英、法及前线从事筑路、采矿、后勤、挖战壕等工作，人数目前没有准确的数字，有研究者认为其中赴英国约5万人、赴法国约15万人、赴俄国约3万人。

同时，清末和民国时期，有一大批中国留学生赴美国、欧洲及日本学习，他们当中不少人成为中国新文化运动和中国现代科技事业、教育事业发展的中坚力量。

概而言之，1840年至1949年的100多年间，是我国历史上侨民迁移海外的重要时期，形成了"有海水的地方就有华侨"的格局。新中国成立之初，我国

---

① 庄国土：《明末南洋华侨的数量推算和职业、籍贯构成》，《南洋问题研究》1990年第2期。
② 李长傅：《南洋华侨史》。转引自《民国丛书》第三编第22册，上海书店1991年版，第170—171页。

海外侨胞约为 1 200 万人。[1]

新中国成立后，由于国际局势限制和国内社会主义革命、建设，国内居民出国现象大幅减少。不少海外侨胞和留学生受新中国的感召，以极高的热情回国参加社会主义建设，形成了华侨回国的高潮。同时，20 世纪 50—70 年代，出于种种原因，东南亚一些国家发生排华事件。为安置回国的归难侨，中国陆续建设了 80 多个华侨农场。70 年代初，国内放宽出国政策，部分归侨、侨眷选择出国。1949 年至 1979 年，出国人数约为 21 万。

改革开放后，中国打开国门。很多人通过亲情团聚、投资移民、技术移民、出国留学等方式，选择出国求学、工作、生活。

据国际移民组织发布的《2022 年世界移民报告》，2022 年全球国际移民人数累计约为 2.81 亿，其中，中国的海外移民人数为 1 000 万。[2] 这些新移民（包括在外的留学生和劳务输出人员）主要是改革开放以后出国的，与新中国成立之前出国的移民相比，他们更有活力、流动性更强。他们当中有通过留学和技术移民留在当地的，有独自出国创业或通过亲友团聚方式出国从事中餐和服装、零售等各种经贸生意的，有通过投资移民国外的，不一而足。很多人把入籍住在国作为终极目标，这一点在改革开放初期尤为明显。

据国务院原侨办的调研数据，目前海外华侨华人总量为 6 000 余万人，分布在 198 个国家和地区。其中，华侨占比约 10%，华人占比约 90%；新侨占比约 15%，老侨占比约 85%。从各大洲分布情况看，亚洲有华侨华人约 4 484 万人，占全球华侨华人总数近 70%；北美洲约 594 万人，拉丁美洲约 654 万人，大洋洲约 154 万人，欧洲约 255 万人，非洲约 72 万人。一般认为，海外华侨华人 70% 以上经商。其中，华商巨贾所占比例在 15% 以下，中小华商占 85%～90%。世界华商 500 强多集中在港澳台地区和东南亚国家，行业分布主要集中在房地产、制造业、银行金融业。从我国各省籍海外华侨华人分布来看，广东籍有 3 000 多万人，福建籍约有 1 265 万人，广西籍有 700 多万人，海南籍有 370 多万人，云南籍约有 250 万人，浙江籍约有 150 万人。[3]

与西方国家近现代国际移民相比，中国海外移民具有以下不同特点。

一是以个体为主，没有国家支持。这一点与西方殖民者移民有着重大区别。荷兰东印度公司、英国东印度公司均由国家授权，具有国家职能，向东方国家进

---

① 《第一次全国人口普查公报》，国家统计局网站，http://www.stats.gov.cn/tjsj/tjgb/rkpcgb/qgrk-pcgb/200204/t20020404_30316.html；何香凝：《一九五三年国庆对华侨的广播词》，尚明轩、余炎光编：《双清文集》（下卷），人民出版社 1985 年版，第 652 页。

② 中国华侨华人研究所：《〈2022 年世界移民报告〉摘要专报》未刊稿。

③ 国务院侨务办公室：《海内外侨情分析报告——海外篇》，《侨情》2014 年第 6 期。

行殖民掠夺和垄断。而中国海外移民基本是自发出国，以个人为主从事商贸、劳务等。美国著名汉学家孔飞力认为，"欧洲政府的贪婪与狂热，推动着欧洲商人冒险家通过武力四处建立商站。反之，冒险涉足东南亚的中国商人背后，却几乎没有中国政府的支持"①。虽然中国海外移民出国后会结成地域性、行业性侨团，但侨团的主要宗旨是互助。

二是以和平为主，没有掠夺、杀戮。与西方殖民者为建立统治政权而进行强占压迫、经济掠夺甚至屠杀当地居民的做法不同，华侨华人是以自己的经营、劳动获取收入，他们勤劳、节俭，善于经营，为当地的经济社会发展作出了贡献。比如马来西亚诗巫的开发、吉隆坡的开发和美国太平洋铁路的修建等。

三是以适应和融入为主，与当地民众和当地政权保持理性关系。华侨华人尽量不与当地民众、部落、王国发生冲突，服从当局。

四是以中华文化为根，经历了从落叶归根到落地生根的过程。中国有着安土重迁的传统，无论是古代还是近代，中国人移民海外一般最后都要"衣锦还乡""荣归故里"，无论自身情况如何，都要落叶归根。而在海外生活的过程中，固守、传承中华文化传统和习俗成为自觉。从最初的"住蕃"到峇峇、娘惹的出现，从侨校的建立到华文教育的发展，从侨批的兴盛到支持家乡公益事业，都体现了中华人文传统。在新中国与相关国家解决双重国籍问题后，大多数华侨自愿选择加入当地国籍，实现落地生根，海外华侨社会逐步转为华人社会。作为"亲戚"的外籍华人，在"祖国"成为"祖籍国"后，在文化传承、民族认同、家乡感情等方面与中国依然有着不同程度的联系。

五是以地缘、血缘、业缘为基础，结成以乡情、亲情、友情为纽带的互助性侨团。比如同乡会、宗亲会、商会等，对于华侨华人在当地的生存与发展、保持与祖（籍）国及家乡的联系、弘扬中华文化传统等方面发挥了重要作用，形成了侨帮侨的传统。

六是以爱国主义为核心，铸就华侨精神。鸦片战争后，华侨华人由于祖（籍）国的积贫积弱而备受歧视、欺凌，民族意识逐步觉醒，积极支持和参与孙中山领导的辛亥革命；抗日战争时期，华侨华人与祖（籍）国同仇敌忾，开展了多种形式的捐款捐物活动，成为中华民族抗战的重要力量；新中国成立后，不少华侨华人、留学人员特别是高层次人才毅然放弃国外的优越生活，回国参加社会主义革命和建设；改革开放后，华侨华人积极回祖（籍）国投资，为中国现代化建设作出了突出贡献。

① ［美］孔飞力著，李明欢译：《他者中的华人：中国近现代移民史》，江苏人民出版社2016年版，第1页。

10

第二章 党和国家侨务工作的形成与发展

在党的百年光辉历程中，侨务工作是浓墨重彩的重要篇章。从马克思主义在中国的传播到中国共产党的成立，从大革命时期初步认识华侨工作到归侨党员在血雨腥风、枪林弹雨中视死如归、前仆后继，从延安时期党的侨务工作逐步探索发展到新中国成立后健全成熟，从改革开放的全面推进到新时代开创新局面，侨务工作积累了丰富经验，在党和国家事业发展中发挥了重要作用。

一、华侨、留学生与马克思主义在中国的传播

习近平总书记在庆祝中国共产党成立 100 周年大会上强调，"十月革命一声炮响，给中国送来了马克思列宁主义。在中国人民和中华民族的伟大觉醒中，在马克思列宁主义同中国工人运动的紧密结合中，中国共产党应运而生"[①]。回溯历史，马克思主义在中国的传播、中国共产党的创建，包含着许多接受了马克思主义的华侨、留学生所作的贡献。

（一）华侨、留学生促进了马克思主义在中国的传播

1840 年鸦片战争以后，中国逐步成为半殖民地半封建社会。为了拯救民族危亡，中国人民奋起反抗，仁人志士奔走呐喊，但太平天国运动、戊戌变法、义和团运动未能拯救水深火热的中国。中国究竟要以什么理论、走什么道路才能实现民族振兴、国家富强？孙中山领导的辛亥革命推翻了封建君主专制，但革命后的中国仍处在"三座大山"的压迫之下。旅居海外的华侨和走出国门的留学生，亲身感受到积贫积弱的中国无法改变他们在异国他乡任人宰割的屈辱境况，他们期盼祖国的强盛，思考着、讨论着中国的未来。辛亥革命后，身处海外的部分华侨、留学生为寻求救国真理，探索强国之路，开始把包括马克思主义在内的各种西方理论介绍到中国。

第一次世界大战后，由西方列强主导的巴黎和会完全不顾中国战胜国的地位和中国代表团的抗争，把战前德国在山东的特权转交给日本，严重损害了中国的

[①] 习近平：《在庆祝中国共产党成立 100 周年大会上的讲话》，《求是》2021 年第 14 期。

利益,引起中国人民的强烈抗议。1919 年爆发的五四运动,不少华侨、归国留学生成为骨干力量,也得到海外华侨的响应和声援。苏俄、美国、日本以及西欧、东南亚的华侨通过集会、游行、发通电等方式,对西方列强和军阀政府表达愤怒之情。

1919 年 5 月 7 日下午,中国千余名留日学生和华侨列队到美、英、法、俄等十几个国家的驻日使馆,递交了呼吁收回山东主权、争取国际友人主持正义的宣言,寄希望于这些国家能够在巴黎和会上支持中国。印度尼西亚、暹罗、新加坡、马来亚等南洋各地华侨纷纷致电中国相关部门,要求拒绝在和约上签字,抵制日货,"务请将卖国贼罪魁明正典刑以谢天下。一面电饬欧和会专使据理力争,务达直接收回青岛目的而后已"①,"誓杀章曹及其余卖国贼,取消密约,提倡国货,万众一心坚持到底"②。旅法华工和留法学生始终关注巴黎和会的进展,特别是关于中国问题的议案,他们举行各种集会、演讲,去出席会议的中国代表团驻地进行请愿、交涉,反对在和约上签字,呼应国内"外争国权、内惩国贼"的斗争。"中国学生各组织,还有华侨代表,他们全都每日必往中国代表团总部,不断要求代表团明确保证,不允保留即予拒签。他们还威胁道,如果代表团签字,他们将不择手段,加以制止。"③ 6 月 28 日和约签字之日,旅法华工和留法学生共 3 万多人群情激愤,分别将中国代表团的各个住所包围,警告他们如果胆敢在和约上签字,"当捕杀之"。④ 在国内外各界爱国群众的强大压力下,出席巴黎和会的中国代表团发表声明:山东不保,和约不能签字。

华侨、留学生在海外开展的这些活动,是对五四运动宝贵的声援和有力的支持。国内外的遥相呼应,形成了广泛的爱国氛围,动摇了北洋军阀政府的反动统治,集中反映出华侨、留学生先进分子和国内民众的觉醒,使马克思主义在中国的传播有了更加广泛的社会基础。1919 年 5 月,具有旅日经历的李大钊在《新青年》(1919 年 11 月第 6 卷第 6 号)上发表了《我的马克思主义观》一文,系统介绍马克思主义理论,在当时的思想界产生重大影响,这标志着马克思主义在中国进入比较系统的传播阶段。与此同时,与李大钊齐名、后来被党史学界称为"北李南杨"的杨匏安也作出了很大贡献。杨匏安早年痛恨社会黑暗,曾赴日本

---

① 《暹罗华侨之卫国声》,《民国日报》,1919 年 6 月 16 日。转引自任贵祥:《华侨与中国新民主主义革命——兼论民主革命时期华侨与中国共产党的关系》,中国华侨出版社 2006 年版,第 79 页。

② 《民国日报》,1919 年 5 月 29 日。转引自任贵祥:《华侨与中国新民主主义革命——兼论民主革命时期华侨与中国共产党的关系》,中国华侨出版社 2006 年版,第 79 页。

③ 《顾维钧回忆录》(第 1 分册),中华书局 1983 年版,第 206 页。转引自任贵祥:《华侨与中国新民主主义革命——兼论民主革命时期华侨与中国共产党的关系》,中国华侨出版社 2006 年版,第 75 页。

④ 《中华民国史事纪要(初稿)》,第 827 页。转引自任贵祥:《华侨与中国新民主主义革命——兼论民主革命时期华侨与中国共产党的关系》,中国华侨出版社 2006 年版,第 74 页。

留学。五四运动后，杨匏安的思想发生很大变化，开始接受马克思主义，在《广东中华新报》介绍世界各种思想流派，其中篇幅最长、最有影响的《马克思主义》一文被连续 19 天刊载。这是华南地区最早系统介绍马克思主义的文章，为广东共产党组织的创建做了思想和舆论准备，是我国无产阶级革命历史上不朽的丰碑。[①]

《共产党宣言》是马克思主义的重要著作，而在中国最早完整翻译出版这一著作的是留日学生陈望道。陈望道精通英语和日语，为集中精力把《共产党宣言》翻译好，他回到农村老家，把自己关在小柴屋里两个多月，夜以继日、字斟句酌，忘我工作，终于翻译完成近两万字的《共产党宣言》。这对马克思主义在中国的传播具有标志性意义。

（二）旅俄华侨促进了共产国际对中国革命的关注

1917 年 11 月 7 日，列宁领导布尔什维克发动的十月革命获得胜利，建立了世界上第一个社会主义国家。为保卫新生革命政权，推动世界各国革命，列宁倡导并组织成立了共产国际。中国作为古老的东方大国，成为列宁关注的对象。而旅俄华侨刘泽荣（又名"刘绍周"）和旅俄华工在其中发挥了重要作用。作为旅俄华工联合会会长，刘泽荣被邀请列席 1919 年 3 月共产国际第一次代表大会，并见到了列宁。1919 年 5 月，为讨教旅俄华工联合会有关工作，刘泽荣到列宁办公室再次见到了列宁。1920 年 7 月，刘泽荣以俄共（布）华员局代表的身份列席共产国际第二次代表大会，第三次被列宁接见。列宁还在他的身份证上写下"请苏维埃各机关团体给刘泽荣各种协助"的亲笔语。[②]

1920 年 6 月，旅俄华工联合会召开第三次代表大会，选举孙中山和列宁为名誉主席。在旅俄华工联合会的不懈推动下，俄国各地相继成立华工联合会，并成立了华人共产党组织，苏俄红军中也成立了华人共产党支部。这对于传播马列主义，扩大苏维埃影响，增强俄共（布）组织力量，都具有重要意义。

旅俄华侨是较早接受和传播马克思主义的群体，他们在俄国亲身经历了十月革命，一部分人英勇地参加了夺取冬宫的战斗，还有多名华侨在彼得格勒斯莫尔尼宫担任列宁的卫士。他们目睹了俄国工人阶级团结起来推翻资产阶级统治、建立苏维埃政权等一系列革命实践，并在这个过程中了解了马克思主义基本原理。正是旅俄华侨的出色表现，使列宁和共产国际对古老的东方大国革命充满了期

---

① 中国中共党史人物研究会编：《中共党史人物传》（第 4 卷），中国人民大学出版社 2017 年版，第 177-179 页。

② 刘泽荣：《十月革命前后我在苏联的一段经历》，中国人民政治协商会议全国委员会文史资料研究委员会编：《文史资料选辑》（第 60 辑），中华书局 1979 年版，第 221-225 页。

望，并通过各种渠道了解中国的情况，支持中国建立党的组织。

（三）华侨、留学生先进分子积极参与中国共产党的建立

中国共产党成立是开天辟地的大事件，其中华侨、留学生先进分子与国内先进知识分子一道，促进了马克思主义与中国工人运动相结合，参与了中国共产党的建立。比如有日本留学背景的陈独秀、李大钊成为中国共产党的创始人，"南陈北李"相约建党意义重大。他们在新文化运动中深入研究马克思主义，并分别于 1920 年 3 月在北京和 5 月在上海成立了马克思主义研究会，积极推动建立全国范围的共产党组织。1921 年 3 月，李大钊撰文号召全国的共产主义者"急急组织一个团体"，这个团体是"平民的劳动家的政党"，要担负起"中国彻底的大改革"的责任。[1] 关于党的名称，陈独秀征求李大钊的意见。李大钊主张定名为"共产党"，陈独秀表示同意。[2] 在参加中共一大的代表中，李达、李汉俊等均有旅居海外的经历，早期中共党员中也有不少人曾旅居海外。

旅俄华侨杨明斋在建党过程中发挥了至关重要的作用。杨明斋，1882 年 3 月出生于山东平度，19 岁时闯关东，后来赴俄国打工。1908 年，杨明斋在西伯利亚矿区接触了布尔什维克，作为华工参加了相关活动，并在十月革命前正式加入了布尔什维克党。李大钊称他"万里投荒，一身是胆"。1919 年中国五四运动爆发后，共产国际决定向中国派出工作组。1920 年初，杨明斋作为工作组成员，与共产国际代表维经斯基一起来到中国。杨明斋先单独与李大钊见面交流，然后再安排维经斯基与李大钊见面，商讨建党事宜。1920 年 5 月至 8 月期间，与维经斯基一起来到上海的杨明斋协助陈独秀等人发起成立马克思主义研究会，很快又与陈独秀、李汉俊、李达、沈玄庐、陈望道、俞秀松、施存统等人发起成立共产党上海发起组，并参与推动成立了社会主义青年团。为了加强宣传工作，杨明斋推动创建了中俄通讯社并担任社长，一方面把中国的消息通过电报发往莫斯科，另一方面将苏俄情况的通讯稿送《新青年》《民国日报》等国内报刊发表。杨明斋还主持创办了外国语学社，上海共产党早期组织的许多成员都曾在此讲课或学习俄语和马克思主义理论。1920 年冬至 1921 年春，上海党团组织选送了约 30 人赴俄学习，均由杨明斋具体安排，大家尊称他为"忠厚长者"。[3] 赴俄学习的成

---

① S.C.（李大钊）：《团体的训练与革新的事业》，《曙光》1921 年 3 月第 2 卷第 2 号。转引自郭德宏、张明林：《李大钊传》，红旗出版社 2016 年版，第 210 页。

② 中国中共党史人物研究会编：《中共党史人物传》（第 2 卷），中国人民大学出版社 2017 年版，第 12 页；郭德宏、张明林：《李大钊传》，红旗出版社 2016 年版，第 200 页。

③ 中国中共党史人物研究会编：《中共党史人物传》（第 21 卷），中国人民大学出版社 2017 年版，第 1-14 页。

员中包括刘少奇、任弼时等人，他们当中不少人后来成为党和国家的领导人和革命骨干。

（四）华侨、留学生中的中共早期党员发挥骨干作用

周恩来早年为寻求救国真理，旅欧期间加入了中共巴黎共产主义小组。在组织成立旅欧少年共产党时，周恩来力主新加入组织的成员必须宣誓，他说："我们宣誓不是宗教信仰，是带有政治约束的。比如袁世凯曾宣誓忠于民国，但他以后做了皇帝，人民就说他叛誓而讨伐他。"[①] 在五卅运动爆发后，周恩来等人组织领导在法国的中国留学生、华工和各界华人，开展了声援五卅运动、反对帝国主义的斗争。[②]

总之，近代以来，一批华侨和留学生不仅分别从日本、俄国、欧洲三种渠道促进了马克思主义在中国的传播，还参与了中国共产党的创建。其中包括以陈独秀、李大钊、李达、李汉俊、董必武、林伯渠、彭湃为代表的早期留日学生，以刘少奇、任弼时、瞿秋白、萧劲光、李启汉、曹靖华、柯庆施、罗亦农、王一飞等为代表的曾赴俄国学习的革命骨干，以周恩来、邓小平、蔡和森、赵世炎、李维汉、李富春、向警予为代表的旅欧勤工俭学的学生。在中共早期高层领导成员中，归国华侨和留学生占了四分之三，更多的归国华侨和留学生在轰轰烈烈的新民主主义革命中发挥了骨干作用。

二、新民主主义革命初期党的华侨工作

中国共产党成立后，不少中共党员在海外侨胞中进行宣传，组织、发动华侨支持国内革命；在第一次国共合作时期，不少中共党员与国民党左派共同推动开展华侨工作，组织、发动华侨参加反帝反封建运动。中共党员许甦魂担任国民党中央海外部秘书，在国民党左派、海外部部长彭泽民的支持下，做了大量卓有成效的工作。这一时期，中国共产党并没有形成系统的侨务工作思路与政策，是党开展华侨工作的早期探索。

（一）组织、发动海外华侨支持北伐战争

海外华侨是孙中山领导的辛亥革命、二次革命和护法运动坚定的支持者、参

---

① 金冲及主编，中共中央文献研究室编：《周恩来传》（1898—1949），中央文献出版社 1998 年版，第 72 页。

② 中共中央文献研究室编：《邓小平传（1904—1974）》（上），中央文献出版社 2014 年版，第 45、53 页。

与者。海外华侨始终是国民党赖以生存、发展的重要基础。1924 年 1 月，中国国民党召开第一次全国代表大会，推动国民党改组和国共第一次合作。在随后的国民党中央执行委员会第三次会议上，通过了《海外党务方案》，成立国民党海外部。在 1926 年 1 月的国民党二大上，南洋华侨领袖、国民党左派彭泽民当选为海外部部长，共产党人许甦魂任秘书长，海外部的工作人员由国共两党党员组成。许甦魂等中共党员与彭泽民紧密配合，整顿改组国民党海外支部，代表广大华侨向国民党二届二中全会提出了《请迅速出师北伐》的提案。北伐战争开始后，又组织召开了"华侨北伐后援会"成立大会，发动海外华侨成立援助北伐的团体，在海外华侨中兴起了支援国内革命战争的爱国热潮。据不完全统计，在北伐战争期间，各个国家华侨先后组织的华侨北伐后援会分会有 500 多个，会员约 100 万人。[①] 在各国华侨北伐后援会的组织领导下，筹集捐赠的军饷达 100 万大洋，另有装甲车、枪支弹药、医药用品等一大批武器和物资。[②]

（二）成立华侨协会

根据国民党二大关于以实力保护华侨的决议案，彭泽民和许甦魂在大会结束后主持召开华侨协会筹备会议，开始着手组建华侨协会，并公开活动。华侨协会是国民党中央海外部指导下的华侨联合会，其章程规定，华侨协会的使命是：发展华侨事业，保卫华侨利益，拥护三民主义，完成国民革命。1926 年 6 月 6 日，华侨协会选举产生了中央执行委员会和常务委员，正式建立了组织机构。此后，国民党中央海外部积极推动海外各地附设华侨协会分会，发展会务。截至 1927 年初，华侨协会在海内外已拥有 20 万会员，成为不可忽视的政治力量。

在共产党人的倡导和积极参与下，华侨协会成为大革命时期建立的第一个以国共合作为旗帜的全国性华侨群众团体，在组织、吸引海外华侨支持国内革命斗争，反对帝国主义和殖民主义对海外同胞的压迫，维护华侨权益等方面发挥了积极作用。

（三）创办华侨运动讲习所

北伐战争时期，中国共产党还与国民党合作，在广州开办了中国国民党党立华侨运动讲习所，其宗旨为"培养海外党务指导人才，引导华侨进行反帝爱国运动"。讲习内容包括理论教育、政治教育、业务教育、党务教育等。讲习所借鉴

---

① 任贵祥：《华侨与中国新民主主义革命——兼论民主革命时期华侨与中国共产党的关系》，中国华侨出版社 2006 年版，第 181 页。

② 任贵祥、赵红英：《华侨华人与国共关系》，武汉出版社 1999 年版，第 113 页。

和吸收了毛泽东等共产党人主持农民运动讲习所的经验，诸多中共党员担任教员和进行教学组织工作。这样，开办华侨运动讲习所就成为国共两党携手共同培养华侨干部的成功尝试。由于蒋介石发动了"四一二"反革命政变，华侨运动讲习所只办了一届，学员七十余名，大部分毕业后投身于北伐战争之中，也有部分赴海外开展革命运动。

中共党员积极参与华侨运动讲习所的活动并在其中发挥了重要的作用，促进了党对于华侨群体的认识和接触，为党开展侨务工作奠定了初步的基础。

三、抗日战争和解放战争时期党的侨务工作

1931 年，日本军国主义发动"九一八"事变，不断扩大侵华战争。海外侨胞义愤填膺，爆发了空前的爱国热情，踊跃捐款捐物，支援国内抗战。在中华民族生死存亡的历史关头，中国共产党高举抗日民族统一战线的旗帜，号召中国各党派、各民族、各阶级、各阶层、各团体以及海外华侨共同抗击侵略、救亡图存，党的侨务工作由此系统全面展开。

（一）号召建立抗日统一战线

"九一八"事变后，世界各国的华侨纷纷行动起来，为国内捐款捐物、购买国债、开展抗日宣传等，在海外形成了强大的声势，深深鼓舞着国内民众坚持抗战。这无疑使中国共产党认识到海外华侨也是开展抗日斗争的重要力量。在中华民族生死存亡的危急关头，中共中央把动员一切力量争取抗战胜利作为中心任务，在《八一宣言》中号召"一切关心祖国的侨胞们"参加"最广泛的反日民族统一战线"，"去为抗日救国的神圣事业而奋斗"。[①] 1938 年，毛泽东再次表示："全体华侨同志应该好好团结起来，援助祖国，战胜日寇。共产党是关心海外侨胞的，愿意与全体侨胞建立抗日统一战线。"[②] 1939 年 1 月，中共中央南方局成立，其一项重要工作就是在周恩来的领导下，根据中共中央加强华侨统战工作的指示，依托在香港的由廖承志、潘汉年等领导的八路军驻香港办事处，积极开展对华侨海外聚居地南洋（东南亚地区）和美洲的统战工作。[③] 太平洋战争爆发

---

① 《中国苏维埃政府、中国共产党中央为抗日救国告全体同胞书》，中央档案馆编：《中共中央文件选集》（第十册），中共中央党校出版社 1989 年版，第 522 页。

② 中共中央文献研究室编：《毛泽东年谱（1893—1949）（中卷）》（修订本），中央文献出版社 2013 年版，第 58-59 页。

③ 中共广西壮族自治区委员会党史研究室编，王福琨、邓群主编：《中共中央南方局的统一战线工作》，中共党史出版社 2009 年版，第 284-300 页。

后，由于东南亚地区华侨众多、与当地抗日力量联系紧密，中国共产党把开展华侨工作作为推动建立世界反法西斯统一战线的一个方面。1941年底，中国共产党发布了《中央关于开展太平洋反日民族统一战线及华侨工作的指示》，其中强调："中国人民，中国侨胞及南洋各民族的中心任务，是建立太平洋各民族的反法西斯民族统一战线。"① 正是因为海外华侨在国内抗战、国际反法西斯战争中的作用，中共侨务工作的起步即以建立统一战线为主导。

（二）强调维护侨胞权益

中国共产党对维护侨胞权益非常重视。《八一宣言》强调，要"保护侨胞在国内外生命、财产、居住和营业的自由"②。《关于目前政治形势与党的任务决议》提出，"一切国民党政府引导华侨沦于奴隶牛马的政策，均当彻底铲除，而代之以积极保护华侨的政策。在目前，一切被日本帝国主义及其他帝国主义国家排斥驱逐的华侨同胞，苏维埃给予托庇的权利，并欢迎华侨资本家到苏区发展工业"③，还制定了吸引和保护华侨投资的政策。随着日本帝国主义和德、意法西斯国家不断扩大战争规模，大批华侨为躲避战乱返回国内，生活遇到极大困难。针对国民党政府救侨不力的局面，中国共产党多次呼吁国民党政府应该考虑有计划、有组织地对回国侨胞尽量予以便利优待，制定具体周详的办法，开展有效救济，切实施行便利华侨投资国内的原则，尽一切可能给予侨胞便利的工作条件，使他们能尽量施展才能、发挥爱国热忱。中国共产党在《陕甘宁边区政府施政纲领》中明确提出"欢迎海外华侨来边区求学、参加抗日工作，或兴办实业"，在《陕甘宁边区三十一年度经济建设计划大纲》中提出"应积极欢迎海外华侨来边区投资，颁布优待华侨投资办法，帮助在延华侨兴办工商实业，造就华侨来边区投资的基础"。④ 在总结中国共产党在抗日战争期间的侨务工作政策基础上，毛泽东在党的七大政治报告中提出，要"保护华侨利益，扶助回国华侨"⑤。

（三）开始设置专门的涉侨机构

为了便于开展对海外华侨的统战工作，加强对归侨干部战士和群众的领导，1936年党中央成立了"中共中央海外工作领导小组"，朱德担任组长，积极开展

---

① 中央统战部、中央档案馆编：《中共中央抗日民族统一战线文件选编》（下），档案出版社1986年版，第587页。

② 中央档案馆编：《中共中央文件选集》（第九册），中共中央党校出版社1989年版，第488页。

③ 中央档案馆编：《中共中央文件选集》（第九册），中共中央党校出版社1989年版，第591页。

④ 吴锦旗、朱木成：《抗日根据地民族资产阶级政治参与分析：以陕甘宁边区为例》，《理论界》2008年第2期。

⑤ 毛泽东：《论联合政府》，《毛泽东选集》（第三卷），人民出版社1991年版，第1064-1065页。

对华侨的宣传工作，向华侨阐明中国共产党的政治主张，动员华侨积极参加抗日救国活动。为了加强对海外侨胞的联系和宣传，中国共产党于1938年在香港设立了八路军办事处。1938年秋，中央有关部门从延安抗日军政大学、鲁迅艺术学院、陕北公学等学校挑选二十多名华侨共产党员和华侨青年学生组成海外工作团，由朱德亲自担任工作团主任，成仿吾负责具体工作。1940年2月党中央成立首个侨务工作机构——中共中央华侨工作委员会，1941年8月中共中央调查研究局的党务研究室设置海外研究组，均由朱德负责。1941年12月珍珠港事件爆发后，为加强海外华侨工作，动员世界各国人民组成反法西斯统一战线，12月9日，中共中央政治局决定将华侨工作委员会、调查研究局海外研究组等机构扩充为"海外工作委员会"（简称"海委"），仍由朱德兼任主任（周恩来曾兼任副主任），叶剑英及延安多名归侨任委员。这是中国共产党在抗战时期领导侨务工作的最高机构，主要负责研究南洋局势和海外华侨的抗日武装问题，推动建立更广泛的团结一切反法西斯力量的统一战线。

同时，为了广泛联系团结华侨，党中央还于1940年9月成立了延安华侨救国联合会，以"加强对海外侨胞的联系和宣传"，"组织华侨归国参战，参加辖区经济建设和举办各种事业"。[1] 这一时期，八路军、新四军驻香港办事处做了大量侨务工作，包括：在海外华侨中宣传党的抗日主张；开展华侨群众抗日运动，接受华侨捐款捐物；组织、输送众多华侨青年奔赴延安，参加八路军、新四军和抗日武装，其中不少是八路军、新四军急需的专业技术人才；支持宋庆龄、何香凝成立保卫中国同盟，开展募捐活动等。在华南各个敌后抗日根据地中都有海外华侨，仅东江纵队就有华侨青年和港澳同胞1 000人以上。[2] 据估计，抗战时期南洋侨胞向中国共产党领导下的抗日武装捐款至少有国币1 000万元。[3]

（四）号召海外华侨参加建立新中国

在抗日战争期间，中国共产党不仅广泛开展华侨群众工作，还在对陈嘉庚、司徒美堂等华侨代表性人物的统战工作方面卓有成效，促成大量海外华侨转变政治立场，认同中国共产党。1948年中共中央发布"五一"国际劳动节口号，得到各民主党派、社会各界包括海外侨胞的响应。东南亚、欧美各地华侨普遍响应

① 《新中华报》，1940年9月12日。转引自陈文寿：《华侨华人侨务——北京视点》，香港社会科学出版社有限公司2007年版，第19页。
② 中共广西壮族自治区委员会党史研究室编，王福琨、邓群主编：《中共中央南方局的统一战线工作》，中共党史出版社2009年版，第294页。
③ 《华侨革命史》编纂委员会：《华侨革命史》（下），正中书局1981年版，第660页。转引自中共广西壮族自治区委员会党史研究室编，王福琨、邓群主编：《中共中央南方局的统一战线工作》，中共党史出版社2009年版，第300页。

中共"五一"号召，响应的形式主要是通电或发表宣言，否认国民党一党包办的"国民大会"，拥护中共召开新政协会议、组织民主联合政府。比如：马来亚槟榔屿 71 个侨团致电中共中央委员会和毛泽东、朱德，表示拥护"五一"口号号召召开新政协会议、组织民主联合政府的主张："本会同人，誓为实现贵会正确主张而奋斗。"旅法参战华工总会致电中共在香港主办的《华商报》，请其转国内各党派团体："五一"口号第五条"极符人民时势之要求"，"敝会除通电响应外，尤望全国同胞迅速集中意志，共策进行上列主张，以实现祖国之真正和平民主。敝会远处海外，誓为后盾"。加拿大温哥华华侨民众社、美国纽约华侨妇女团体等也通电响应"五一"口号。古巴华侨拥护民主大同盟总干部执委会致电毛泽东，热诚拥护"五一"口号第五条："恳请先生刻即领衔召集新政治协商会议负责过渡之民主政权，一俟解放军全面胜利，即开人民代表大会，实现全国性之新民主主义联合政府，临电神驰，并祝新政协克日实现。"① 为做好海外华侨工作，1948 年 9 月，中共中央将"中央城市工作部"改名为"中央统一战线工作部"，明确华侨工作是中共中央统战部的重要工作之一。

除陈嘉庚、司徒美堂外，中共邀请回国参加新政协会议的海外华侨代表还有陈其瑗、戴子良、费振东、蚁美厚、李铁民、周铮、侯寒江、庄明理、赵令德、黄长水、刘思慕、林棠、张殊明，共 15 人，候补代表 2 人，合计 17 人。他们都是各侨居地致力于民主、关心和热爱祖国、深孚众望的侨领或侨商。应中共邀请参加新政协会议、与华侨有直接关系的还有中国致公党的代表 6 人。

诸位华侨代表万里迢迢回国参加新政协会议，为新中国的建立出计献策，表达赤诚之心，他们得到中国共产党的真诚关怀和充分信任。在新政协会议召开前，由 23 个单位 134 人组成了筹备会，中国致公党的陈其尤等人，华侨代表陈嘉庚、司徒美堂、陈其瑗、戴子良、费振东、庄明理等 7 人被推选为筹备会委员，其中陈嘉庚还是筹备会常委。当时，中共、民革、民盟三个大党分别只有 7 名代表参加筹备会，相比之下归侨和华侨代表所占比例是很大的。筹备会分 6 个小组，均有华侨代表参加。陈嘉庚在新政协筹备会第一次会议上提出"选择新政协代表，却应十分审慎，否则宁缺毋滥"的建议，得到筹备会的采纳。最终，会议通过了参加新政协会议的 45 个单位 510 名正式代表，另有候补代表 77 人、特邀代表 75 人，其中致公党代表 6 人、海外华侨代表 15 人、华侨候补代表 2 人，华侨代表所占比例也较大。

---

① 海外华侨对中共"五一"口号的响应情况参见杨建新、石光树、袁廷华编：《五星红旗从这里升起——中国人民政治协商会议诞生记事暨资料选编》，文史资料出版社 1984 年版，第 192-201 页；中共河北省委统战部编：《李家庄时期统一战线史料选编》（下卷），华文出版社 2018 年版，第 1063-1089 页。

这一时期党的侨务工作概括起来有以下特点：一是把海外华侨作为抗日民族统一战线工作的重要对象，把侨务工作放到全局工作中的重要位置；二是成立了侨务工作机构，包括海外工作委员会、延安侨联、香港"八办"等；三是培养、锻炼、储备了一批侨务工作干部；四是因时因地开展侨务工作，注重侨务工作策略；五是注重做好华侨代表性人物的工作，扩大了党在海外侨胞中的影响。

四、社会主义革命和建设时期党和国家的侨务工作

新中国成立以来，侨务工作成为党和国家事业中一项十分重要的工作。无论是组织机构建设，还是作为内政、外交重要组成部分的侨务工作方针、政策，都在探索中不断发展和健全。

（一）建立侨务工作机构

在抗日战争、解放战争侨务工作经验的基础上，新中国依然高度重视海外华侨的作用，把他们作为推动民族独立和国家发展的重要力量。为确保做好海外华侨和归侨侨眷的工作，1949 年中国人民政治协商会议第一届全体会议通过的《中华人民共和国中央人民政府组织法》中规定，中央人民政府政务院下设"华侨事务委员会"，负责华侨利益保护等工作。1954 年，《中华人民共和国国务院组织法》决定将"中央人民政府华侨事务委员会"改为"中华人民共和国华侨事务委员会"（简称"中侨委"），主要职能是保护华侨正当权利和利益，管理华侨事务；协助党中央和国务院制定侨务工作方针，做好为侨服务工作。1956 年 10 月，在党中央的关心和支持下，中华全国归国华侨联合会成立。全国各地逐步建立起各级侨务部门和侨联组织，特别是侨务资源丰富的地区政府各级机构中均设有侨务机构，一般省区设立侨务工作委员会，华侨众多的专区设立侨务局，县设侨务科，乡镇建立侨属工作委员会或侨务委员会等组织。致公党组织也有了一定的发展。侨务工作机构和组织的不断发展与完善，为研究制定侨务政策、有效开展国外与国内侨务工作提供了重要的组织保障。

根据工作的内容、领域和对象，新中国的侨务工作大体分为国外侨务工作和国内侨务工作。1954 年 4 月，中侨委副主任廖承志在中侨委举办的侨务干部学习班开学典礼上指出："所谓做好侨务工作，在国外就是：积极团结各阶层华侨，孤立帝国主义及国民党反动派，将广大华侨（包括华侨资产阶级在内）团结在祖国周围。在国内，就是动员归侨、侨眷积极参加祖国的社会主义建设和社会主

义改造。"① 廖承志的这一概括，是从侨务工作实践中提炼的，比较准确地反映了新中国成立初期的侨务工作特点。

（二）调整国外侨务政策，妥善做好海外工作

新中国成立后，以毛泽东同志为核心的中国共产党第一代中央领导集体在对国际共产主义运动发展的认识、对当时世界局势的分析以及综合国内各界意见的基础上，选择了"一边倒"的外交政策，加入了以苏联为首的社会主义阵营。这一决定对当时的世界冷战格局产生了重要影响。而新中国的侨务工作则在恢复国民经济、打开新中国外交局面、支持各国民族解放运动与世界革命及维护海外华侨权益等综合因素的影响中进行艰难探索和选择。

1. 尽力维护海外华侨权益

由于旧中国积贫积弱，海外华侨权益被侵害成为常态，他们从切身感受出发，希望中国强大，从而在海外能够得到来自祖国的保护。新中国成立后，理所当然把维护海外华侨权益作为重要责任。中国人民政治协商会议第一届全体会议将"尽力保护国外华侨的正当权益"写入了带有临时宪法性质的《共同纲领》。② 在 1949 年 10 月 1 日庆祝中华人民共和国中央人民政府成立典礼当天，毛泽东为侨胞题词："侨胞们团结起来，拥护祖国的革命，改善自己的地位。"③ 1954 年新中国第一部宪法更是以国家根本大法的形式明确规定了"中华人民共和国保护国外华侨的正当权利和权益"④，将华侨政策上升为法律，形成国家意志。

但是，在当时的冷战格局下，中共大力支持各国民族解放运动，特别是华侨人数众多的东南亚国家。在长期的殖民统治历史过程中，这些国家的华侨经济尤其是在商业经济方面，较之当地民族经济具有较大的规模和优势，一些原住民产生了对华侨群体的偏见、误解甚至仇视。在反对殖民主义、推进民族解放运动的话语体系下，民族独立国家的执政者排斥和剥夺垄断经济与外商经济阵地，发展独立的民族经济，具有道义上的天然合理性。因此，这些国家独立后在确立国家政策时，出现了针对华侨的限制措施或极端排华行为，对华侨权益造成损害。尽管我国认为这是"由于当地统治阶级的软弱性，在经济上对帝国主义仍有相当大的依赖关系，不敢大力排斥帝国主义的经济势力"而"首先是夺取商业阵地，

---

① 廖承志：《提高基层干部政策水平，做好侨务工作》，廖承志文集、传记编辑办公室编：《廖承志文集》（上卷），人民出版社 1990 年版，第 250 页。

② 中共中央文献研究室编：《中华人民共和国开国文选》，中央文献出版社 1999 年版，第 287 页。

③ 中共中央文献研究室编：《毛泽东年谱（1949—1976）》（第三卷），中央文献出版社 2013 年版，第 2 页。

④ 中共中央党校理论研究室编：《历史的丰碑——中华人民共和国国史全鉴》（政治卷），中央文献出版社 2005 年版，第 250 页。

华侨商业经济也就遭受限制和排斥"，但也要看到，"随着侨居国民族经济的发展，华侨经济遭受限制排斥，乃必然的趋势"。①

在如何处理华侨权益问题上，我国与这些国家难免产生分歧，且感到棘手："东南亚各民族主义国家对华侨经济所采取的各种限制、排斥政策，虽然对于华侨来说是不利的，但除那种由于帝国主义的挑拨所酿成的、非法迫害的以外，一般说来，我们是不宜于反对的。"② 出于支持东南亚国家发展独立的民族经济、加强与新兴民族独立国家外交关系的考虑，我国对华侨经济倡导有两个方面的办法：一是鼓励东南亚华侨将商业资本转营工业或者与当地民族资本合作；二是要求华侨尽量适应当地政府的经济民族化政策。③

在当时各方面因素制约的情况下，我国对于华侨权益受损及排华行为，除通过发表声明、照会予以谴责，派出船只接难侨回国等方式外，无法提供直接有效的帮助，更多的是鼓励华侨团结互助："由于华侨生活在国外复杂的环境下，……不可能像祖国人民一样，在各级人民政府的直接领导下克服这些困难。因此，也必须依靠华侨发扬互助互济的优良传统，举办各种福利事业来解决这些困难"，"华侨对于自己正当的权益，也必须依靠自身的团结，据理据法来维护"。④

2. 服务和平共处五项原则，妥善处理华侨双重国籍问题

朝鲜战争爆发后，新中国面临着以美国为首的帝国主义国家的封锁，需要发展新中国的外交，获得世界各国的承认，在国际社会中树立新中国的形象。由于旧中国的历史遗留问题，1 200 多万海外华侨在理论上拥有中国国籍。在冷战的世界格局下，以美国为首的西方势力故意歪曲中国对东南亚华侨的政策，利用华侨问题离间中国与东南亚国家的关系，陆续制定了多项针对东南亚华侨的方针、政策，不断制造华侨是"第五纵队"的负面舆论，⑤ 这引起了相关国家政府和民众的疑虑。东南亚国家普遍开始担心新中国利用华侨对当地施加政治影响，甚至同当地共产党结合，搞"输出革命"，向东南亚"扩张"。因此，华侨问题就必然与新中国外交工作交织在一起，新中国与东南亚民族独立国家的关系也必须把

① 廖承志：《在中国共产党八届三中全会上的发言》，廖承志文集、传记编辑办公室编：《廖承志文集》（上卷），人民出版社 1990 年版，第 318 页。

② 廖承志：《在中国共产党八届三中全会上的发言》，廖承志文集、传记编辑办公室编：《廖承志文集》（上卷），人民出版社 1990 年版，第 318 页。

③ 廖承志：《在中国共产党八届三中全会上的发言》，廖承志文集、传记编辑办公室编：《廖承志文集》（上卷），人民出版社 1990 年版，第 318-320 页。

④ 何香凝：《中侨委第二次侨务扩大会议开幕词》，尚明轩、余炎光编：《双清文集》（下卷），人民出版社 1985 年版，第 669 页。

⑤ 张焕萍：《再论冷战初期美国对东南亚华人的宣传战（1949—1964）》，《南洋问题研究》2016 年第 1 期。

华侨问题作为国家关系层面的问题加以解决。

新中国成立后，无论是从地缘关系还是从自身半殖民地历史经历出发，对有着同样遭遇的东南亚国家报以同情是理所当然的，因此党中央非常重视与东南亚国家的关系。面对支持这些国家共产党开展武装斗争、夺取政权的纲领目标与国家之间和平相处、不干涉内政原则之间的矛盾，中央有关部门认真研究了东南亚侨情现状、革命运动与侨务工作的关系等，及时调整侨务工作方向，制定通过了《中共中央关于海外侨民工作的指示》。文件提出，侨民政策"必须明确的和中华人民共和国成立之前的华侨工作有所区别"，"海外侨民一切活动应严格的遵守人民政治协商会议的共同纲领和我国人民政府的外交政策。中国侨民不应参加以直接推翻当地政府为目的的活动。在已有外交关系的国家中侨民的一切活动应严格遵从我国使领馆之指导"，"侨民中的工作和侨民团体的工作，应当是公开的合法的，不做秘密活动，不组织秘密团体"，"中国共产党决定不在海外华侨中建立中国共产党的组织，并劝告中国其他民主党派同样的不要建立其海外支部"。文件对相关职责进行了分工：政策研究集中到中央人民政府华侨事务委员会；海外侨民工作的指导，凡有使领馆的地方应统一由使领馆负责；国内华侨和侨眷的工作，由各地侨务机构协同当地政府进行。①

此后，新中国积极倡导国际关系的和平共处五项原则，积极推动发展与亚非民族独立国家的关系。在综合考虑各方面因素的基础上，中国把华侨双重国籍问题作为与东南亚各国国家关系发展需要解决的重要问题。经过与印度尼西亚的多次沟通协商，双方于1955年4月22日正式签订了《中华人民共和国和印度尼西亚共和国关于双重国籍问题的条约》。此后又与多个国家进行相关谈判，申明对解决华侨双重国籍问题的立场。概括起来有以下四点：第一，中国不承认双重国籍，具有双重国籍的人只能选择一个国籍；第二，国籍选择要坚持自愿原则；第三，选择住在国国籍就是住在国公民，就要效忠所在国家；第四，选择中国国籍的就是华侨，要遵守侨居国法律，不能参加当地政治活动。② 针对一些华侨对选择国籍问题的顾虑，中国政府提出了"三好"政策：华侨自愿加入侨居国国籍，很好；华侨自愿保留中国国籍，同样好；华侨愿意回国参加祖国建设的，也好。③

---

① 《中共中央关于海外侨民工作的指示》（1952年1月6日），中国人民解放军国防大学党史党建政工教研室编：《中共党史教学参考资料》（第十九册）（内部发行），北京：国防大学出版社1986年版，第429-430页。

② 参见《关于华侨的双重国籍问题》，中共中央统一战线工作部、中共中央文献研究室编：《周恩来统一战线文选》，人民出版社1984年版，第313-317页。

③ 朱洪：《将军、外交家、艺术家：黄镇传》，中央文献出版社2007年版，第403页；方方：《关于华侨工作方针政策问题》，中共广东省委党史研究室、广东省档案馆编：《方方文集》，广东人民出版社1990年版，第520页。

双重国籍问题的解决，在当时取得了较好的效果，"对东南亚民族主义国家有了很大的影响，使他们更加深信我国贯彻和平共处五项原则的诚意"①，"将华侨工作纳入我国和平外交政策的轨道，基本上缓和了我国和东南亚民族主义国家在华侨问题上的矛盾"②，对中国发展同亚非拉国家的关系起到了非常大的作用。新中国的海外侨务工作已经形成以服务外交为导向的格局。

3．争取广大华侨对新中国的支持，打击和挤压台湾国民党的海外支持力量

中国国民党的建立和发展，都与华侨有着密切的联系。正因为华侨与国民党的历史渊源，国民党政府非常重视侨务工作。抗日战争期间，华侨以雄厚的财力支援国内抗战，更使蒋介石对华侨资源高度重视。在败退台湾之后，蒋介石把争取华侨支持作为稳定台湾、经营台湾的重要战略，在东南亚地区不惜投入大量金钱，意图拉拢和控制东南亚华侨。在国民党资助下，东南亚各地华侨中均存在亲国民党组织，主要从事争夺侨社领导权等活动。

针对国民党的活动，新中国积极提倡建立华侨爱国统一战线，要求注重策略和方法，"不能把祖国的一套机械地搬到国外去运用"③。1950 年 9 月，印尼爱国华侨准备在雅加达举行 50 万人大规模游行，以庆祝新中国第一个国庆节。国民党当局也组织大批华侨准备破坏这一游行，流血事件极有可能发生。何香凝、廖承志紧急做华侨的工作，要求说服爱国华侨尽可能多团结一些人，有事多商量解决，千万不要在华侨之间发生流血冲突。④ 在廖承志的建议下，中央批准了"爱国一家，爱国不分先后"的口号，⑤ 提倡对于一时"对新中国可能还有疑问"的华侨，"要热诚耐心地向他们解释，如果还不了解，欢迎他们回祖国来观光，要以宽大的胸怀接待、欢迎他们"。⑥ 同时，各地侨务机构邀请不少海外华侨观光团回国参观，亲身感受和了解新中国与家乡的变化，在争取海外侨心方面取得了很大成绩。

总体来讲，新中国对国外侨务工作的探索、实践和调整，奠定了我国侨务工作的方针、政策基础，形成了以服务外交为主导的侨务工作格局。这一时期形成

---

① 廖承志：《在中国共产党八届三中全会上的发言》，廖承志文集、传记编辑办公室编：《廖承志文集》（上卷），人民出版社 1990 年版，第 313 页。

② 廖承志：《在中国共产党八届三中全会上的发言》，廖承志文集、传记编辑办公室编：《廖承志文集》（上卷），人民出版社 1990 年版，第 312 页。

③ 廖承志：《促进华侨的爱国大团结》，廖承志文集、传记编辑办公室编：《廖承志文集》（上卷），人民出版社 1990 年版，第 198 页。

④ 王俊彦：《廖承志传》，人民出版社 2006 年版，第 198 页。

⑤ 王俊彦：《廖承志传》，人民出版社 2006 年版，第 202 页。

⑥ 廖承志：《促进华侨的爱国大团结》，廖承志文集、传记编辑办公室编：《廖承志文集》（上卷），人民出版社 1990 年版，第 197 页。

的侨务工作方针、政策直至改革开放之初依然被有关部门重申和坚持。1980 年，外交部和国务院侨办提出，新中国成立初期，"党中央明确指出：国外华侨工作必须服从我国外交路线和政策，划清华侨工作与当地革命的界限，撤销中国共产党在各国华侨中的党组织；我国不赞成双重国籍，要妥善解决历史遗留的华侨国籍问题，鼓励华侨根据自愿原则选择居住国国籍，取得居住国国籍后，就自动丧失中国国籍，成为居住国公民；保留我国国籍的就是我国居住国外的侨民；要教育华侨遵守居住国法律，不参与居住国的政治活动，与当地人民和睦相处，为发展居住国的经济建设作出贡献。我国政府根据上述精神，不断向国外华侨宣传贯彻这一方针、政策，并先后同一些国家协商解决华侨的双重国籍问题。实践证明，上述方针、政策是正确的。它得到许多国家的理解和广大华侨的拥护"①。在改革开放的新形势下，侨务工作这一方针、政策基础与全党工作重点转移结合起来后，即推进形成了改革开放时期新的侨务工作导向。

（三）积极开展国内侨务工作

新中国成立时，我国有归侨、侨眷约 2 000 万人。国内侨务工作围绕同一时期党和国家的中心工作来展开，主要是"对归国华侨和难侨给予适当的安置和指导，便利侨汇，举办归国华侨学生补习学校，辅导归国华侨参加工农业生产，指导国内的华侨眷属在自愿原则下参加各种劳动生产，并协助有关部门，制订华侨的出入国条例，以便利华侨。同时，在重要的社会改革运动中，根据华侨及其国内眷属的实际情况考虑给予一定的照顾"②。

1. 高度重视华侨、归侨的政治地位

与国民党政府召开旧政协和国民大会相比，中国共产党对华侨、归侨参政地位的重视是空前的。1949 年召开的第一届政治协商会议，就有陈嘉庚、司徒美堂、戴子良、蚁美厚、庄明理、费振东、陈其瑗等多名华侨、归侨代表。陈嘉庚还担任了中央人民政府委员，与司徒美堂等任华侨事务委员会副主任。1954 年新中国第一部宪法规定"全国人民代表大会由省、自治区、直辖市、军队和华侨选出的代表组成"，为华侨、归侨行使管理国家权利提供了根本的法律保障。1954 年第一届全国人民代表大会共有代表 1 141 名，其中华侨、归侨代表就有 30 名。在全国各地的侨务机构和侨联组织中，大多数干部由归侨、侨眷担任。

---

① 外交部、国务院侨务办公室：《对外籍华人工作方针政策的请示报告》（1980 年 11 月 27 日），北京市人民政府侨务办公室编：《侨务政策汇编》，1981 年版，第 17 页。

② 何香凝：《在第一届全国人民代表大会第一次会议的发言》，尚明轩、余炎光编：《双清文集》（下卷），人民出版社 1985 年版，第 707-708 页。

2. 制定保护侨汇的政策

侨汇是国外华侨从事劳动和各种经营所得，用以赡养国内亲属的汇款。在旧社会，不少国内归侨、侨眷的生活来源主要依靠侨汇。新中国成立后，面临着帝国主义的封锁，对外贸易缺少外汇，侨汇成为重要的外汇收入来源。为保障国内归侨、侨眷的生活，利用好侨汇对新中国建设的积极作用，中央人民政府于1950年制定颁布了《侨汇业管理暂行条例》，实行"便利侨汇，服务侨胞"的方针。针对在侨乡土地改革（简称"土改"）过程中一些地方以侨汇多少为标准划定阶级成分、强迫侨眷以侨汇作为合作社资金及没收和侵吞等现象，中共中央于1952年12月批转《中国人民银行党组及中侨委党组关于侨汇及华侨投资的报告》，要求必须坚决贯彻"不得侵犯侨汇""保障侨眷侨汇所有权，解除侨眷顾虑""侨汇不是封建剥削"等指示，切实纠正侵犯侨汇的现象。1955年2月，周恩来总理签发《国务院关于贯彻保护侨汇政策的命令》，提出："侨汇是侨眷的合法收入，国家保护侨汇政策不仅是国家当前的政策，而且是国家的长远政策"，"任何个人或团体不得向侨眷强迫借贷，不得积压侨汇，不得擅自检查侨批和以任何借口变相侵犯侨汇"，"侨眷有使用侨汇的自由"，对于违者必须按情节论处或依法制裁。[①] 侨汇政策的制定和执行，对保障归侨、侨眷生活，维护华侨、归侨、侨眷的经济权益，支持新中国经济建设起到了重要作用。

3. 推进侨乡"土改"

新中国成立后，根据新老解放区的不同情况，全国开展了"土改"运动。在旧中国，华侨大多是贫苦的劳动人民，因生活所迫出国谋生，取得收入汇回国内。部分国内的归侨和侨眷用节省的侨汇和收入购买土地、建造侨房等，有着特殊性。国家充分考虑这种情况，于1950年6月颁布的《中华人民共和国土地改革法》第二十四条规定："华侨所有的土地和房屋，应本着照顾侨胞利益的原则，由大行政区人民政府（军政委员会）或省人民政府依据本法的一般原则，另定适当办法处理之。"同时，政务院于1950年11月制定了《土地改革中对华侨土地财产的处理办法》，对"土改"中如何处理华侨及归侨、侨眷的土地财产作了明确规定，要求根据华侨的特点，对其本人及家属的财产和成分划定"给予适当照顾"。在广东侨乡"土改"过程中，由于受"左"的思想干扰，曾出现一些过火行为，造成不良影响。在中侨委的努力下，党中央及时发出指示，极左行为很快得到纠正。

4. 引导华侨回国投资

新中国的成立，对于盼望祖国强大的海外华侨是巨大的鼓舞，不少人表达了

---

① 全国人大华侨委员会办公室法案室编：《涉侨法律法规选编》，中国民主法制出版社2010年版，第4类-1页。

回国投资的热情。1951年6月，中央人民政府华侨事务委员会召开第一次侨务扩大会议，何香凝在会议讲话中提出："招致国外华侨资本，回国投资于各方面的经济生产事业，参加人民祖国的建设，是关系到国内外华侨，特别是国内侨眷、归侨生活的大事，是侨务政策的基本而又长远的方针。"① 1952年1月，中共中央提出"要鼓励国外华侨在可能的条件下自愿地、稳步地、逐渐地将其产业转回国内"②。1952年12月，中共中央批转《中国人民银行党组及中侨委党组关于侨汇及华侨投资的报告》，提出应建立和健全各地华侨投资辅导机构，筹建华侨信托公司，吸收华侨资金投入国家企业。在广东、福建等海外华侨较多的地区，陆续成立了7家投资公司，吸纳华侨资金。1955年，中央政府成立了华侨投资总公司③，以适应华侨投资参加祖国建设的愿望和保障华侨投资的利益。

1957年8月国务院颁布《关于华侨投资于国营华侨投资公司的优待办法的决议》④ 后，华侨投资额有了一定的增长。此外，国家还制定了《华侨申请使用国有的荒山荒地条例》⑤ 等法规，鼓励华侨回国投资农、林、牧场，支持国家经济建设。

5. 接收华侨学生回国学习

近代以来，海外华侨出于传承中华文化的愿望，就有把子女送回国内学习的做法。新中国成立后，海外华侨学生在爱国热情的激励下，形成回国学习的热潮。据统计，从新中国成立到1953年11月，"四年来，各地侨务机关接待处理的归国华侨学生，约有一万九千人，连同未经侨务机关接待而直接分散入学或参加工作者在内，估计有两三万人"⑥，其中约有20%的学生进入高等学校。⑦ 国家对归侨学生采取"集中接待，分散入学"的方针，根据华侨学生普遍中文水平不高等情况，在北京、厦门和广州等地专门创办了7所归国华侨学生中等补习学校，负责接待补习、分送入学。为了更加便于管理，1954年，中侨委又在广州设立"华侨学生接待站"，对归国华侨学生进行统一接待。1958年，为了满足更多华侨学生接受高等教育的愿望，根据此类学生的特点，国家在广州复建暨南大

---

① 何香凝：《中侨委第一次侨务扩大会议开幕词》，尚明轩、余炎光编：《双清文集》（下卷），人民出版社1985年版，第592页。

② 《中共中央关于海外侨民工作的指示》（1952年1月6日），中国人民解放军国防大学党史党建政工教研室编：《中共党史教学参考资料》（第十九册），第429页。

③ 国务院侨务办公室政策法规司编：《新中国侨务政策六十年回顾与探析》，2009年版，第121页。

④ 国务院侨务办公室政策法规司编：《新中国侨务政策六十年回顾与探析》，2009年版，第122页。

⑤ 国务院侨务办公室政策法规司编：《新中国侨务政策六十年回顾与探析》，2009年版，第120页。

⑥ 廖承志：《关于归国华侨学生教育工作的若干问题》，廖承志文集、传记编辑办公室编：《廖承志文集》（上卷），人民出版社1990年版，第239页。

⑦ 任贵祥：《略述建国初期的侨务政策》，《中共党史研究》1990年第3期。

学。1959年，在经济面临重大困难的情况下，国家依然批准拨款建立华侨大学。此外，侨乡各地的华侨中学也接收了大量归国侨生和侨眷子女。

6. 尽力安置回国归难侨

新中国成立之初，一方面有大量海外华侨、留学生受新中国的感召，毅然放弃国外优越生活，回国参加社会主义革命和建设；另一方面，由于一些国家掀起排华浪潮，大批难侨返回国内。对于受排华影响回国的华侨，基本按照"集中为主、分散为辅"的方针，给予妥善安置。为了妥善安置归难侨，中央考虑归侨特点和当时国内社会、经济情况，把建立国营华侨农场作为安置归难侨的主要基地。据统计，20世纪50年代末，印度尼西亚、印度、缅甸等国有20多万华侨回国定居，其中在印度尼西亚1959年及1965年两次大规模的排华浪潮中有约13.69万名华侨回国。[1] 到1960年，全国共在广东、福建、广西等省区建立华侨农场8个、华侨投资农场26个[2]，大多数归难侨被安置在这些国营华侨农场，基本解决了生产、生活等问题，也有一部分归难侨被安置在厂矿学校或受资助回乡。

从新中国成立到"文革"之前，是中国侨务工作逐步探索、全面开创和发展的时期，逐步形成了"统筹兼顾，全面安排"和"一视同仁，适当照顾"的方针，对于维护归侨、侨眷的权益，推动侨务工作发展，起到了重要作用，国内和国外侨务工作都取得了很大发展，一些根本性重大问题得到解决。

五、改革开放以来党和国家的侨务工作

1978年，中国共产党领导人民开启了影响深远、波澜壮阔的改革开放伟大征程。中国共产党和中国人民以英勇顽强的奋斗向世界庄严宣告，改革开放是决定当代中国前途命运的关键一招，中国大踏步赶上了时代！[3] 这一时期，侨务工作经历了恢复、发展、创新的过程，在党和国家工作大局中发挥了重要作用。

（一）推动侨务工作领域拨乱反正

粉碎"四人帮"后，侨务领域作为极左路线破坏的"重灾区"之一，切实需要从思想路线、组织路线和实际工作等诸多方面进行拨乱反正。

1. 在思想路线上正本清源

当时，侨务领域最急需解决的是思想认识上的正本清源。"文革"期间，林

---

① 卢海云、权好胜主编：《归侨侨眷概述》，中国华侨出版社2001年版，第28页。
② 中共广东省委党史研究室等编：《方方研究》（下），广东人民出版社1996年版，第240页。
③ 习近平：《在庆祝中国共产党成立100周年大会上的讲话》，《人民日报》，2021年7月2日。

彪、"四人帮""给有所谓'海外关系'的人横加罪名；把同海外亲友的书信来往说成是'里通外国'；把海外赡家汇款诬为'特务经费'；把有'海外关系'的人同地、富、反、坏、右、特并列在一起，称为'黑七类'"①。在全党全国人民揭批"四人帮"的背景下，侨务领域把肃清其流毒和影响作为首要工作。

邓小平复出工作后不久就关注到侨务工作，他在 1977 年国庆期间强调："说什么'海外关系'复杂不能相信，这种说法是反动的。我们现在不是海外关系太多，而是太少。海外关系是个好东西，可以打开各方面的关系。"② 廖承志曾任新中国侨务工作主要负责人，对极左思潮给侨务工作造成的损害有着切身感受。在此期间，他连续在相关侨务工作会议上发表讲话、在《人民日报》发表文章，批判侨务领域的极左思潮，提出要全面落实党的侨务政策。此后，侨务领域积极开展揭批工作，宣传和"重申毛主席、周总理和党中央亲自制定、批准的侨务方针政策是正确的"，"华侨是革命动力，是爱国统一战线的一个重要组成部分"，要保护华侨房屋，保护侨汇，放宽华侨、侨眷出入境要求，办好华侨农场，欢迎华侨学生回国上学等③，提振了全国侨务工作者的精神，党的侨务政策开始深入人心，有效缓解了海外华侨、归侨、侨眷的思想顾虑，温暖了侨心，在侨务领域形成了解放思想、团结奋进的生动局面。

2. 恢复侨务工作机构

"文革"期间，华侨事务委员会及各地侨务工作机构被撤销，全国各级侨联停止活动。尽快恢复侨务工作机构成为推动侨务领域拨乱反正的重要任务和组织保障。邓小平多次强调要"建庙""请菩萨"，"有了这个'庙'就有希望"④。1978 年 1 月，经国务院批准，国务院侨务办公室正式成立，作为管理中国侨务事务的重要机构，负责研究制定侨务工作方针、政策、法规，协助党中央、国务院领导和管理侨务工作⑤，由廖承志担任主任。1978 年 4 月，全国侨联也恢复开展活动，同年召开了第二次全国归侨代表大会并选举产生新的侨联委员会。全国各地侨务工作机构也逐步建立健全，形成了全国工作系统。

3. 落实政策并平反涉侨冤假错案

通过复查纠正归侨、侨眷的冤假错案，做好归侨、侨眷档案的清理工作，是侨务领域拨乱反正的重中之重。1981 年 5 月，国务院侨办、中组部、公安部印发

① 廖承志：《批判所谓"海外关系"问题的反动谬论》，《人民日报》，1978 年 1 月 4 日。
② 国务院侨务办公室、中共中央文献研究室编：《邓小平论侨务》，中央文献出版社 2000 年版，第 6 页。
③ 廖承志：《落实党的侨务政策》，廖承志文集、传记编辑办公室编：《廖承志文集》（下卷），人民出版社 1990 年版，第 486-490 页。
④ 参见国务院侨务办公室、中共中央文献研究室编：《邓小平论侨务》，中央文献出版社 2000 年版，第 1-5 页。
⑤ 国务院侨办侨务干部学校编著：《侨务工作概论》，中国致公出版社 2006 年版，第 4 页。

《关于善始善终地复查纠正归侨、侨眷中冤假错案工作的通知》；1983年9月，国务院侨办、劳动人事部制定了《关于处理六十年代初期精简的归侨职工问题的意见》，并于1985年4月再次作出补充规定；1984年9月，中组部、公安部、安全部、国务院侨办发出《关于抓紧清理归侨、侨眷档案工作的补充通知》；1984年10月，国务院侨办发出《关于配合有关部门妥善处理归侨、侨眷在"文革"中被查抄财物遗留问题的通知》；1984年12月，中共中央办公厅、国务院办公厅转发了《关于加快落实华侨私房政策的意见的通知》；等等。① 一系列政策文件的出台，几乎涵盖了当时涉侨冤假错案和历史遗留问题的各个方面。在各级党委、政府的高度重视和全国各级侨务机构的积极参与和推动下，全国范围的涉侨冤假错案彻底平反昭雪工作全面展开，对"文革"时期查抄的归侨、侨眷私人存款和贵重物品进行了大规模清退，落实华侨房屋政策，退还被挤占和没收的侨房，妥善解决20世纪60年代初被精简下放的归侨职工等大量历史遗留问题。据不完全统计，截至2008年，各级政府共平反了10万多件涉及海外侨胞和归侨、侨眷的冤假错案，清退了近4 000万平方米的华侨私房，清理了60多万份归侨、侨眷职工的档案。② 侨务工作以此为重要基础，得到全面恢复和发展。

（二）进一步明确国内和国外侨务工作方针

恢复侨务工作和机构，不仅归侨、侨眷关心，广大海外华侨华人也非常关注；不仅涉及国内历史遗留问题的解决，也涉及与相关国家的关系。因此，新时期侨务工作确立什么样的方针、政策，成为国内外普遍关注的问题。

实践证明，新中国成立后制定的侨务工作方针、政策是正确的。邓小平多次强调，"过去侨务工作的政策是毛主席、周总理定的，绝大部分要恢复起来，有些需要改正，有些不完善的要完善起来，不妥当的要改进"③。对于有关国家关心的华侨、华人政策问题，邓小平在外交场合多次重申政策"没有变"，并进行了具体阐述。④

1977年11月，在党中央的关心下召开了为期20多天的全国侨务会议预备会议。会议印发了《国内侨务政策汇编》，进一步明确了国内侨务工作的相关原则；形成了《关于全国侨务会议预备会议的情况报告》，并于1978年1月11日

---

① 参见任贵祥、朱昌裕：《华侨华人与中国改革开放40年》，广东教育出版社2019年版，第127-132页。

② 万钢：《努力实现侨务工作的科学发展》，《人民日报》，2008年10月14日。

③ 国务院侨务办公室、中共中央文献研究室编：《邓小平论侨务》，中央文献出版社2000年版，第1页。

④ 国务院侨务办公室、中共中央文献研究室编：《邓小平论侨务》，中央文献出版社2000年版，第7-11页。

由中央转发，在思想理论、组织机构、工作部署等方面提出了要求，特别是把
"文革"前制定的"一视同仁，适当照顾"的国内侨务工作方针发展完善为"一
视同仁、不得歧视，根据特点、适当照顾"的十六字工作方针。1978年12月22
日，在全国侨务会议、第二次全国归国华侨代表大会上，李先念代表党中央发表
讲话，强调各级党委要重视侨务工作，认真贯彻执行党的侨务政策。廖承志在大
会上所作的报告系统阐述了当时的侨务政策，提出"国内侨务政策的基本原则就
是坚持社会主义方向"，对"一视同仁、不得歧视，根据特点、适当照顾"进行
了详细论述。① 在国外侨务政策方面，廖承志提出"坚持党中央制定的外交路
线，是国外侨务政策基本原则"，强调"我国国外的侨务政策是一贯的，坚定不
移的"。他重申了中国不承认双重国籍的原则，再次阐述了对华侨和华人的不同
政策，对于已经加入外国国籍的华人，希望他们与当地人民和睦相处，享有相同
的权利和义务，为当地社会作出应有的贡献。他说："对于保留中国籍的华侨，
我们一贯教育他们应当遵守居住国的法律，不干涉居住国的内政，尊重当地风俗
习惯，和当地人民友好相处。当然他们的正当权益，我国政府有责任加以保护，
也希望得到有关国家的保障。"② 此后，这个原则始终是我们开展海外工作的根
本性、指导性原则。

这次会议明确了侨务工作的方针原则和主要任务，为新时期侨务工作的不断
拓展奠定了坚实的思想基础、政策基础，开启了改革开放后侨务工作的新局面，
在侨务工作历史上具有重要意义。

根据新的形势任务要求和海外侨情的变化，1989年的国务院侨务工作会议
对侨务部门的工作重点进行调整，第一次针对华侨、华人、归侨、侨眷不同群体
的特点提出了相应的工作方针，明确了加强华侨和外籍华人工作，加强为经济建
设服务，加强对华侨华人的宣传、教育和文化交流的工作要求。针对海外绝大多
数华侨已加入住在国国籍，并逐步融入当地社会，海外侨社已逐渐演变为华人社
会的情况，以及我国与各国特别是周边国家关系不断改善和发展的需要，会议提
出侨务工作必须服从我国的外交政策，必须坚定不移地遵守不搞双重国籍的原
则，要在观念上和实际工作中把华侨和华人严格区别开来，对华人工作的基本内
容是友好、合作、交流。③ 同时，会议强调国内侨务工作是整个侨务工作的基
础，要继续落实各项侨务政策。

---

① 廖承志：《认真落实党的侨务政策，为建设现代化的社会主义强国而奋斗》，廖承志文集、传记编
辑办公室编：《廖承志文集》（下卷），人民出版社1990年版，第547—549页。
② 廖承志：《认真落实党的侨务政策，为建设现代化的社会主义强国而奋斗》，廖承志文集、传记编
辑办公室编：《廖承志文集》（下卷），人民出版社1990年版，第549—551页。
③ 国务院侨务办公室编：《侨务法规文件汇编（1995—1999）》，1999年版，第82页。

2005 年 1 月，中共中央办公厅、国务院办公厅联合下发《关于加强新形势下侨务工作的意见》，强调"侨务工作是党和国家一项长期的战略性工作"，全面系统提出了侨务工作的方针政策、任务要求。同年召开的全国侨务工作会议，明确侨务工作要"坚持以人为本、为侨服务的宗旨，坚持以国内侨务工作为基础、以国外侨务工作为主导，坚持为国家大局服务和为侨服务的统一，与时俱进、开拓创新，努力在海外发展一支宏大的对我友好力量，促进侨务资源的可持续发展，充分发挥海外侨胞和归侨侨眷的独特作用，为全面建设小康社会、促进祖国统一和发展同各国人民的友好合作而奋斗"[1]，分别提出外籍华人工作的基本方针、国内归侨、侨眷工作的基本方针。[2] 同时，会议在总结侨务工作经验的基础上，提出了"开展侨务工作要有利于海外侨胞的长期生存和发展，有利于发展我国同海外侨胞住在国的友好合作关系，有利于推进我国现代化建设和祖国统一"的"三有利"原则，以及"区别国籍界限的原则、公开合法的原则、积极稳妥的原则、'一视同仁、不得歧视，根据特点、适当照顾'的原则"。[3]

针对华侨、华人、归侨、侨眷的不同情况采取不同的工作方针，健全完善侨务工作的"五大原则"，使侨务工作适应了新时期国家外交工作的需要，更好地团结凝聚侨务领域各方面力量为中国改革开放和现代化建设服务。

（三）明确侨务工作任务，拓展侨务工作领域

改革开放以来，随着党和国家工作重心向经济建设转移，党和国家的侨务工作发生了根本变化。以经济建设为中心的改革开放这一根本国策成为侨务工作的出发点。在以经济建设为中心的指导思想下，党和国家对侨务工作的根本要求是发挥广大华侨华人在资金、技术、管理等方面的优势。1979 年 4 月召开中央工作会议后，根据时任广东省委主要负责人习仲勋在会上的意见和邓小平的倡议，中共中央和国务院派工作组赴广东、福建考察，逐步形成了调动爱国华侨、港澳同胞参加祖国社会主义建设的积极性，更有效地利用他们的资金、技术和设备，设立经济特区的决策。[4] 1989 年，国务院在北京召开侨务工作会议，明确提出侨务工作在为侨服务的同时，必须围绕国家发展大局，积极投身经济建设的主战场、热情为中心工作服务的工作思路。侨务工作的主要任务由主要做归侨、侨眷工作，向全面开展华侨、华人和归侨、侨眷工作转变；由主要做处理历史遗留问题

---

① 国务院侨办侨务干部学校编著：《侨务工作概论》，中国致公出版社 2006 年版，第 25 页。
② 参见国务院侨办侨务干部学校编著：《侨务工作概论》，中国致公出版社 2006 年版，第 26-28 页。
③ 参见国务院侨办侨务干部学校编著：《侨务工作概论》，中国致公出版社 2006 年版，第 28 页。
④ 中共中央党校理论研究室编：《历史的丰碑——中华人民共和国国史全鉴》（经济卷），中央文献出版社 2005 年版，第 1005 页。

的落实政策工作，向为以经济建设为中心的党的三大任务服务工作转变。1992年，国务院侨办制定下发了关于进一步加强侨务工作为加快改革开放和经济建设服务的政策文件。该文件是侨务部门第一个关于做好侨务工作为经济建设服务的专门性指导文件，要求积极拓宽同海外华侨华人的广泛联系，在平等互利的基础上，大力加强同他们在经济、科技、文化等领域的合作交流，这是扩大对外开放的重要组成部分，也是新时期侨务工作的主要任务。① 1993年2月，江泽民在与国务院侨务工作会议部分代表座谈时提出，"我们要在90年代把建设有中国特色社会主义的伟大事业推向前进，最根本的是坚持党的基本路线，加快改革开放，集中精力把经济建设搞上去。这是新时期全党全国人民的主要任务，也是侨务工作的主要任务"②。自恢复工作开始，各级侨务部门、侨联组织全面贯彻落实党的十一届三中全会作出的将工作的着重点迅速转移到社会主义现代化建设上的战略决策部署，积极推进平反归侨、侨眷中的冤假错案，确立"一视同仁、不得歧视，根据特点、适当照顾"的侨务工作原则，推进归侨侨眷权益保护法的制定和贯彻执行，协助地方政府开展招商引资工作，在服务国内经济建设方面发挥重要作用。

随着党和国家事业发展，侨务工作的领域、渠道也在不断拓展。一是随着党和国家确立科教兴国、人才强国战略，各级侨务部门逐步把引进海外人才作为重要工作内容。二是海外华侨华人特别是华裔新生代对于传承和弘扬中华文化的需求日益增长，需要各级侨务工作机构加大做好华文教育工作的力度。三是遍布世界各地的华侨华人与当地民众联系紧密，始终是中国人民与世界各国人民之间友好的桥梁，在中国综合国力不断增强的同时，更加需要华侨华人发挥中外友好交往桥梁作用。四是进入新世纪，台湾地区领导人变更，使反"独"促统面临更加复杂、严峻的局面，海外华侨华人出于民族大义，在世界各地成立了中国和平统一促进会，其必然成为侨务工作机构的联谊对象。2008年，胡锦涛看望了致公党、中国侨联界全国政协委员并参加联组讨论，提出要按照凝聚侨心、汇集侨智、发挥侨力、维护侨益的要求，最大限度地把归侨、侨眷和海外侨胞团结起来，把他们的积极性调动起来，把他们的独特优势发挥出来，进一步汇聚起全民族为实现中华民族伟大复兴而共同奋斗的强大合力。要充分发挥归侨、侨眷和海外侨胞在推动我国现代化建设方面的重要作用，在推进祖国和平统一大业方面的积极作用，在传播中华文化方面的独特作用，在增进中国人民同各国人民相互了

---

① 《改革开放40周年见证：这是侨务工作的奋进足迹！》，中共中央统一战线工作部网站，2018年12月29日，http://qwgzyj.gqb.gov.cn/rdjj/204/3095.shtml，最后访问时间：2022年3月7日。

② 江泽民：《侨务工作要为改革开放和现代化建设事业作出更大贡献》，中共中央统一战线工作部、中共中央文献研究室编：《新时期统一战线文献选编》（续编），中共中央党校出版社1997年版，第454页。

解和友谊方面的桥梁作用。① 这"三个最大限度""四个作用"比较全面地概括了侨务工作的内容和领域。

(四) 推动健全涉侨法律法规体系

为华侨华人和归侨、侨眷的合法权益提供法律、法规和政策保障,是充分保护、调动、发挥好他们对改革开放和现代化建设积极性的前提和基础。依法治国方略的实施,客观上要求侨务工作及其方针、政策的制定与实施必须依法推进。改革开放以来,党和国家高度重视对海外华侨华人和归侨、侨眷合法权益的保护,相继制定出台了多部涉侨法律法规。

在国籍和出入境管理方面,《中华人民共和国国籍法》于 1980 年 9 月颁布,在新中国成立以来关于华侨双重国籍问题政策的基础上,首次以国家立法形式明确"中华人民共和国不承认中国公民具有双重国籍",鼓励华侨加入当地国籍。1985 年,《中华人民共和国公民出境入境管理法》颁布,对于华侨回国探亲、定居、旅游及归侨、侨眷出入境等提供了便利保障。在权益保护方面,1982 年《中华人民共和国宪法》第五十条规定:"中华人民共和国保护华侨的正当的权利和利益,保护归侨和侨眷的合法的权利和利益。"与 1954 年《中华人民共和国宪法》"中华人民共和国保护国外华侨的正当的权利和权益"的规定相比,增加了对归侨、侨眷合法权利和利益保护的内容,为新时期侨务立法提供了根本大法的依据。1983 年,全国人民代表大会成立了华侨委员会,主要任务包括研究、审议和制定涉侨议案,对各项涉侨法规实施监督。在广泛调研和集中各方面意见的基础上,1990 年 9 月,《中华人民共和国归侨侨眷权益保护法》颁布,并于2000 年进行了修正。国务院又于 1993 年制定、2004 年修订了《中华人民共和国归侨侨眷权益保护法实施办法》。此外,2015 年以来,广东、福建、上海、湖北、浙江、海南、贵州、四川八省市也都陆续出台了《华侨权益保护条例》。这些法律和相关法规的相继制定与实施,标志着我国侨务法治建设日益成熟,侨务工作进入法治化轨道。

在吸引华侨华人投资和引进人才方面,国家制定了大量法律法规,对包括华侨华人资本在内的外国来华投资进行鼓励和规范,包括《中华人民共和国中外合资经营企业法》(1979 年 7 月 1 日第五届全国人大第二次会议通过,1990 年、2001 年两次修订)、《中华人民共和国外资企业法》(1986 年 4 月 12 日第六届全国人大第四次会议通过,2000 年修正)、《中华人民共和国中外合作经营企业法》

---

① 《胡锦涛吴邦国温家宝贾庆林李长春习近平李克强分别参加审议和讨论》,《人民日报》,2008 年 3月 8 日。

（1988 年 4 月 13 日第七届全国人民代表大会第一次会议通过）等。国务院及有关部门制定了相关法律的实施细则，均直接或间接涉及华侨华人投资问题。同时，国务院及有关部门制定了一系列针对港澳台同胞及海外华侨华人投资的优惠政策，如国务院于 1990 年颁布了《关于鼓励华侨和香港澳门同胞投资的规定》，内容包括华侨的投资领域、投资方式、设备进口等方面，规定华侨华人和港澳台同胞可享受比一般外商更优惠的投资条件。[①]

吸引国外人才支持中国经济建设和科技发展，同样是侨务工作的重要内容，国家也制定了相应的法律法规和政策措施。如：国务院科技干部局于 1979 年 10 月印发了《关于国外华侨和中国血统外籍科技人员回国服务问题的通知》，公安部、外交部、国务院科学技术干部局于 1980 年 7 月印发了《关于中国血统外籍科技专家办理入复籍和居留手续问题的通知》，国家科委于 1982 年 11 月印发了《关于进一步发挥外籍华人科技人员作用的通知》，中共中央、国务院于 1983 年 8 月制定了《关于引进国外智力以利四化建设的决定》，国务院于 1983 年 9 月印发了《国务院关于引进国外人才工作的暂行规定》，等等。[②] 这些通知和规定，从不同方面包含了我国吸引海外华侨华人人才的政策和措施。

此外，国家还制定了关于华侨华人捐赠、保护侨汇、落实归侨安置和生活待遇等法律、法规、条例、办法等，形成了比较全面系统的涉侨法律法规体系，为开展侨务工作提供了法治化、制度化的保障。

六、新时代党和国家的侨务工作

党的十八大以来，国内外形势正在发生深刻复杂变化，世界面临百年未有之大变局。中国作为世界最大、综合实力最强的发展中国家，在国际上的地位不断提高，在国际事务中的影响力不断增大，中国已经进入日益走近世界舞台中央、不断为人类作出更大贡献的新时代。

与此相适应，我国的侨务工作也进入了一个新的历史阶段。以习近平同志为核心的党中央高度重视侨务工作和海外侨胞、归侨、侨眷的地位作用，进一步明确侨务工作是党和国家事业的重要组成部分，要充分发挥广大海外侨胞和归侨、侨眷的独特优势与作用，凝聚起实现中华民族伟大复兴中国梦的强大力量，为推动构建人类命运共同体作出贡献。

---

① 国务院侨务办公室编：《侨务法规文件汇编（1995—1999）》，1999 年版，第 219 页。
② 参见任贵祥、朱昌裕：《华侨华人与中国改革开放 40 年》，广东教育出版社 2019 年版，第 149 页。

（一）明确侨务工作主题

实现中华民族伟大复兴，是中华民族近代以来最伟大的梦想。习近平总书记关于实现中国梦的重要思想，为党和国家事业发展指明了前进方向。2017年初，习近平总书记对侨务工作作出重要指示，强调"实现中华民族伟大复兴，需要海内外中华儿女共同努力。把广大海外侨胞和归侨侨眷紧密团结起来，发挥他们在中华民族伟大复兴中的积极作用，是党和国家的一项重要工作"，要求"以凝聚侨心侨力同圆共享中国梦为主题，……最大限度把海外侨胞和归侨侨眷中蕴藏的巨大能量凝聚起来、发挥出来，为实现'两个一百年'奋斗目标、实现中华民族伟大复兴的中国梦不断作出新的更大的贡献"。①

各级侨务部门认真学习习近平新时代中国特色社会主义思想，深刻领会习近平总书记关于侨务工作的系列重要论述和指示精神，按照党的十九大报告提出的"广泛团结联系海外侨胞和归侨侨眷，共同致力于中华民族伟大复兴"的要求，牢牢把握凝聚侨心侨力同圆共享中国梦的主题，从新时代高度来审视和把握侨务工作，把侨务领域各项工作放到党和国家工作大局中去思考和谋划，与建设社会主义现代化强国各项战略部署紧密结合起来，根据世情、国情、侨情发展变化和我国社会主要矛盾的历史性转化来调整完善侨务工作目标和任务，着力完善"大侨务"发展格局，着力健全"大侨务"工作体系，着力加强战略谋划、整体布局、统筹协调和科学管理，着力建设侨务工作体制机制、政策法规、干部队伍和保障体系。以中国梦作为凝聚海内外中华儿女共识的最大公约数，画出团结海内外中华儿女力量的最大同心圆，全面深入阐释中国梦丰富的时代内涵，有效阐释中国梦承载着海内外中华儿女的共同福祉和共同追求，是个人梦、国家梦、民族梦的有机统一，参与这个进程就能共同享有人生出彩的机会，共同享有同中国和时代一起成长进步的机会，激发海外侨胞和归侨、侨眷的情感认同，引导他们把过上美好生活的个人愿望与实现中国梦对接起来，与满足自身事业发展需求有机融合起来，汇聚起实现中华民族伟大复兴的磅礴伟力。

（二）积极参与"一带一路"建设

"一带一路"共建国家和地区有4 000多万华侨华人，特别是东南亚国家，华侨华人历史久远，人数众多，经济、金融实力比较雄厚，政商人脉关系比较广泛，生产营销网络国际化程度高，具有融通中外的优势，不仅可以成为"一带一路"建设的重要力量，而且可以成为受益者。

---

① 《习近平对侨务工作作出重要指示》，《人民日报》，2017年2月17日。

各级侨务部门、机构和组织围绕促进我国与共建国家和地区"政策沟通、设施联通、贸易畅通、资金融通、民心相通",特别是海外侨胞在促进民心相通方面的独特作用,按照"积极引导、互利共赢"原则,鼓励、引导海外侨胞充分发挥人脉、资金、智力等资源优势,与国内企业在交通运输、港口、产业园区建设等领域进行合作,积极参与惠及当地民生的项目建设,为国内相关机构、企业在当地的援助项目、企业投资牵线搭桥,提供信息和帮助。为引导、推动华商参与"一带一路"建设,相关部门借助已有平台或搭建新的平台,为海外侨胞参与"一带一路"建设广泛开展招商引资活动,如:通过世界华侨华人工商大会、华商圆桌会议、华创会、东盟华商会、海外侨商广西行、世界侨商项目与商品博览会等,组织海外华商参加各地的博览会、商贸洽谈会,积极推动"文化中国"交流活动,支持鼓励海外华文媒体讲好中国故事,促进民心相通,助力"一带一路"建设。

(三) 努力推动构建人类命运共同体

华侨华人的历史,是一部与世界各国人民和睦相处的历史。近代以来,海外侨胞辛勤劳作,历尽艰辛,积极融入当地,为住在国的经济、社会、文化发展作出了巨大贡献。同时,华侨华人在住在国展现了中华文化的独特魅力,得到当地人民的认可和接纳。数以千万计的华侨华人谱写了一部伟大的生存史、创业史、奋斗史和发展史,这部历史没有战争、屠杀、殖民和掠夺,自始至终都与和平、发展紧密相连,这是他们参与构建人类命运共同体的生动体现。

增进世界各国人民对中国发展道路的理解,是中国走向世界的需要,也是推动构建人类命运共同体的需要。海外侨胞与住在国人民联系紧密,是中国故事的宣讲者、中国声音的传播者、中国形象的展示者。各级侨务部门和侨联组织积极引导海外侨胞向住在国民众介绍中国改革开放取得的巨大成绩,增进他们对中国发展成就的了解;向住在国民众介绍中国改革开放不仅是中国的大事,也是世界的大事,中国人民闯出的中国道路,不仅使十几亿人解决了温饱问题、达到小康水平,也谱写了人类历史的新篇章;引导海外侨胞向住在国民众介绍中国热爱和平、珍视和平的立场,介绍中国坚持独立自主的和平外交政策,坚定不移走和平发展道路的立场,坚持平等民主、兼容并蓄,尊重各国自主选择社会制度和发展道路的权利,尊重文明的多样性,做到国家不分大小、强弱、贫富都是平等的国际社会成员,一国的事情由本国自己做主,国际上的事情由各国协商解决,绝不把自己的意志强加于人,也绝不允许任何人把他们的意志强加于中国人民。

华侨华人也是人类命运共同体理念的积极践行者。各级侨务机构、部门和组织应加强宣传工作,讲述中国梦与世界各国人民的美好梦想是息息相通的,引导海外侨胞积极融入和回馈当地社会，树立华侨华人良好形象，积极开展中外友好交流活动，推动不同族群和睦相处、不同文明交融互鉴，在凝聚住在国不同民族、不同信仰、不同地域人民的共识等方面发挥作用，共襄构建人类命运共同体的伟业。

（四）制定侨务工作发展纲要，在党和国家机构改革中调整涉侨机构

党的十八大以来，侨务工作改革创新的重点始终放在加强基础性、长效性组织系统、平台载体和网络机制建设上，形成了以侨团组织体系、华文教育体系、文化传播体系、侨务外宣体系、引智引资体系、为侨服务体系、法规规划体系为支撑的国家侨务事业和侨务资源可持续发展新格局。[1] 国务院侨办与地方政府配合，推进"侨梦苑"建设，与地方政府合作建设引智引资平台，服务创新驱动、京津冀协同发展、长江经济带发展等国家战略，打造为侨回国创新创业综合服务体系，实施"海外人才为国服务计划"，促进地方经济转型发展。组织实施"海外惠侨工程"，在加强侨团建设，设立华助中心，引导海外华文学校朝标准化、正规化、专业化方向发展等方面提供帮助和服务。积极开展"文化中国"系列活动，精心打造"文化中国·四海同春"品牌，引导海外华文媒体合作发展，推动构建侨务外宣工作的新格局。

2016年12月21日，国务院印发了《国家侨务工作发展纲要（2016—2020年）》，"以凝聚侨心侨力同圆共享中国梦为主题，以推动侨务工作全面协调可持续发展为主线，明确了'十三五'时期侨务工作的指导思想、基本原则和目标任务，从法治、经济、科技、文化、教育、社会等各方面，对我国侨务事业作出总体规划，是'十三五'时期侨务工作的指导性文件"[2]。

2018年3月，中共中央印发了《深化党和国家机构改革方案》，规定中共中央统战部统一管理侨务工作。为加强党对海外统战工作的集中统一领导，更加广泛地团结联系海外侨胞和归侨、侨眷，更好地发挥群众团体作用，将国务院侨务办公室并入中共中央统战部。中共中央统战部对外保留国务院侨务办公室牌子。调整后，中共中央统战部在侨务方面的主要职责是：统一领导海外统战工作，管理侨务行政事务，负责拟订侨务工作政策和规划，调查研究国内外侨情和侨务工作情况，统筹协调有关部门和社会团体涉侨工作，联系中国香港、澳门和海外有关社团及代表人士，指导推动涉侨宣传、文化交流和华文教育工作等。国务院侨

① 《着眼"大侨务"、发挥"大作为"——访十九大代表、国务院侨办主任裴援平》，中新网，2017年9月30日，https：//www.chinanews.com.cn/hr/2017/09-30/8344419.shtml。
② 《国务院印发〈国家侨务工作发展纲要（2016—2020年）〉》，中华人民共和国政府网站，2017年1月12日，https：//www.gov.cn/zhengce/2017-01/12/content_5159193.htm，最后访问时间：2025年1月23日。

务办公室海外华人华侨社团联谊等职责划归中国侨联行使，发挥中国侨联作为党和政府联系广大归侨、侨眷和海外侨胞的桥梁纽带作用。①

这次党和国家侨务体制、机构改革，是为了更好地加强党对侨务工作的集中统一领导，更好地聚合方方面面的力量，深化为侨服务工作，更好地发挥华侨华人和归侨、侨眷的作用。

（五）明确海外统一战线工作和侨务工作的主要任务

2015 年，中共中央颁布了《中国共产党统一战线工作条例（试行）》。

2020 年，新修订的《中国共产党统一战线工作条例》把出国和归国留学人员以及华侨、归侨、侨眷列入党统一战线工作的范围和对象，专设第十章规定了海外统一战线工作和侨务工作，主要内容如下：

第三十七条规定："海外统一战线工作的主要任务是：加强思想政治引领，增进华侨和出国留学人员等对祖国的热爱和对中国共产党、中国特色社会主义的理解认同；传承和弘扬中华优秀文化，促进中外文化交流；鼓励华侨参与我国改革开放和社会主义现代化建设，融入民族复兴伟业；遏制'台独'等分裂势力，维护国家核心利益；发挥促进中外友好的桥梁纽带作用，营造良好国际环境。"②

第三十八条规定："侨务工作的主要任务是：围绕凝心聚力同圆共享中国梦的主题，加强华侨、归侨、侨眷代表人士工作，凝聚侨心、汇集侨智、发挥侨力、维护侨益，为侨服务；统筹国内侨务和国外侨务工作，着力涵养侨务资源，引导华侨、归侨、侨眷致力于祖国现代化建设，维护和促进中国统一，实现中华民族伟大复兴，致力于增进中国人民与世界人民的友好合作交流，推动构建人类命运共同体。保护华侨正当权利和利益，关心华侨的生存和发展，推动和谐侨社建设，教育引导华侨遵守住在国法律，尊重当地文化习俗，更好融入主流社会，为住在国经济社会发展贡献智慧和力量，充分展现守法诚信、举止文明、关爱社会、团结和谐的大国侨民形象。保护归侨、侨眷合法权利和利益，适当照顾归侨、侨眷特点，积极发挥他们与海外联系广泛的优势作用。"③

侨务工作和海外统战工作密切相连，不可分割，是相关工作"基础在国内、重点在海外"的体现。在百年未有之大变局下，需要切实把握相关工作的政策性、敏感性，提高策略水平，注重工作方式方法，在有利海外侨胞长期生存发展的前提下，把侨务工作、海外统战工作做深做细。

---

① 《中共中央印发〈深化党和国家机构改革方案〉》，《人民日报》，2018 年 3 月 21 日。
② 《中共中央印发〈中国共产党统一战线工作条例〉》，《人民日报》，2021 年 1 月 6 日。
③ 《中共中央印发〈中国共产党统一战线工作条例〉》，《人民日报》，2021 年 1 月 6 日。

第三章　涉侨工作机构与组织

从中央到地方，相关涉侨机构和组织从自身的职能和定位出发，对侨务工作齐抓共管，是我国侨务工作的一大特色。在中央侨务部门设置方面，主要有中央"五侨"：中共中央统战部（国务院侨务办公室）、全国人大华侨委员会、全国政协港澳台侨委员会、中国侨联和致公党中央五家单位。中央"五侨"机构每年召开联席会议，发挥侨务系统的整体功能，统筹涉侨工作，取得了积极的效果。相关涉侨部门建立协调机制，为新时期侨务工作奠定了良好基础。此外，还有外交部领事司（领事保护中心）、国家移民管理局（中华人民共和国出入境管理局）、欧美同学会（中国留学人员联谊会）等机构和组织的工作对象、工作内容也涉及侨务工作。本章主要对除中国侨联之外的中央主要涉侨机构作简要介绍。

一、中共中央统战部（国务院侨务办公室）

新中国成立后党和国家侨务工作的发展，是由中央人民政府华侨事务委员会开始的。作为政府管理侨务工作的机构，在政府机构中，侨务部门经历了从中央人民政府华侨事务委员会到国务院侨务办公室的演变。

1949 年 9 月 29 日，中国人民政治协商会议第一届全体会议通过了具有临时宪法性质和作用的《中国人民政治协商会议共同纲领》，以及《中华人民共和国中央人民政府组织法》。根据《中华人民共和国中央人民政府组织法》第十八条的规定，政务院设立华侨事务委员会。华侨事务委员会由在海外华侨中具有崇高威望的何香凝担任主任。1954 年 9 月，第一届全国人民代表大会第一次会议举行，会议通过了《中华人民共和国宪法》和《中华人民共和国国务院组织法》，并成立中华人民共和国国务院。根据《中华人民共和国国务院组织法》，中央人民政府华侨事务委员会改为中华人民共和国华侨事务委员会，接替相关工作，成为国务院的组成部门。中侨委成立后，紧紧围绕国家经济社会发展和外交大局，秉持为侨服务理念，妥善解决华侨双重国籍等诸多重大涉侨问题，从理论政策层面以及侨务实践层面奠定了新中国侨务工作的基础。1969 年中侨委被撤销。粉碎"四人帮"后，在邓小平的关心和指导下，侨务系统拨乱反正，侨务机构相继恢复。1978 年 1 月，国务院侨务办公室成立，主要承担原中侨委的工作。2018

年，根据《深化党和国家机构改革方案》，将国务院侨务办公室并入中共中央统战部，中共中央统战部统一管理侨务工作，对外保留国务院侨务办公室牌子。①此次机构改革通过机构整合、职能调整，形成了新的侨务机构格局。

中共中央统一战线工作部是党中央主管统一战线工作的职能部门，是党中央在统战工作方面的参谋和助手。

中国共产党自成立之初就进行了建立统一战线的探索，1922 年党的二大作出了建立"民主的联合战线"的决议。在领导建立抗日民族统一战线过程中，党开始建立专门的统战工作机构。1935 年 11 月 5 日，中共陕甘省委设立统战部。此后，在地方和军队中陆续建立了以统一战线命名的专门工作机构。1938 年中国共产党六届六中全会通过的《关于各级党委暂行组织机构的决定》规定，在区委以上各级党委之下设立统一战线工作部。1939 年 1 月 5 日，中共中央书记处会议决定"组织中央统一战线部"，"由王明负责"。同年 3 月 20 日，中共中央书记处《关于统战工作的指示》要求：各局、各省委、各特委如"还无统一战线部的"，必须"迅速成立"，各局、各省委、各特委"必须经常讨论和领导统一战线部的工作"。当时的统战部主要负责调查和研究各党派、军队及少数民族的情况。②

1944 年 5 月至 1945 年 4 月期间举行的党的六届七中全会（扩大会议）决定成立中央城市工作部，主要任务是领导敌占区的抗日民族统一战线工作。抗日战争胜利后，各级城工部停止工作。1946 年 12 月 2 日，中共中央书记处召开会议，专门研究国统区的工作，决定重新恢复城市工作部，其任务是"在中央规定方针下，研讨与经营蒋管区的一切工作（包括农工青妇），并培训这一工作的干部，部内分党务、统战、农村、文教、顽军五组"③。

1948 年 9 月 26 日，中共中央发出指示，决定"将中央城市工作部改名为中央统一战线工作部，管理国民党统治区的工作、国内少数民族工作、政权统战工作、华侨工作及东方兄弟党的联络工作"④，并具体负责筹备召开新政协会议的工作。当时的统战部设立"五室一处"，其中"第三室"负责华侨工作、东方兄弟党联络工作。⑤

新中国成立后，党领导的人民民主统一战线发生了历史性重大变化，中共中

---

① 《中共中央印发〈深化党和国家机构改革方案〉》，《人民日报》，2018 年 3 月 21 日。
② 中共中央统战部编著：《中国共产党统一战线史》，中共党史出版社、华文出版社 2017 年版，第 108 页。
③ 中共中央统战部编著：《中国共产党统一战线史》，中共党史出版社、华文出版社 2017 年版，第 147 页。
④ 中央档案馆：《中共中央文件选集》（第十七册），中共中央党校出版社 1989 年版，第 342 页。
⑤ 中共河北省委统战部编：《李家庄纪事》，华文出版社 2018 年版，第 47 页。

央和各地党委及一些企事业单位党委中继续设立统战部，统战部的基本职能发展为"了解情况，掌握政策，调整关系，安排人事"①。在社会主义革命、建设、改革各个历史时期，统一战线工作围绕党在各个历史时期的中心任务发挥作用，并进一步巩固和发展。进入新时代，统一战线的工作任务更加繁重，工作对象更加广泛，工作领域不断拓展，统战部门基本职能的内涵加深了、内容更加丰富了。

2020年11月30日由中共中央政治局会议审议修订、12月21日由中共中央印发的《中国共产党统一战线工作条例》，对党中央以及地方党委设置统战部的职责作出规定，其中第九条第十一款规定，统战部统一领导海外统一战线工作，统一管理侨务工作，统筹协调有关部门和社会团体涉侨工作。②

二、全国人大华侨委员会

全国人民代表大会华侨委员会（简称"全国人大华侨委员会"），是全国人民代表大会的专门委员会之一。1983年6月，第六届全国人民代表大会第一次会议决定设立华侨委员会，并延续至今。

全国人大华侨委员会在全国人大和全国人大常委会的领导下，主要行使以下具体职责：①审议全国人民代表大会主席团或者全国人大常委会交付审议的与侨务有关的议案，提出审议结果的报告。②向全国人民代表大会主席团或者全国人大常委会提出属于全国人大或者全国人大常委会职权范围内的与侨务有关的议案或者法律案。③向全国人大常委会提出与侨务有关的五年立法规划和年度立法计划的建议。参与审议列入常委会会议议程的法律案。④对其他国家机关负责起草的与侨务有关的法律案，提前了解起草情况，并在该法律案提请全国人大常委会审议时，先行组织审议，提出审议报告。⑤审查全国人大常委会交付的被认为与宪法、法律相抵触的与侨务有关的行政法规、地方性法规、自治条例和单行条例以及司法解释等规范性文件，并提出审查结果的报告。⑥审议全国人民代表大会主席团或者全国人大常委会交付的质询案，听取受质询机关对质询的答复。必要时，向全国人民代表大会主席团或者全国人大常委会提出报告。⑦调查研究与侨务有关的新情况和重大问题，向有关部门提出建议。根据需要，召开会议听取有关部门开展涉侨工作情况的介绍，提出改进和加强有关工作的意见和建议。必要时，向全国人大常委会提出与侨务有关的执法检查和听取专项工作报告的建议。

---

① 李维汉：《人民民主统一战线的新形势与新任务》，中共中央统战部研究室编：《历次全国统战工作会议概况和文献》，档案出版社1988年版，第19页。

② 《中共中央印发〈中国共产党统一战线工作条例〉》，《人民日报》，2021年1月6日。

⑧委员会就职权范围内的问题，可以按专题成立小组，围绕海外侨胞和归侨、侨眷反映的重点难点问题进行调研，提出调研报告。必要时，将调研报告提交全国人大常委会和有关涉侨部门。⑨协助全国人大常委会组织与侨务有关的法律实施情况的执法检查；协助全国人大常委会做好听取和审议"一府两院"与侨务有关的专项工作报告的有关工作。⑩对全国人大常委会办事机构交由"一府两院"承办的与侨务有关的重点建议、批评和意见，进行督办。⑪在全国人民代表大会会议举行前，参加全国人大有关专门委员会召开的听取国务院有关主管部门就国民经济和社会发展计划及计划执行情况、国家预算及预算执行情况的主要内容的汇报会议，提出意见。⑫接待、办理海外侨胞和归侨、侨眷的来访、来信。⑬开展与本委员会有关的外事活动。⑭联系全国人大归侨代表和地方人大侨务部门。⑮完成全国人大及其常委会、委员长会议交办的其他任务。①

自第六届全国人民代表大会第一次会议决定设立全国人大华侨委员会以来的历届主任委员：第六届、第七届为叶飞，第八届为杨泰芳，第九届为甘子玉，第十届为陈光毅，第十一届为高祀仁，第十二届为白志健，第十三届为王光亚。

全国人大华侨委员会自成立以来，认真贯彻党和国家侨务政策，发挥人大专门委员会职能，在推动涉侨立法、推进执法监督、开展专题调研、服务人大归侨代表、积极开展对外交往等方面做了大量工作。

一是推动涉侨立法。1990年4月，时任全国人大常委会副委员长、全国人大华侨委员会主任委员叶飞主持召开会议，提出"本着先易后难，先国内后国外的原则进行侨务立法，即先制定归侨侨眷权益保护法，今后待条件成熟时再制定保护华侨权益的法律"，加快推动归侨侨眷权益保护法的立法进程。在全国人大华侨委员会和涉侨部门的共同努力下，1990年9月7日，第七届全国人大常委会第十五次会议通过了《中华人民共和国归侨侨眷权益保护法》，成为我国首部涉侨专门法规。此后，全国人大华侨委员会根据实践的发展，又与相关部门一起推动全国人大于2000年对该法进行了修订。

二是推进执法监督。2006年，全国人大常委会第一次针对《中华人民共和国归侨侨眷权益保护法》进行执法检查，有力地推动了涉侨法律法规的贯彻落实，扩大了涉侨法规的社会影响。多年来，全国人大华侨委员会多次组织开展执法监督检查工作，听取外交部、国务院侨办等涉侨机构有关负责人员对工作情况的介绍，推动开展侨务法治宣传，与地方人大侨委就侨务法治建设的成就、经验进行交流探讨，取得了良好成效。

---

① 《华侨委员会职责》，中国人大网，2020年9月7日，http://www.npc.gov.cn/npc/c34473/202009/e0a27289e6c4482eb532cd756db68f36.shtml，最后访问时间：2025年1月23日。

三是开展专题调研。多年来，全国人大华侨委员会围绕不同时期党和国家工作大局，对经济、政治、文化、社会及涉侨重点问题进行专题调研，汇集侨界智慧，提出高质量调研报告，为有关部门决策提供参考。如在华侨农场改革过程中，全国人大华侨委员会组织多次调研，广泛听取意见、建议，提出改革中应注意的问题及思路，在推动华侨农场改革中发挥了重要作用。2021 年，全国人大华侨委员会就进一步发挥海外侨胞在共建"一带一路"中的重要作用开展专题调研，了解促进海外侨胞参与共建"一带一路"的基本情况和面临的问题，提出了针对性建议。

四是服务人大归侨代表。全国人大华侨委员会始终将代表工作作为推进人大侨务工作的切入点，按照"内容高质量、办理高质量"和"既要重结果，也要重过程"的要求，扎实推进代表建议办理工作和代表联系工作，积极支持保障代表依法履职，认真做好建议答复反馈和办理措施的落实跟踪，切实推动侨界群众急难愁盼问题的解决。深入了解人大归侨代表关注关心的重点热点问题，主动为代表提供服务，提供相关涉侨资料，为代表提出高质量建议做好服务保障工作。

五是积极开展对外交往。通过"请进来"和"走出去"加强与各领域各阶层海外侨胞代表人士联系沟通，在每年国庆节及其他重要活动时邀请海外嘉宾出席相关活动，在与侨胞深入交流思想、增进感情的同时做好国情宣传教育，广泛凝聚共识。引导海外侨胞团结互助、回馈当地，积极传播中华文化、主动讲好中国故事、展现良好形象，扎实做好侨务外事工作。

三、全国政协港澳台侨委员会

中国人民政治协商会议全国委员会港澳台侨委员会（简称"全国政协港澳台侨委员会"）作为中国人民政治协商会议全国委员会设置的专门委员会之一，是全国政协常务委员会和主席会议领导下的工作机构。

全国政协第一届全国委员会设华侨事务组，第二届至第六届设华侨组，第七届、第八届将各个工作组一律改为华侨委员会。1995 年 3 月，全国政协第八届全国委员会常务委员会第十二次会议决定，将祖国统一联谊委员会和华侨委员会合并成为台港澳侨联络委员会；1998 年 3 月，全国政协第九届全国委员会常务委员会第一次会议将其定名为港澳台侨委员会。

《中国人民政治协商会议章程》总纲中肯定海外侨胞是"最广泛的爱国统一战线"的重要组成部分，肯定"香港特别行政区同胞、澳门特别行政区同胞、台湾同胞和海外侨胞热爱祖国，拥护祖国统一，支援祖国建设事业"。第十七条规定："中国人民政治协商会议全国委员会和地方委员会宣传和协助贯彻执行国家的侨务政策，加强同归侨、侨眷和海外侨胞的联系和团结，鼓励他们为祖国的建设事业和统一祖国的大业作出贡献。"第二十二条规定："中国人民政治协商会议全国委员会由中国共产党、各民主党派、无党派人士、人民团体、各少数民族和各界的代表，香港特别行政区同胞、澳门特别行政区同胞、台湾同胞和归国侨胞的代表以及特别邀请的人士组成，设若干界别。"①

全国政协港澳台侨委员会根据《中国人民政治协商会议章程》以及全国委员会全体会议和常务委员会议提出的相关任务开展工作。一是积极宣传党和国家关于港澳台侨方面的方针、政策，并推动贯彻落实。二是积极与有关部门协调和配合，密切同港澳台侨各界人士的联系，促进团结。三是围绕港澳台侨领域综合性、全局性、前瞻性重大问题，组织委员视察、参观和专题调研，通过建议案、提案和其他形式，向国家机关和其他有关单位提出建议和批评。四是加强同委员和港澳台侨有关人士的联络，通过组织各种活动和相关工作，积极为委员了解情况、履行职责提供帮助。

四、中国致公党

中国致公党作为我国民主党派之一，是以归侨侨眷中的中上层人士和其他有海外关系的代表性人士为主组成的、具有政治联盟特点的政党，也是中国共产党领导的多党合作和政治协商制度中的中国特色社会主义参政党。

1925年10月10日，由华侨社团美洲洪门致公总堂发起，在美国旧金山成立了致公党。1931年，致公党二大制定了以团结抗日、反对国民党独裁统治为主要内容的政纲。1947年5月，在中国共产党的帮助下，中国致公党在香港举行第三次代表大会，提出要实现政治、经济民主，反对一党专政，成立民主政府，争取民主和平，完成了旧民主主义政党向新民主主义政党的转变。1948年6月9日，中国致公党发表《响应中共中央"五一号召"宣言》，声明接受中国共产党的领导。1949年9月，中国致公党作为民主党派参加了新中国的筹备，成为全国政协的组成界别。长期以来，中国致公党为争取国家独立、民族解放和维护华侨的正当权益而奋斗，为新民主主义革命的胜利和建立新中国，为社会主义革命和建设事业，为推进改革开放和祖国统一大业作出了积极贡献。

新中国成立后，中国致公党分别于1950年、1952年、1956年、1979年、1983年、1988年、1992年、1997年、2002年、2007年、2012年、2017年、

---

① 《中国人民政治协商会议章程》，中国政协网，2023年3月20日，http://www.cppcc.gov.cn/zxww/2023/03/20/ARTI1679275255601112.shtml，最后访问时间：2025年1月23日。

2022 年召开第四次至第十六次全国代表大会，历任领导人为陈炯明（第一届、第二届）、李济深（第三届）、陈其尤（第四届至第六届）、黄鼎臣（第七届、第八届）、董寅初（第九届、第十届）、罗豪才（第十一届、第十二届）、万钢（第十三届至第十五届）、蒋作君。

中国致公党的组织系统包括中央组织、地方组织和基层组织，最高领导机构是全国代表大会和它所产生的中央委员会。地方各级领导机构是地方各级代表大会、党员大会和它所产生的委员会。基层组织的领导机构是基层委员会、总支部委员会、支部委员会或支部党员大会。各级委员会向同级代表大会或党员大会负责并报告工作。中国致公党的全国代表大会每五年举行一次，由中央委员会召集，必要时可以提前或延期召开。①

五、外交部领事司（领事保护中心）

领事工作是外交部的重要职责之一。与侨务工作相关的主要内容包括：负责海外侨务工作；负责领事保护和协助工作，协调有关部门、地方政府并指导驻外外交机构处理领事保护和协助案件，发布领事保护和协助的预警信息；负责协调处置境外涉我突发事件，保护境外中国公民和机构的合法权益，参与处置境内涉外突发事件，等等。②

外交部领事司（领事保护中心）是外交部专责此项工作的职能部门。主要职责包括：办理中外领事关系事宜；负责颁发外交、公务、公务普通护照；负责领事公证认证、签证工作；管理外国领事机构；办理和参与外国人在中国境内发生的有关案件的相关对外交涉；承担海外侨务工作；会同处理移民事务；承担领事保护和协助工作，拟定领事保护和协助政策规定，发布领事保护和协助预警信息；指导驻外外交机构和地方外事部门相关业务。③

1950 年 3 月，新中国首版护照问世，分为外交护照、官员护照和普通护照三种。福建永定人苏奎福是拥有新中国第一本普通护照的人，当时他经香港地区前往缅甸。那时的普通护照也称"侨民护照"。1955 年 1 月，外交部领事司成立，负责管理全国领事工作，在开展领事业务的同时指导国内地方外办办理领事业务

---

① 《致公简介》，中国致公党网站，2022 年 12 月 21 日，http：//www.zg.org.cn；中共中央统战部编著：《中国共产党统一战线史》，中共党史出版社、华文出版社 2017 年版，第 149-150 页。
② 《主要职责》，中华人民共和国外交部网站，http：//new.fmprc.gov.cn/web/wjb_673085/zyzz_673087/，最后访问时间：2025 年 1 月 23 日。
③ 《组织机构·领事司（领事保护中心）》，中华人民共和国外交部网站，http：//new.fmprc.gov.cn/web/wjb_673085/zzjg_673183/lss_674689/，最后访问时间：2025 年 1 月 23 日。

和驻外使领馆履行领事职责，拓展中外领事关系。2007 年 8 月 23 日，外交部领事司领事保护处升格为外交部领事保护中心，负责海外公民、机构安全和合法权益保护工作的政策指导和统筹协调，这标志着中国领事保护工作进入新的发展时期。①

1979 年，中国政府加入《维也纳领事关系公约》，这标志着中外领事关系进入新的发展阶段。该公约生效后成为世界上大多数国家处理领事关系的基本准则。此后，中国在坚持主权平等、对等互惠原则基础上，依据该公约精神，根据时代的发展和国家的需要，积极发展与世界各国的领事关系，形成了一套中国特色领事工作体系。2000 年 12 月 8 日，外交部官网发布第一条海外安全提醒，自此建立和完善了海外安全提醒发布机制。按风险程度，我国海外安全提醒划分为"注意安全""谨慎前往""暂勿前往"三个级别。2014 年 9 月 2 日，外交部全球领事保护与服务应急呼叫热线"12308"开通，为海外公民提供 24 小时热线帮助与咨询。此后，外交部领事司相继开通了"12308"微信版和"外交部 12308"手机应用客户端，极大地方便了海外中国公民。②

党的十八大以来，中国领事工作充分发挥"接地气、惠民生"优势，全面深化"放管服"改革，持续构建由法律支撑、机制建设、风险评估、安全预警、预防宣传和应急处置六大支柱构成的海外中国平安体系，全天候为遍布 200 多个国家和地区的同胞和企业保驾护航。其中外交部共牵头组织实施紧急撤离我海外公民行动 10 余次，处置涉我境外公民遭绑架、袭击等各类领保协助案件 50 多万起，涉及公民近百万人。③ 截至 2020 年底，中国已与 90 多个国家建立了定期或不定期的领事磋商机制，全球有 280 多个驻外使馆和领事机构为海外公民提供领事保护与服务，有 72 个国家和地区对中国普通护照持有者免签或提供落地签。④

我国驻外使领馆一般设有领事侨务组和侨务领事，负责与当地侨社的联谊联络，支持侨社与当地社会交流，为海外侨胞合法权益提供领事保护，对接国内涉侨机构访问，推荐参加国内活动、担任荣职等海外侨领人选或提供参考意见，等等。

---

① 《新中国领事工作历程》，中国领事服务网，http：//cs. mfa. gov. cn/gyls/lsgz/ztzl/xzglsgzlc/201910/t20191001_932360. shtml，最后访问时间：2025 年 1 月 23 日。

② 《新中国领事工作历程》，中国领事服务网，http：//cs. mfa. gov. cn/gyls/lsgz/ztzl/xzglsgzlc/201910/t20191001_932360. shtml，最后访问时间：2025 年 1 月 23 日。

③ 崔爱民：《永远跟党走　永葆为民心》，《经济日报》，2021 年 6 月 24 日。

④ 崔爱民：《永远跟党走　永葆为民心》，《经济日报》，2021 年 6 月 24 日。

六、国家移民管理局（中华人民共和国出入境管理局）

国家移民管理局（中华人民共和国出入境管理局）于 2018 年 4 月 2 日组建成立，是公安部管理的国家局。

根据 2018 年 3 月印发的《深化党和国家机构改革方案》，随着我国综合国力进一步提升，来华工作生活的外国人不断增加，对做好移民管理服务提出新要求。为加强对移民及出入境管理的统筹协调，更好形成移民管理工作合力，我国将公安部的出入境管理、边防检查职责整合，建立健全签证管理协调机制，组建国家移民管理局，加挂中华人民共和国出入境管理局牌子，由公安部管理。[1] 主要职责包括：负责建立健全签证管理协调机制，组织实施外国人来华口岸签证、入境许可签发管理和签证延期换发；负责外国人来华留学管理、工作有关管理、停留居留和永久居留管理、国籍管理、难民管理；负责出入境边防检查、边民往来管理、边境地区边防管理；负责中国公民因私出入境管理、港澳台居民回内地（大陆）定居审批管理；牵头协调非法入境、非法居留、非法就业外国人治理和非法移民遣返，查处妨害国（边）境管理等违法犯罪行为；承担移民领域国际合作，等等。国家移民管理局领导管理全国出入境边防检查机构、边境管理机构各项工作，指导管理各省、自治区、直辖市公安机关出入境管理机构业务工作。[2]

国家移民管理局涉及包括华侨在内的中国公民出入境管理、外籍华人恢复国籍申请、中国公民退出中国国籍申请、出入境边防检查等方面的工作都与侨务相关。

七、欧美同学会（中国留学人员联谊会）

欧美同学会是由中共中央书记处领导、中共中央统战部代管的全国性留学人员组织，成立于 1913 年，2003 年增冠"中国留学人员联谊会"会名。

1913 年 10 月，在顾维钧、周诒春、詹天佑、蔡元培等知名归国学者的发动下，欧美同学会在北京成立。长期以来，欧美同学会积极追求民主进步事业，团结会员在国家经济、社会、文化、科技等各个领域发挥了重要作用。改革开放后的 1982 年，欧美同学会恢复活动。进入 21 世纪后，欧美同学会增冠"中国留学人员联谊会"会名。多年来，欧美同学会按照"努力成为党联系广大留学人员

---

[1] 《中共中央印发〈深化党和国家机构改革方案〉》，《人民日报》，2018 年 3 月 21 日。

[2] 《组织机构》，国家移民管理局网站，https://www.nia.gov.cn/n741430/n741506/index.html，最后访问时间：2025 年 1 月 23 日。

的桥梁和纽带，成为党和政府做好留学人员工作的助手，成为留学人员之家"的要求，大力加强自身建设，发挥熟悉中外、智力密集的优势，组织开展"报国计划"，建立留学报国基地，积极开展建言献策和民间外交工作，为海外高层次人才回国（来华）创新创业提供帮助，结合地方经济社会发展需要开展活动，努力发挥留学报国人才库、建言献策智囊团、民间外交生力军的作用，为改革开放和社会主义现代化建设作出了贡献。

欧美同学会（中国留学人员联谊会）现有 42 家地方组织，2 家团体会员，15 个国别和地区分会，个人会员突破 22 万人。其设有常务理事、理事、海外理事，内设组织、宣传、联络、建言献策、团体会员、社会服务和会员活动 7 个专门工作委员会和商务人士委员会、企业家联谊会、MBA 协会、酒店业专家委员会、美术家协会、医师协会、金融委员会 7 个专业委员会，与主要留学国家的 100 多个海外留学人员团体建立了密切联系。

长期以来，党和国家高度重视留学人员工作和欧美同学会发展。1957 年，毛泽东在访问苏联期间到莫斯科大学发表重要讲话，作出了"希望寄托在你们身上"的著名论断；周恩来曾多次出席欧美同学会的活动，对其工作给予关心和指导；邓小平对发挥华侨华人科学家的作用高度重视，多次接见他们，并作出一系列重要指示，还为欧美同学会会会刊题词；1993 年、2003 年，江泽民、胡锦涛分别出席欧美同学会成立 80 周年、90 周年庆祝大会并发表重要讲话。党的十八大以来，以习近平同志为核心的党中央高度重视欧美同学会发展。2013 年 10 月，习近平总书记在欧美同学会成立 100 周年庆祝大会上发表重要讲话，高度评价了留学人员的历史贡献，充分肯定了欧美同学会的历史地位和作用，对广大留学人员提出了希望和要求，为做好留学人员工作提供了根本遵循。2016 年 8 月，中共中央办公厅印发《关于加强欧美同学会（留学人员联谊会）建设的意见》，这对新时代欧美同学会的发展具有重要指导意义。2023 年 10 月 21 日，习近平总书记就欧美同学会成立 110 周年向其致贺信，对广大留学人员和欧美同学会提出了新的希望和要求，为新征程上欧美同学会开展留学人员工作指明了方向。①

---

① 《本会介绍》，欧美同学会（中国留学人员联谊会）网站，2024 年 6 月 21 日，http://www.wrsa.net/content_40128737.htm，最后访问时间：2025 年 1 月 23 日。

第二编

侨联组织

侨联组织是中国共产党领导的由归侨、侨眷组成的全国性人民团体，是党和政府联系广大归侨、侨眷和海外侨胞的桥梁和纽带，是团结服务归侨、侨眷和海外侨胞的群众组织。与其他涉侨机构、群团组织相比，侨联组织有着相同的职能任务及政治性、先进性、群众性，也有着自身的性质、定位、职能和特点。

第四章　侨联组织的建立与发展

　　海外侨胞在国外长期求生存、谋发展的过程中，从最初的同乡、同族、同业结成侨团互帮互助、联谊交流，到建立和发展谋求国家富强的政治性团体，兴办侨校、侨报及公益事业，华侨团体数量不断增加，领域、范围不断扩展。辛亥革命后，国民党通过建立海外部、侨务工作机构等方式开展华侨工作，在国内支持成立了华侨联合会、华侨协会、华侨协会总会等华侨团体。中国共产党成立后，在开展华侨群众工作方面做了很多努力，进行了有益探索。延安时期，为更好开展海外工作，不断发展壮大抗日民族统一战线，党中央不仅建立了海外工作委员会等机构，还组织在延安的归国华侨建立了延安华侨救国联合会，解放战争时期改称中国解放区归国华侨联合会。党直接领导的第一个华侨团体在团结联系海外侨胞支持中国共产党的抗战政策和八路军、新四军等武装斗争，支持新政治协商会议，支持建立新中国等方面，做了大量工作。新中国成立后，在党的领导下，国内归侨、侨眷较多的地区纷纷成立了地方性华侨团体，积极开展联谊工作。1956 年 10 月，在党中央的关心和领导下，中华全国归国华侨联合会成立，标志着党领导的、统一的、全国性的，能够最广泛联系、服务海外侨胞的侨界群众组织诞生了。此后，中国侨联紧紧围绕党和国家工作大局，坚持从自身的性质和宗旨出发，展现侨联组织的特点和优势，不断丰富完善工作职能，拓展工作领域，推进组织体系建设，成为中国特色社会主义群团之一，侨联工作成为党和国家事业的重要组成部分。

一、延安华侨救国联合会与中国解放区归国华侨联合会

　　延安华侨救国联合会（简称"延安侨联"）是中国侨联的前身，中国侨联事业由此发轫。"九一八"事变后，海外侨胞兴起了抗日救亡高潮，在所在国组织建立了近千个华侨抗日救国团体，并形成了多个跨国性联合抗日救国团体，如：1936 年 9 月成立了全欧华侨抗日救国联合会（简称"全欧华侨抗联会"或"全欧抗联"），1938 年 10 月成立了"南洋华侨筹赈祖国难民总会"（简称"南侨总会"）。这些华侨抗日救国团体在海外大力宣传抗日，踊跃输财捐物支援祖国抗战，争取所在国政府和人民对中国抗战的理解和支持，对国内抗战起到了巨

大的鼓舞作用。

在抗日烽火中，海外一大批热血华侨毅然回国，投入抗日救亡运动之中，有的直接奔赴抗日前线。在中国共产党抗日民族统一战线的感召下，回国的华侨中有不少人参加了八路军、新四军及广东、琼崖等地的游击队，更有一些华侨冲破重重障碍，历尽艰辛奔赴革命圣地延安学习和工作。据了解，抗战前后到延安的华侨有 600 多人[1]，大多被安排进入抗日军政大学、陕北公学、中国女子大学等革命学校学习，延安中央党校、鲁迅艺术学院、马列学院和泽东青年干部学校等也都有华侨青年。学习结束后，一部分人留在延安或国内其他地区从事革命工作，一部分人回到侨居国开展抗日活动。

当时延安的抗日氛围浓厚，中国共产党建立了很多不同群体的社会组织，包括救亡、文化、农业、工业、商业、学生等各类社会团体和组织 50 多个[2]，如文联、青联、妇联、体协、科协等。随着到延安的华侨日益增多，相应的归侨组织也根据工作需要开始建立与发展。

当时陕北公学的华侨青年有 100 多人，有着相互交流、共促学习，加强与海外联系的需要。1938 年，陕北公学华侨联谊会成立，张然和（印尼归侨，在中央苏区加入红军，参加长征，时任陕北公学政治部主任）任主席，廖冰（马来亚归侨）任秘书。1939 年 7 月，陕北公学与鲁迅艺术学院、安吴堡青年训练班、延安工人学校合并，组建了华北联合大学，陕北公学华侨联谊会也随即解散。虽然陕北公学华侨联谊会只存在半年多的时间，但其作为陕甘宁边区建立的第一个华侨组织，活跃了陕北公学华侨学生的学习、工作和生活，对此后成立延安统一的华侨组织起到了重要推动作用。

随着不少南洋华侨青年奔赴延安，特别是 1938 年 11 月，马来亚柔佛华侨工人彭士馨等华侨青年组成的柔佛士乃区华侨司机回国服务团一行十余人，驾驶侨胞捐献的汽车不惧艰难、万里奔波来到延安，被延安人民誉为"华侨先锋"。[3]为方便联系、接待、安排更多来延华侨及开展海外宣传工作，1939 年 7 月 16 日，南洋华侨回国服务团驻延安办事处（简称"华侨留延办事处"）成立，下设宣传股、组织股、劝募股。出席成立大会的约有 40 人，彭士馨当选为总干事，冯志坚为秘书。办事处实际为群众团体性质，成立的目的是"团结动员各地侨胞参加祖国抗战建国及海外宣传工作，传播南洋侨胞救亡消息，扩大祖国军民英勇抗

---

① 彭光涵：《华侨青年与延安》，全国政协文史和学习委员会编：《峥嵘岁月：华侨青年回国参加抗战回忆录》，中国文史出版社 2016 年版，第 161 页。
② 李春燕：《延安时期中国共产党形象传播及其历史经验》，《光明日报》，2018 年 5 月 23 日。
③ 《新中华报》，1938 年 11 月 10 日。转引自《中国侨联五十年》编辑部：《中国侨联五十年》，中国华侨出版社 2006 年版，第 10 页。

战对侨胞的影响，加强与延华侨同志的联系，发动侨胞的募捐，援助抗战，并研究华侨问题"①。

华侨留延办事处成立后，积极开展工作。1940年陈嘉庚访问延安期间，华侨留延办事处及延安的归侨青年积极参与了接待工作，主动与陈嘉庚交流，取得了很好的效果。此时，在延安的华侨有300多人，与海外有着各方面的关系。在综合考虑发挥留延华侨作用、推动开展华侨统一战线工作等因素的基础上，根据形势的发展，党中央决定筹建一个统一的，规模、影响较大的华侨革命群众团体。

1940年9月5日，由华侨留延办事处发起，延安华侨第一次代表大会在杨家岭大礼堂召开，来自新加坡、英国、法国、美国、印度尼西亚等地的归国华侨170余人出席。当时的中共中央负责人洛甫（张闻天）、王明、吴玉章等出席会议并讲话。洛甫在讲话中对延安侨联的工作提出了比较全面、详细明确的要求。王明在讲话中指出，延安华侨应当负责沟通祖国与华侨的联系，将祖国革命运动同华侨运动联系起来，使华侨运动成为祖国革命运动的一部分。② 吴玉章在讲话中指出："华侨是抗战中的重要力量，延安华侨应起核心作用，以推动全世界千余万华侨同胞积极参加祖国抗战。"③ 大会正式宣告延安华侨救国联合会成立，通过了联合会的简章，选举了李介夫、谢生、冯志坚（女）、余震、杨诚5名归侨为执委，李介夫为主任。④

1941年3月23日及10月5日，延安侨联分别举行第二次、第三次代表大会，朱德出席大会并讲话。朱德高度评价了华侨积极参与支持抗战的作用，提出了延安侨联今后努力的两个方向：一是加强对海外侨胞的联系和宣传；二是欢迎华侨同志参加边区经济建设运动，并欢迎侨商向边区投资，边区政府一定保护他们的利益。中央领导的关心、指导，使延安侨联的工作有了很好的发展。

延安侨联一经成立便成为当时在延安的主要群众团体之一，各机关、团体也纷纷成立侨联分会，为团结联系广大爱国华侨做了大量的有益工作。

抗日战争胜利后，大批在延安的华侨根据工作需要分赴各地。到1946年初，留延华侨还有100多人。为了适应抗战后的形势，延安侨联需要明确新的工作任务，调整组织建设。1946年3月12日，延安侨联在延安王家坪大礼堂召开会员大会，朱德到会讲话。鉴于日本已经战败投降，当时全国人民期盼和平建设新中

---

① 《新中华报》，1939年7月25日；中共延安市委统战部：《延安时期侨务工作史略》，华文出版社2012年版，第125页。

② 《留延华侨成立救国联合会》，《新中华报》，1940年9月12日。

③ 刘文耀、杨世元编：《吴玉章年谱》，四川人民出版社1998年版，第260页。

④ 《留延华侨成立救国联合会》，《新中华报》，1940年9月12日。

国，延安侨联全称中"救国"两字不再适用，大会决定将"延安华侨救国联合会"改为"延安华侨联合会"，并通过了新的章程，改选了理事会。[1]

1947年3月，由于胡宗南率国民党军队大举进攻延安，延安侨联根据安排撤离。1948年，延安侨联转移到晋察冀解放区的河北平山县。此时，解放战争形势渐趋明朗，国民党败局已定。中共中央发出了"五一"口号，动员、联系海外华侨支持建立民主联合政府成为延安侨联的中心任务，其工作机构、会员群体已经不再局限于延安。为此，在1948年下半年，延安侨联召开会议，选举参加中国人民政治协商会议的代表，并决定改"延安华侨联合会"为"中国解放区归国华侨联合会"（简称"解放区侨联"）[2]，党领导的侨联组织第一次以"中国"冠名。从建立到此时，延安侨联从延安出发，与所联系的海外侨胞共同迎来了新中国的曙光，走向全国。

中国解放区归国华侨联合会经过认真研究和听取意见，与当时各阶层、各民主党派等同步推举新政协筹备组中的代表。在新政协45个界别中，华侨代表名额15人，大家一致推举陈嘉庚作为新政协的华侨首席代表。解放区侨联为其他华侨代表回国参加新政协会议做了大量工作。

延安侨联和解放区侨联在党的领导下，推动扩大了党在海外侨胞中的影响，丰富了党的侨务工作理论与实践，培养锻炼了一批侨务工作干部，在党的统一战线工作中发挥了重要作用。

二、新中国成立初期侨联组织的建立与发展

新中国成立，中国人民从此站起来了！中华民族以全新的面貌屹立于世界民族之林，这极大激发和振奋了海外侨胞的爱国热情。一批又一批华侨特别是华侨青年毅然放弃国外的优越生活，冲破重重阻力回到国内参加新中国建设。当时，中央人民政府华侨事务委员会是新中国组建的第一批政府部门之一（1954年9月改为中华人民共和国华侨事务委员会），负责侨务工作，在热情接待、妥善安置归国华侨方面做了大量工作，使归国华侨充分体会到祖国的温暖。随着归国华侨日益增多，如何从民间角度加强与国外亲朋好友的联系与沟通，加强归侨、侨眷之间的联谊与交流，更好反映大家的愿望与诉求，动员联系海外华侨为社会主义革命和建设服务，则需要建立起符合归侨、侨眷和海外华侨特点的群众性组织。在归侨、侨眷较为集中的地方党委和人民政府的支持下，这些地区纷纷成立

---

① 《解放日报》，1946年3月13日。转引自《中国侨联五十年》编辑部：《中国侨联五十年》，中国华侨出版社2006年版，第23页。

② 中共延安市委统战部编：《延安时期侨务工作史略》，华文出版社2012年版，第219页。

了以归侨为联谊主体的组织——归国华侨联谊会。

北京市侨联是全国各省（市、自治区）中成立最早的，而最初北京归国华侨联谊会则是为筹备全国性侨联组织而成立的。北平和平解放后，西柏坡及国内其他地区的中共中央有关机构人员陆续来到北平。1949 年 7 月 8 日，中国解放区归国华侨联合会邀集从全国各地到北平的华侨人士百余人在北京饭店召开座谈会。会议决定将中国解放区归国华侨联合会改建为归国华侨联谊会，并成立了由彭泽民、陈其瑗、胡愈之、连贯、谢生、费振东等 37 人组成的筹备委员会。考虑到当时还有不少有名望的华侨领袖尚未归国或到京，筹备委员会还预留了 10 个名额①，目的是建立全国性的归侨联谊会。

归国华侨联谊会筹备委员会经过两年多的准备工作，决定正式成立北京归国华侨联谊会。在筹备期间和成立后，北京归国华侨联谊会积极加强与海外侨胞的联系，向他们宣传新中国建设成就和侨务政策，开展支援抗美援朝的募捐活动，热情接待来京参观的各地海外侨胞归国观光团，动员归侨加强社会主义思想学习、主动参加社会主义建设等，成为首都比较活跃的群众团体之一。

这一时期，广东、福建、云南、上海等地也纷纷成立全省及地市侨联，在宣传新中国建设成就，扩大爱国统一战线，努力为华侨、归侨、侨眷服务，为他们代办各种委托事项，协助他们解决遇到的困难，动员华侨投资国内建设、支持家乡公益与文化事业，反映归侨、侨眷的意见，推动党的侨务政策贯彻落实等方面，做了大量生动活泼的工作，影响日益增强。在一些原本华侨较少的省份，也有不少华侨归国工作和学习。到 1956 年 10 月，"全国各地已有七、八十个侨联组织，其中以广东、福建两省较为普遍。会员人数少者二、三百人，多者三、四千人"②。

成立全国性侨联组织，是适应新中国成立后形势发展的需要，更是广大归侨、侨眷和海外华侨的呼声与要求。新中国成立后，面对满目疮痍、百废待兴和被帝国主义封锁的局面，中国共产党带领全国各族人民奋发图强、努力奋斗，取得了一系列胜利和建设成就。1950—1953 年，中国人民志愿军入朝进行了抗美援朝战争，迫使美国在停战协定上签字；剿匪及镇压反革命运动、"三反""五反"运动进一步巩固了人民政权。1953—1957 年，第一个五年计划主要目标提前实现，初步建立社会主义工业化基础。全国在 1953 年春天基本完成土地改革。1952 年下半年至 1956 年，新中国仅仅用了 4 年时间，就完成了对农业、手工业

---

① 《抵平华侨百余人座谈，归国华侨联谊会筹委会在平成立》，《人民日报》，1949 年 7 月 13 日。

② 《中华全国归国华侨联合会的基本任务——庄希泉在全国归国华侨第一次代表大会上的报告》，《人民日报》，1956 年 10 月 9 日。

　　和资本主义工商业的社会主义改造，实现了把生产资料私有制转变为社会主义公有制，使中国从新民主主义社会跨入社会主义社会，初步建立起社会主义的基本制度。1956年9月，中国共产党召开第八次代表大会，通过了第二个五年计划的建议，激发了全国人民空前的建设热情。所有这一切，不仅极大提高了我国的国际威望，也充分激发了广大归侨、侨眷和海外华侨的爱国热情。

　　在此背景下，分散的地方性侨联组织状况已经不再适应推进全国侨务工作的需要，不少归国华侨不断提出建立全国性侨联组织的建议。"为了巩固已有的成绩，进一步发展侨联工作，需要加强对各地侨联工作的领导，及时解决各地侨联本身难以解决的问题，协助各地侨联整顿机构，健全组织，使其更能联系群众，进一步为归侨、侨眷及国外华侨服务。因此，成立中华全国归国华侨联合会，是很适时而且是很必要的。这不仅符合于广大归侨、侨眷的利益和要求，而且也符合于祖国社会主义建设的利益。"①

　　经中共中央批准，1956年6月，中华人民共和国华侨事务委员会第四次（扩大）会议有关代表召开座谈会，决定成立中华全国归国华侨联合会筹备委员会，推举陈嘉庚为主任委员。建立统一的全国性侨联组织被提上党和国家的议事日程。

　　筹备委员会成立后，紧张有序地推进各项筹备工作。1956年10月5日，中华全国归国华侨联合会成立大会在北京隆重召开。参加大会的代表共有345人，具有广泛的代表性，"这一次大会不但是全国归侨代表大会，而且象征着全世界华侨爱国大团结"②。同时，海外各地华侨回国观光团和港澳同胞800多人列席了大会，使海外华侨对于党和国家的关心、重视有了切身感受。

　　大会由陈嘉庚主持并致开幕词。中国人民政治协商会议全国委员会副主席李济深，中共中央统一战线工作部部长李维汉、内务部部长谢觉哉，华侨事务委员会主任何香凝先后在大会上致辞。何香凝在致辞中对侨联组织的作用提出希望，认为侨联"必定能够更广泛地团结和教育归侨、侨眷，并联系广大的国外侨胞。对祖国的社会主义建设和社会主义改造事业，充分发挥积极的作用；同时，对和平解放台湾事业，也一定能作出贡献"③。

　　10月6日，庄希泉在大会上作了题为《中华全国归国华侨联合会当前的任

　　① 《中华全国归国华侨联合会的基本任务——庄希泉在全国归国华侨第一次代表大会上的报告》，《人民日报》，1956年10月9日。
　　② 陈嘉庚：《为解放台湾，为建设祖国而奋斗——中华全国归国华侨联合会成立大会开幕词》，《中华全国归国华侨联合会成立大会特刊》，1957年2月，第7页。
　　③ 何香凝：《在中华全国归国华侨联合会成立大会上致辞》，《中华全国归国华侨联合会成立大会特刊》，1957年2月，第10—11页。

务》的报告，分析了当时国家的政治、经济形势，肯定了华侨在参与社会主义建设和促进爱国团结、解决台湾问题等方面的作用，介绍了各地成立的地方性归侨组织的情况，提出侨联必须做好下面几项工作：加强对归侨、侨眷的社会主义教育，具体就是配合党和人民政府对归侨、侨眷宣传党和国家的各项方针、政策；发挥侨联作为党和政府联系归侨、侨眷的桥梁作用，广泛深入接近归侨、侨眷，了解他们的思想动态，倾听他们的意见和要求，并及时向党政领导机关及有关部门反映情况和提出意见；广泛开展与国外华侨的联系，促进国外华侨的爱国大团结；团结归侨和海外华侨，共同解决台湾问题；鼓励和协助归侨、侨眷和国外华侨参加祖国建设事业；协助侨胞在侨乡兴办公益事业；为归侨、侨眷和国外华侨服务；加强对各地侨联的领导。①

10 月 12 日，大会选举陈嘉庚为全国侨联第一届委员会主席，方方、尤扬祖、王源兴、庄希泉、庄明理、李铁民、陈其瑗、罗理实、高明轩、郭棣活、黄长水、彭泽民、颜子俊、蚁美厚当选为副主席。陈嘉庚主席在闭幕词中宣告中华全国归国华侨联合会正式成立，号召"应该在中国共产党和人民政府的领导下，努力工作，把广大的归侨、侨眷和国外华侨团结在祖国的周围，和全国人民一道为早日建成祖国的社会主义社会而努力"②。

此时，中华全国归国华侨联合会简称"全国侨联"。10 月 31 日，全国侨联收到了中华人民共和国内务部颁发的社人字第 001 号社会团体登记证，正式确认全国侨联的社会团体资格。12 月 9 日，全国侨联举行了第一次常务委员会会议，决定设立全国侨联办公室、联络部、宣传部、服务部等工作机构；同时，原已建立的地方性归国华侨联谊会统一改称归国华侨联合会（简称"侨联"），并把巩固和发展基层组织作为首要工作。截至"文革"前夕，全国有 14 个省、自治区和直辖市成立了省一级侨联，大部分重点侨乡的市、县几乎都成立了侨联基层组织，成为侨联事业发展的重要基础。

从全国侨联成立到"文革"时期停止活动，全国侨联和地方各级侨联积极探索，围绕党和国家的中心任务和海外华侨、归侨、侨眷的需要，开展了很多活动。

（一）加强与海外华侨的联系，促进建立华侨爱国统一战线

侨联组织通过各种方式向海外华侨宣传新中国的方针政策和建设成就，倡导

---

① 《中华全国归国华侨联合会的基本任务——庄希泉在全国归国华侨第一次代表大会上的报告》，《人民日报》，1956 年 10 月 9 日。

② 陈嘉庚：《在中华全国归国华侨联合会成立大会闭幕词》，《中华全国归国华侨联合会成立大会特刊》，1957 年 2 月，第 7 页。

"爱国一家，爱国不分先后"，促进不同思想认识的华侨群体加强联系、团结一致，揭露帝国主义暴行和蒋介石台湾当局的反动本质。侨联组织通过各种途径广泛地联系海外华侨，参与和协助有关机构做好华侨回国观光和旅行探亲的接待工作。新中国成立后，很多华侨对新中国充满热情，希望亲眼看看祖国的新面貌；也有一些华侨由于帝国主义的宣传和国民党的蛊惑，对新中国怀有疑虑。为此，国内有关部门欢迎国外华侨组织回国观光团，侨联组织参与或组织大批海外华侨回国参观，让他们看到新中国建设成就，打破当时以美国为首的西方国家对中国的经济封锁和消息封锁，促进了华侨爱国统一战线不断发展壮大。

（二）积极推动华侨投资国内，支持社会主义建设

新中国成立后，很多华侨有投资国内的意愿，特别是在家乡投资创办企业，对侨乡的繁荣起到一定作用。侨联组织对华侨投资十分重视，会同有关方面提议和推动了国家制定《华侨投资于国营华侨投资公司的优待办法》。侨联组织积极开展华侨投资的宣传工作，向海外华侨说明政府优待投资的政策和方法，为他们解答疑问，使他们树立投资信心，取得了一定成效。到 1959 年，"几年来，国外华侨和侨眷、归侨投资兴办了几十个华侨农场和一百多个地方性华侨工厂，兴办了一千多所小学、几百所中学和许多医院、福利事业"①，其中侨联组织功不可没。

（三）鼓励归侨、侨眷积极参加社会主义建设

为激发广大归侨、侨眷的爱国主义精神，各地侨联每年都组织规模不同的归侨、侨眷旅行团前往祖国各地，让他们通过亲历亲闻感受新中国的建设成就，增强归侨、侨眷热爱祖国的信念，利用其广泛的基层组织以及与归侨、侨眷和海外华侨的紧密联系，通过各种侨乡报刊宣传经济社会发展形势，举办学习小组、各种座谈会或报告会学习时事政治，广泛宣传侨乡建设、归侨侨眷参加生产和社会活动以及归国华侨学生学习的先进事迹等，使党的各项方针、政策和有关的侨务政策深入归侨、侨眷之中。

（四）做好对归侨、侨眷的服务工作

协助安置出于不同原因特别是在海外发生大规模排华事件期间归国的华侨，是侨联为侨服务的重要工作。比如，20 世纪 50 年代末，印度尼西亚发生了大规

---

① 方方：《关于华侨工作方针政策问题》，中共广东省委党史研究室、广东省档案馆编：《方方文集》，广东人民出版社 1990 年版，第 521 页。

模排华事件，我国政府派船成批撤侨回国。全国侨联在一届四次全委会会议上把协助政府部门安置印尼归侨列为下一年的主要工作之一。1960 年 1 月 26 日，全国侨联下发通知，号召各地侨联动员老归侨、归国华侨学生和侨眷一起参与接待安置工作。在全国侨联和广东、广西、福建等地方侨联的努力下，仅仅在 1959 年 6 月到 1960 年 3 月，侨联就协助政府安置了印尼归侨约 1.4 万人。①

解决侨眷子女及华侨学生就学问题也是为归侨服务的内容之一，全国侨联一届三次常委会会议对此项工作进行了专门部署。各级侨联发动和协助推动热心办学的归侨、侨眷及国外华侨在国内举办各种补习学校或补习班，协调增设班数，扩大容量，协助有关部门解决侨眷子女和华侨学生的就学问题。至 1960 年，有56 000 多名华侨学生先后回到祖国升学。②

此外，各级侨联还积极协助政府解决归侨住房问题和物资供应问题，为稳定归侨情绪、确保安置工作顺利进行作出了贡献。

回顾中华全国归国华侨联合会成立及初期发展，不能忘记第一任主席、伟大的爱国华侨领袖陈嘉庚。筹备成立全国侨联时，陈嘉庚已届 82 岁高龄，但他不顾年迈体弱，以极大的热情参与其中。从筹备时的章程起草、日程安排，到成立后工作初创、协调各方，陈嘉庚坚持亲力亲为，倾注了大量心血。1961 年 8 月12 日，陈嘉庚因病逝世。作为全国侨联的第一任主席，无论是在中国近现代史中寻求振兴中华的道路上，还是在新中国成立后侨务工作的开创发展中，陈嘉庚都不愧是"华侨旗帜、民族光辉"，他也必将精神永存、光耀千秋。

三、改革开放后侨联组织的恢复与发展

"文革"期间，党和国家的侨务工作受到重创，侨联组织被迫停止活动。

1977 年邓小平复出工作后，多次强调要恢复毛主席、周总理制定的侨务政策③，恢复建立侨务工作机构④。在邓小平的关心重视下，1978 年 1 月，国务院

---

① 《中国侨联五十年》编辑部：《中国侨联五十年》，中国华侨出版社 2006 年版，第 55 页。
② 《中国侨联五十年》编辑部：《中国侨联五十年》，中国华侨出版社 2006 年版，第 55-56 页。
③ 《邓小平同志在泰国曼谷接见华侨、华人代表时讲话》《邓小平同志在接见参加国庆活动的华侨、华人、台港澳同胞旅行团部分成员时的讲话》《邓小平同志会见泰国总理江萨时的谈话》《邓小平同志在新加坡会见新加坡总理李光耀时的谈话》，国务院侨办干部学校编：《论中国侨务》，2010 年版，第 6-11 页。
④ 《邓小平同志在接见参加国庆活动的华侨、华人、台港澳同胞旅行团部分成员时的讲话》《邓小平同志在缅甸接见仰光华侨代表时的讲话》《邓小平同志接见在京参观的华侨、华人代表时讲话》，国务院侨办干部学校编：《论中国侨务》，2010 年版，第 135-137 页。

侨务办公室成立。① 与此同时，在国务院侨办的推动下，全国侨联在当月召开归国华侨座谈会，揭批"四人帮"破坏侨务政策和迫害归侨、侨眷的罪行，对涉及侨务工作的现实问题进行了探讨，呼吁恢复全国侨联活动。此次会议标志着全国侨联开始恢复工作。1978 年 7 月，中共中央批转了国务院侨务办公室《关于"中华全国归国华侨联合会"工作任务和机构设置的请示》，从机构设置上对全国侨联全面恢复工作提供了组织保障。

出于特殊的历史原因，全国侨联从 1956 年成立至 1978 年恢复活动，历时 22 年没有举行全国代表大会进行换届。作为一个团体组织，需要在组织建设上实现正常化、制度化、规范化。与粉碎"四人帮"后党和国家制度建设与完善同步，侨联组织需要同步推进完善组织体制，加强制度建设，明确新时期的使命任务，首要的重大任务就是尽快召开第二次全国归国华侨代表大会。

1978 年 11 月 15 日，全国侨联在北京召开了第一届常委（扩大）会议，讨论第二次全国归国华侨代表大会的筹备工作、章程修改和第一届常委会工作报告。相关文件提交 12 月 17 日举行的全国侨联一届六次全委（扩大）会议讨论通过，为大会的召开做好了准备。在具有伟大历史意义的党的十一届三中全会闭幕当日，即 1978 年 12 月 22 日，全国侨务会议和第二次全国归国华侨代表大会在北京隆重举行。时任中共中央主席兼国务院总理华国锋、全国人大常委会委员长叶剑英分别为大会题词。党和国家领导人李先念、耿飚、陈慕华、廖承志和谷牧等出席开幕式。会上，李先念在代表党中央、国务院的致辞中，第一时间把党的十一届三中全会精神传达给全体代表，强调要把全国工作的重点转移到社会主义现代化建设上来，这是伟大革命，而夺取这场革命的胜利，是全国人民的迫切要求，也是国外广大华侨的共同愿望，希望海外侨胞和国内归侨、侨眷与全国人民一起，为实现祖国社会主义现代化共同努力奋斗。② 廖承志作了题为《认真落实党的侨务政策，为建设现代化的社会主义强国而奋斗》的报告，论述了国内、国外的侨务政策的基本原则，从六个方面提出了新时期侨务战线的各项任务：认真落实党的侨务政策，充分调动归侨、侨眷的社会主义积极性，为四个现代化贡献力量；认真学习，提高政治思想水平和科学文化水平；解放思想，鼓足干劲，办好华侨事业、企业；欢迎华侨支援祖国社会主义建设；密切党和归侨的联系，积

---

① 中共中央文献研究室编：《邓小平年谱（1975—1997）》（上），中央文献出版社 2004 年版，第 260 页。

② 《全国侨务会议、第二次全国归侨代表大会在京举行，发展侨务工作建设现代化祖国，李先念同志代表党中央、国务院向大会致词》，《人民日报》，1978 年 12 月 29 日。

极开展联侨活动；加强党对侨务工作的领导，健全侨务机构。① 廖承志的讲话，对于侨务工作、侨联组织如何贯彻党的十一届三中全会精神具有重要指导意义，开启了广大海外侨胞和归侨、侨眷支持、参与改革开放的新征程。

庄希泉代表全国侨联一届全委会作了题为《团结起来，为祖国实现四个现代化贡献力量》的报告，回顾了全国侨联成立以来的工作，肯定了归侨、侨眷的贡献，并提出全国侨联和各地侨联今后的工作中心：高举毛主席的伟大旗帜，认真贯彻执行党的十一大路线和五届人大的决议，在党的领导下，贯彻执行党的侨务政策；团结、教育归侨、侨眷，坚决走社会主义道路；动员归侨、侨眷同全国人民团结一起，为实现我国四个现代化的宏伟目标而贡献力量。庄希泉在报告中提出五个方面的任务：动员归侨、侨眷为祖国实现四个现代化贡献力量；贯彻执行党的侨务政策；联系国外华侨，促进华侨爱国团结，增进和居住国人民友好；搜集、编写华侨史资料；组织归侨、侨眷开展学习。② 庄希泉的报告紧紧围绕党的十一届三中全会精神，结合新时期侨联组织的属性和特点，吹响了侨联组织团结联系广大海外侨胞和归侨、侨眷投身中国现代化建设的号角，在波澜壮阔的改革开放大潮中尽显独特优势和作用。

本次大会还对章程进行了修改，主要体现在以下方面：一是为侨联"定名"以说明侨联的性质，在第一章总则第一条新增并强调了"在中国共产党领导下"，明确规定侨联"是在中国共产党领导下的团结全国各界归国华侨（简称'归侨'）的人民团体，是党和政府联系归侨、侨眷和国外华侨的桥梁"；二是充实了侨联的基本任务和主要工作，在总则部分另外规定了四条任务（第二条至第五条），修改并增加为九项"主要工作"（第六条）；三是根据实践经验作出的几点修改，把过去侨联的团体会员制改为侨联的"基层组织"，全国归侨代表大会由每三年召开一次改为每五年召开一次；等等。新章程为侨联组织适应改革开放新时期正常化、制度化、规范化要求提供了重要遵循和依据。

本次大会之后，各级侨联在改革开放的大潮中自觉坚持党的领导，紧紧团结联系广大海外侨胞和归侨、侨眷，围绕中心、服务大局，彰显侨联组织的特点和优势，历经第三次至第十次全国归侨侨眷代表大会（全国归国华侨代表大会），各项工作有了开创性发展。

---

① 廖承志：《认真落实党的侨务政策，为建设现代化的社会主义强国而奋斗》，廖承志文集、传记编辑办公室编：《廖承志文集》（下卷），人民出版社 1990 年版，第 546-557 页。

② 《中国侨联五十年》编辑部：《中国侨联五十年》，中国华侨出版社 2006 年版，第 71-72 页。

（一）坚持党的领导，认真贯彻中共中央关于侨务工作、侨联工作的指示精神和决策部署

第二次全国归国华侨代表大会后，各级侨联认真学习贯彻邓小平关于侨务工作的重要论述，坚持正确的政治路线、思想路线、组织路线，廓清了关于"海外关系"的错误认识，推动全面恢复和发展新中国的侨务政策。1979 年 4 月，中共中央批准全国侨联建立党组，中共全国侨联党组的成立，加强了党对侨联工作的领导，有利于全国侨联更好地发挥在中国共产党领导下团结、联系广大归侨、侨眷和海外侨胞的人民团体的作用。1981 年 5 月 25 日至 6 月 1 日，全国侨联和国务院侨办联合在北京召开国内侨务工作座谈会。党和国家领导人接见全体与会代表并参加座谈。会议提出：侨联同工、青、妇、文、科五大人民团体一样待遇，加上侨联，就是六大人民团体。9 月 25 日，中共中央转发了国务院侨办党组和全国侨联党组《关于中华全国归国华侨联合会体制等问题的请示报告》的通知，规定"全国侨联的工作由中央委托主管侨务的廖承志同志领导，由侨办党组代管"，"侨联同工、青、妇、文、科五大人民团体一样待遇"。[①] 廖承志作为新中国侨务工作的重要开创者和中央分管领导，对侨联组织建设、有效开展工作非常重视，多次研究和推动解决相关问题，提出"侨联已成为六大群众团体之一，应当进一步发挥作用，成为名副其实的归侨群众团体。过去侨联跟着侨办走，现在再不能这样做了，侨联应该独立自主，要在落实侨务政策各方面发挥作用。侨联是六大群众团体之一，就要像六大群众团体的样子，要把侨联本身的工作认真做好"[②]。

1989 年 11 月，中共中央书记处办公会议听取了全国侨联党组汇报，对即将召开的第四次全国归国华侨代表大会作出指示；时任中共中央总书记江泽民还听取了全国侨联党组书记庄炎林的工作汇报。1989 年 12 月 18 日，第四次全国归国华侨代表大会在北京隆重召开，党和国家领导人会见了出席大会的全体代表，江泽民出席大会并发表重要讲话，高度肯定广大海外侨胞和归侨、侨眷的贡献，对侨联工作提出要求。

1994 年 6 月和 1999 年 7 月，中共中央书记处听取了中共中国侨联党组关于召开第五次、第六次全国归侨侨眷代表大会筹备情况的汇报。大会召开时，江泽民等党和国家领导人会见了与会代表。

[①] 《中国侨联五十年》编辑部：《中国侨联五十年》，中国华侨出版社 2006 年版，第 81 页。
[②] 廖承志：《加强对华侨历史的研究》，廖承志文集、传记编辑办公室编：《廖承志文集》（下卷），人民出版社 1990 年版，第 632 页。

　　1999 年 7 月 12 日，时任中共中央政治局委员、国务院副总理钱其琛在第六次全国归侨、侨眷代表大会上代表中共中央、国务院致辞时首次明确要求："各级党委要进一步加强和改善对侨联工作的领导，及时研究解决侨联工作中遇到的问题和困难，支持侨联依照章程独立自主、创造性地开展工作。各级政府要重视侨联工作，涉及到机构设置、人员编制、活动经费等具体问题，要考虑到侨联工作的特殊性，合理加以解决。"①

　　2000 年 7 月 13 日，时任中共中央政治局常委、中共中央书记处书记胡锦涛主持召开中共中央书记处办公会议，听取了中共中国侨联党组关于进一步加强和改进新时期侨联工作若干意见的汇报。会议提出：各级党委要加强对侨联工作的领导，把侨联工作列入工作议程，要明确一位负责同志分管侨联工作。2001 年 10 月，中共中央书记处批准《中国侨联主要职责、内设机构和人员编制方案》，明确中国侨联"由中共中央书记处领导"。此后，中共中央书记处每年均听取中共中国侨联党组的工作汇报，作出重要指示，体现了侨联组织在党和国家工作大局中的地位、作用，体现了党中央对侨联工作的高度重视与关心。

　　2004 年 3 月 7 日，时任中共中央总书记、国家主席胡锦涛看望出席全国政协十届二次会议的致公党、侨联界政协委员并参加座谈，提出了"充分发挥四个作用"、努力做到"三个最大限度"的重要论述，进一步指明了侨联工作的目标任务和前进方向。2004 年 7 月和 2009 年 7 月，胡锦涛等党和国家领导人出席第七次、第八次全国归侨侨眷代表大会开幕式，接见全体代表，为受表彰的侨界先进集体、先进工作者颁奖。

　　2008 年 9 月 27 日，时任中共中央政治局常委、中共中央书记处书记、国家副主席习近平在人民大会堂会见了中国侨商联合会第三次会员代表大会全体代表并发表重要讲话；② 10 月 13 日，习近平在侨联领导上报的《关于当前侨联工作有关问题的报告》上作出重要批示，对侨联工作具有重要指导意义。2013 年 12 月 2 日，习近平等党和国家领导人出席第九次全国归侨侨眷代表大会开幕式，对全体代表而言是巨大鼓舞。12 月 6 日，中共中央书记处召开办公会议，专题讨论《关于进一步加强和改进新形势下侨联工作的意见（送审稿）》。2014 年 3 月 10 日，中共中央办公厅印发《关于加强和改进新形势下侨联工作的意见》。这是历史上党中央首次专题印发关于侨联工作的文件，是以习近平同志为核心的党中央高度重视侨联工作的体现，也是侨联工作历史经验的总结和新时期创新发展的

---

　　① 钱其琛：《代表党中央国务院在第六次全国归侨侨眷代表大会上的祝辞》，《人民日报》，1999 年 7 月 13 日。

　　② 《习近平会见中国侨商联合会第三次会员代表大会全体代表》，《人民日报》，2008 年 9 月 28 日。

指南。

2015 年 7 月 6 日，习近平总书记出席中央党的群团工作会议并发表重要讲话，从全局和战略的高度对群团改革提出明确要求。中国侨联作为党领导的群团组织，必须根据党中央的部署和习近平总书记的重要指示，坚定不移地推进深化自身改革。党的十八大以来，以习近平同志为核心的党中央对做好新形势下的归侨侨眷和海外侨胞工作、推进中国侨联改革作出重要部署，为中国侨联改革指方向、定方针、提任务。中共中央政治局常委会会议、中共中央全面深化改革领导小组会议、中共中央书记处办公会议分别审议了《中国侨联改革方案》。① 2016 年 9 月，以习近平同志为核心的党中央批准了《中国侨联改革方案》。中国侨联和地方侨联以增强政治性、先进性、群众性为目标，积极改革调整侨联领导机构、机关设置和运行机制，改革中国侨联组织人事制度，加强干部队伍作风建设，着力提升侨联服务大局、服务侨界群众的能力和水平，夯实侨联基层基础，增强侨联组织活力，改革取得了积极成效。

2018 年 3 月 4 日，中共中央总书记、国家主席、中央军委主席习近平看望参加全国政协十三届一次会议的民盟、致公党、无党派人士、侨联界委员，并参加联组会，听取意见和建议。习近平强调，侨联组织要发挥桥梁纽带作用，广泛凝聚侨心、侨力、侨智，团结动员广大归侨、侨眷和海外侨胞为改革开放和社会主义现代化建设贡献力量。② 这是党和国家机构改革中涉侨机构调整后，习近平再次对侨联工作提出明确要求。

改革开放以来，党中央对侨联工作的关心和重视是侨联工作不断发展的强大动力和思想武器。特别是党的十八大以来，各级侨联坚持把习近平总书记关于侨务工作的重要论述作为根本遵循，坚持走中国特色社会主义群团发展道路，突出侨的特色、展现侨的作为，使侨联事业发展到一个崭新的水平。

（二）推动落实侨务政策，积极维护侨益

十年"文革"给党和国家事业造成了难以估量的损失，归侨、侨眷由于"海外关系"受到巨大冲击，一些人遭受不公正待遇和迫害，成为被斗争对象，房屋及财产被没收，这不仅伤害了归侨、侨眷的心灵，还使海外华侨和乡亲的爱国爱乡热情遭受重创。粉碎"四人帮"后，"侨务工作必须在党中央的领导下，深揭狠批'四人帮'，肃清其流毒和影响，全面地、正确地贯彻执行党的路线和

---

① 《中共中央办公厅印发〈中国侨联改革方案〉》，新华社，2016 年 12 月 4 日。

② 习近平：《坚持多党合作发展社会主义民主政治为决胜全面建成小康社会而团结奋斗》，《人民日报》，2018 年 3 月 5 日。

政策"，"把他们颠倒了的问题彻底纠正过来"。① 全国侨联恢复活动后，把积极协助党和政府落实各项侨务政策、推动平反涉侨冤假错案，充分调动归侨、侨眷的社会主义积极性，引导归侨、侨眷和海外华侨为四个现代化建设贡献智慧与力量，作为主要任务和职责。各级侨联坚持实事求是，排除干扰，积极主动地向有关部门反映归侨、侨眷和海外华侨的意愿和相关案件真相，推动大批被错误没收、改造、挤占的侨房清退；一批归侨、侨眷在"文革"前的历史旧案得以复查纠正；许多被错误精简下放的归侨干部、知识分子、下乡归侨知识青年得以复职或回城就业，他们的家属也得到妥善安置。到 1987 年底，全国落实侨务政策的工作，除华侨私房外，已基本完成。其一，"文革"中归侨、侨眷的冤假错案共 43 851 件，已平反纠正了 43 775 件，占总数的 99.8%；"文革"前的历史老案共 17 719 件，已复查了 17 429 件，占总数的 98.4%。其二，全国共对 60 多万归侨、侨眷职工的档案进行清理，剔除了各种歧视性材料 385 544 件。其三，"文革"中被挤占、没收的侨房 104 万平方米，已清退完毕；"土改"中被错误没收、征收的侨房 2 220 万平方米，截至 1987 年 6 月底，已退还 1 485 万平方米，占总数的 67%；社会主义改造时被错误改造的侨房 285 万平方米，已发还产权的 202 万平方米，已退还使用权的 89 万平方米，分别占应发还产权总数的 71% 和应退还使用权总数的 44%；此外，还退还了 60 万平方米的城市代管侨房的产权。其四，20 世纪 60 年代初期被精简的归侨职工及其直系亲属 10 793 人，共收回 7 891 人，其中一部分人已重新安排工作，已到退休年龄的享受退休待遇。其五，在落实知识分子政策上，据不完全统计，全国 17 万中专学历以上归侨、侨眷知识分子中，34 035 人加入了中国共产党，12 600 人被选为县级以上领导干部，许多人晋升了职称，29 413 人改善了住房条件；7 623 人解决了夫妻两地分居问题，28 805 人的子女解决了升学就业问题。②

多年来，全国侨联及各级侨联坚持"一视同仁、不得歧视，根据特点、适当照顾"的方针，认真履行为侨服务、维护侨益的职责，推动建立和完善涉侨法律法规。1990 年《中华人民共和国归侨侨眷权益保护法》颁布后，各级侨联积极开展普法宣传，推动全社会形成知侨、爱侨、护侨的氛围，推动人大、政协开展执法监督检查活动。全国侨联及许多地方侨联先后成立法律咨询服务机构，帮助归侨、侨眷和在国内投资兴业、工作学习的海外侨胞运用法律手段维护自身合法权益，取得了良好成效。

---

① 廖承志：《批判所谓"海外关系"问题的反动谬论》，《人民日报》，1978 年 1 月 4 日。

② 全国侨联《侨联动态》1987 年第 12 期，第 20 页。转引自《中国侨联五十年》编辑部：《中国侨联五十年》，中国华侨出版社 2006 年版，第 146–147 页。

（三）　工作思路的发展与丰富

全国侨联恢复工作后，在积极推动涉侨冤假错案平反的同时，认真贯彻党的十一届三中全会精神，把为经济建设服务作为重要任务。1979 年 12 月 28 日至 1980 年 1 月 10 日，国务院侨办和全国侨联共同在泉州召开全国侨乡、侨联工作座谈会，明确了做好国内侨务工作是整个侨务工作的基础，而侨乡工作是国内侨务工作的重点，号召发挥侨乡同海外、港澳有密切联系的优势，为繁荣侨乡经济和祖国四化建设作出贡献。[①] 此后，经济科技工作始终是侨联工作的主战场。各级侨联积极开展了形式多样的招商引资、招贤引智活动，形成了"创业中华"品牌。

随着实践的发展，侨联组织对海外侨胞和归侨、侨眷特别是自身优势有个逐步认识的过程。1986 年 12 月，时任全国人大常委会副委员长叶飞在与侨办、侨联领导的谈话中指出：今后侨务工作如何做，归纳起来两句话，一是立法，二是从国内做到国外。"华侨工作要做到国外去，要作为一个方针"，"侨联应做国外工作"。[②] 此后，全国侨联和地方侨联把"立足国内、面向海外"作为重要工作方针，积极开展外联工作，以国内约 2 000 万归侨、侨眷联系和团结当时约 3 000 万华侨华人。

针对全国各地侨联组织分布不平衡、基层侨联组织数量相对较少、侨联干部队伍规模不大、侨联工作社会影响不够、个别地区侨联和部分侨联工作者认为侨联无可作为等消极现象，中国侨联第六届领导班子提出了"组织起来、活跃起来"的工作方针。自 2000 年起，中国侨联以主题活动年作为工作抓手，先后开展了"基层组织建设年""扩大海外联谊年""维护侨益年""群众工作年""文化交流年""能力建设年""聚侨心、促和谐活动年""调研创新年"等扎扎实实、注重实效、一步一个脚印的主题活动年，涉及侨联工作的多个方面，最终产生了整体、综合效应，形成了有机的整体，振奋了侨联干部的士气，锻炼了侨联干部的工作能力，提高了各项工作水平，扩大了侨联组织的影响，其意义是深远的。

2009 年 7 月，第八次全国归侨侨眷代表大会在"调研创新年"主题活动深入开展的基础上，提出了"国内海外工作并重、老侨新侨工作并重"的工作思路，以更好地"按照凝聚侨心、汇集侨智、发挥侨力、维护侨益的要求，最大限度地把归侨侨眷和海外侨胞团结起来，最大限度地把归侨侨眷和海外侨胞的积极

[①] 《中国侨联五十年》编辑部：《中国侨联五十年》，中国华侨出版社 2006 年版，第 96 页。

[②] 全国侨联《侨联动态》1987 年第 9 期，第 10 页。转引自《中国侨联五十年》编辑部：《中国侨联五十年》，中国华侨出版社 2006 年版，第 142 页。

性调动起来，最大限度地把归侨侨眷和海外侨胞的独特优势发挥出来"。第九次全国归侨侨眷代表大会又进一步提出"拓展海外工作、拓展新侨工作"。根据工作要求，"亲情中华"主题活动积极探索活动品牌化、项目社会化，在满足海外侨胞精神文化需求、引导他们自觉传承弘扬中华文化、密切他们与祖（籍）国及家乡的感情方面发挥了重要作用，成为深受海外侨胞欢迎的重要活动。在拓展新侨工作方面，中国侨联与各级侨联积极开展调研，了解海外回国人才遇到的困难和意愿，在已经建立的中国侨联青年委员会、特聘专家委员会的基础上，组建了中国侨联新侨创新创业联盟，为回国（来华）创新创业的新侨人才提供帮助。

（四）工作体制的调整和充实

全国侨联恢复活动时，由于"文革"刚刚结束，侨联的领导体制、组织体制都有待探索和完善。当时，侨联与侨办合署办公，且没有设立党组。1979年4月，中共中央批准全国侨联设立党组。这一决定更有利于加强党对侨联工作的领导，体现了侨联组织的人民团体性质。1981年，中共中央转发《关于中华全国归国华侨联合会体制等问题的请求报告》，规定"全国侨联的工作由中央委托主管侨务的廖承志同志领导，由侨办党组代管"①。

经1994年6月第五次全国归侨侨眷代表大会通过的章程规定："中华全国归国华侨联合会"的简称由"全国侨联"改为"中国侨联"。修改简称主要是因为在国内称"全国侨联"意思是明确的，但由于侨联对外交往活动很多，在国外与相关机构和人员交流、联系时称"全国侨联"容易产生歧义，改称"中国侨联"更加符合实际情况。同时，考虑到会名全称已有悠久的历史，与全国各人民团体一样已被确认为全国政协的组成单位名称，在《中华人民共和国归侨侨眷权益保护法实施办法》中也有清楚的表述，如若更名，会涉及现行法律的诸多问题，因此会名全称保持不变。此外，为充分体现3 000多万侨眷在侨联事业中的作用和代表的广泛性，章程规定将"全国归国华侨代表大会"改为"全国归侨侨眷代表大会"。②

在筹备新政协时，华侨界就是组成单位之一。随着形势的发展，1978年第五届全国政协在组成单位不变的情况下，把"华侨界"改为"归国华侨界"；1991年1月11日，第七届全国政协常委会第十二次会议作出了《关于中国科协和全国侨联作为全国政协组成单位的决定》，将全国政协的组成单位"归国华侨界"改为"中华全国归国华侨联合会"，充分体现了中国侨联在统一战线中的代表性。

---

① 《中国侨联五十年》编辑部：《中国侨联五十年》，中国华侨出版社2006年版，第81页。
② 《中国侨联五十年》编辑部：《中国侨联五十年》，中国华侨出版社2006年版，第227页。

2000 年《中共中央办公厅、国务院办公厅关于印发〈21 个群众团体机关机构改革意见〉的通知》要求侨联机构编制纳入中央管理的 21 个群众团体。这一规定使侨联组织的机构设置、人员编制有了制度保障，有利于侨联组织充分发挥群团组织作用。

四、第十次侨代会以来侨联工作的创新发展

2018 年 8 月 29 日，第十次全国归侨侨眷代表大会在北京人民大会堂开幕。习近平、李克强、栗战书、汪洋、王沪宁、韩正、王岐山等党和国家领导人到会祝贺，赵乐际代表党中央发表了题为《为新时代凝聚侨的力量　谱写民族复兴的新篇章》的致辞。致辞强调，习近平总书记关于侨务工作的重要论述，为做好新时代党的侨务工作提供了根本遵循。实现党的十九大提出的决胜全面建成小康社会、开启全面建设社会主义现代化国家新征程的宏伟蓝图，是全党全国人民的共同目标，也是海内外中华儿女的共同使命。希望广大归侨、侨眷和海外侨胞牢记党和人民嘱托，传播好中国声音，助力祖国发展，维护中华民族大义，弘扬中华文化，为实现中华民族伟大复兴的中国梦、推动构建人类命运共同体作出新的贡献。[①] 大会选举中国科学院院士、发展中国家科学院院士万立骏为新一届主席，这是中国侨联历史上首位具有海外留学经历的高级知识分子担任主席。

第十次全国归侨侨眷代表大会是党和国家事业进入新时代后的首次侨界盛会，对侨联工作进行了全面部署，开启了侨联事业发展的新篇章。

（一）认真学习贯彻习近平总书记关于侨务工作的重要论述，把握侨联工作的正确方向

习近平总书记关于侨务工作的重要论述，是习近平新时代中国特色社会主义思想的重要内容，也是新时代党的侨务工作的根本遵循。深入学习贯彻习近平新时代中国特色社会主义思想特别是习近平总书记关于侨务工作的重要论述，是侨联组织的首要政治任务和重要职责，也是做好新时代侨联工作的必然要求。第十次侨代会后，中国侨联坚持从旗帜鲜明讲政治、增强"四个意识"、做到"两个维护"的高度，重视做好习近平新时代中国特色社会主义思想特别是习近平总书记关于侨务工作的重要论述的学习宣传贯彻工作。第十次侨代会将习近平新时代中国特色社会主义思想作为侨联工作指导思想并写入修改后的中国侨联章程，这

---

① 《第十次全国归侨侨眷代表大会在京开幕　习近平等到会祝贺》，《人民日报》，2018 年 8 月 30 日。

从根本上保证了侨联工作正确的政治方向。中国侨联党组在《求是》杂志上发表了《新时代侨联工作改革创新的根本遵循》一文，系统梳理了习近平总书记关于侨务工作的重要论述的丰富内涵、重要意义和贯彻措施。党的十九届六中全会通过了《中共中央关于党的百年奋斗重大成就和历史经验的决议》，中国侨联党组在《人民日报》刊发了《以党的十九届六中全会精神引领侨联组织奋进新征程》一文，提出了全国侨联系统学习贯彻的具体措施。坚持学习习近平总书记关于侨务工作的重要论述常态化、制度化，组织选编《习近平同志关于侨务工作重要论述摘编》，经中央党史和文献研究院以及中央有关部门批准在侨联系统印发学习；每年编印《习近平论侨务》，举办习近平总书记关于侨务工作的重要论述研讨会，推动侨务理论学习、研究和阐释。各级侨联通过举办中心组学习、培训班、讲座，发放学习用书，召开座谈会、交流会，参加学习研讨等措施，在全国侨联系统形成学习热潮。

（二）推进侨联改革，提高工作水平

按照深化党和国家机构改革作出部署，中央将海外华人华侨社团联谊等职责划归中国侨联行使，在大多数中央部委机构整合、编制压缩的情况下，给中国侨联增加了机构、编制，国务院侨办部分工作人员转隶到中国侨联，增强了中国侨联工作力量。中国侨联党组深刻领会涉侨改革精神，从职能的划转、机构的变化中，深刻认识这一改革是侨务工作体制机制、工作方式的深层次变化，积极配合相关职能划转工作，充分发挥转隶人员的优势和作用，确保了平稳过渡、无缝衔接。

同时，中国侨联按照建立健全"联系广泛、服务群众"的侨联工作体系要求，积极推动地方侨联改革。贯彻中央关于机构改革的决策部署和习近平总书记在深化党和国家机构改革总结会议上的重要讲话精神，加强对省（自治区、直辖市）侨联改革的指导和推动。省级侨联基本完成改革任务，其中20多个省级侨联增加了编制或内设机构，侨联的职能和力量得到加强，侨联的影响日益扩大。

（三）拓展工作思路和领域

第十届中国侨联党组认真总结侨联工作经验，针对新时代海外侨情的变化，在"组织起来、活跃起来""两个并重""两个拓展"的基础上，推动"两个建设"，织好"两张网"，建立"两项机制"。"两个建设"就是以组织起来、活跃起来、行动起来、贡献起来为目标加强基层组织建设，以能力建设、制度建设、信息和数据建设为重点加强基础建设，这是侨联发展的重要根基；"两张网"就是建好侨联组织内部自上而下包括涉侨社团在内的纵向组织网络，建好侨联与其他部门、其他群

团组织之间的横向工作网络，这是侨联上下贯通、横向联动的重要方法；"两项机制"就是构建"地方侨联+大学侨联+校友会""基层侨联（涉侨社团组织）+海外华侨华人社团"机制，这是侨联以侨为桥、以内联外、内外联动的重要途径。为此，中国侨联制定出台《关于新时代加强基层侨联建设的指导意见》，提出"五大建设"目标任务，形成了集章程、条例、指导意见于一体的制度安排。

第五章　侨联组织的性质、定位与职能

从延安时期成立延安华侨救国联合会开始，到 1956 年 10 月成立中华全国归国华侨联合会，再到改革开放后的恢复、发展、创新，侨联组织的定位、任务、职能等随着不同时期党的中心工作转变、侨情发展变化而更加清晰，并作出相应调整和完善，使侨联工作与党和国家工作大局相一致。

一、侨联组织的性质与宗旨

《关于加强和改进新形势下侨联工作的意见》提出，中华全国归国华侨联合会是党领导的人民团体，是党和政府联系广大归侨侨眷和海外侨胞的桥梁和纽带，是团结服务归侨侨眷和海外侨胞的群众组织。这界定了侨联的性质，明确了侨联的定位。

《中华全国归国华侨联合会章程》总则提出，中国侨联以《中华人民共和国宪法》为根本的活动准则，坚持以人为本、为侨服务的宗旨，在维护全国人民总体利益的同时，依法代表和维护归侨侨眷和海外侨胞在国内的合法权利和利益，关心海外侨胞的正当权利和利益，[①] 开宗明义确立了侨界群众组织的宗旨和立会之本。

（一）侨联是中国共产党领导的人民团体，这是侨联的政治属性，是侨联区别于其他一般性质的群众团体和社会组织的根本所在

延安时期，中共中央决定并指导成立了党领导的侨联组织——延安华侨救国联合会。当时海外侨胞自愿组织的华侨团体很多，有的很有号召力，为什么中国共产党还要组建新的、由自己领导的华侨组织？我们从侨团历史发展的进程就可以看出，只有中国共产党领导的侨界群众组织，才能以中华民族的利益为根本，最大限度地团结海内外一切可以团结的力量，为国家富强、民族独立、人民幸福而奋斗。1956 年全国侨联成立之后，正是在党的坚强领导下，侨联组织才能不

---

① 《中华全国归国华侨联合会章程》（2018 年 9 月 1 日第十次全国归侨侨眷代表大会通过），中华全国归国华侨联合会网站，http://www.chinaql.org/n1/2018/0622/c419637-30075925.html。

断发展壮大。历史和现实告诉我们，密切联系侨界群众，充分发挥侨界群众在侨联工作中的主体作用，在为中华民族根本利益奋斗的基础上实现最大限度的团结，是侨联作为人民团体的本质和宗旨的体现，是党领导的侨界群众组织与一般侨团区别的显著标志，也是侨联组织不断发展壮大的根本原因。

（二）侨联是党和政府联系归侨、侨眷和海外侨胞的桥梁和纽带，这是由党和国家政治体制决定的

中国共产党制定的路线、方针、政策的出发点和落脚点都是为了最广大人民的根本利益。但是，要让群众理解、拥护、支持这些路线、方针、政策，还需要各级党组织和党领导下的各人民团体做深入细致的工作，以自身的先进性带领广大群众为实现自己的利益而奋斗。具体到侨界，就需要侨联组织从广大归侨、侨眷和海外侨胞的实际需要出发，开展适合其特点的活动，通过卓有成效的思想政治工作，教育引导他们拥护党的路线、方针、政策，把党的主张转化为他们的自觉行动。同时，侨界群众的思想、工作、生活等情况千差万别，不同群体、不同阶层、不同地域、不同行业等的愿望、诉求也各有差异，特别是有些归侨、侨眷和海外侨胞在生产、生活上还会遇到各种各样的困难，这些都需要侨联组织深入基层、侨界群众，了解真实情况，认真加以分析研究，向党和政府反映，使党和政府的政策更具针对性、有效性。侨联组织发挥桥梁纽带作用还有一个很重要的方面，就是可以组织侨界群众参与管理国家和社会事务，通过在各级人大、政协中的归侨、侨眷代表和侨联界委员积极参政议政，充分表达自己的意愿，组织基层侨界群众依法实行民主选举、民主决策、民主管理、民主监督，坚定不移地走中国特色社会主义道路。实现第二个百年奋斗目标，实现中华民族伟大复兴的中国梦，离不开广大归侨、侨眷和海外侨胞的理解、支持和参与。侨联要紧紧围绕实现好、维护好、发展好侨界群众的根本利益，发挥桥梁纽带作用，引导侨界群众表达愿望、反映诉求、协调矛盾、维护稳定，团结带领他们齐心协力推进改革，不断巩固和扩大党执政的群众基础和社会基础。

（三）侨联是团结服务归侨、侨眷和海外侨胞的群众组织，这是侨联组织的本质属性

侨界群众是侨联组织的活力和动力源泉，只有把广大归侨、侨眷和海外侨胞最广泛地吸引、组织到侨联中来，尊重他们的主体地位，发挥他们的主人翁精神，开展适合他们特点、符合他们要求、吸引他们广泛参与的各种特色活动，让侨界群众当主角，而不是当配角、当观众，侨联工作才能更有影响力和感召力。

侨联组织作为归侨、侨眷和海外侨胞自己的组织，必须把为侨服务、维护侨益作为立会之本和基本职责，深入侨界群众，了解他们的意愿和需求，增进与侨界群众的感情，帮助他们解决实际困难和问题，努力建设归侨、侨眷和海外侨胞之家，通过热情周到的服务赢得他们的信赖和支持，侨联组织才能更有吸引力和凝聚力。

（四）坚持以人为本、为侨服务的宗旨，代表和维护归侨、侨眷和海外侨胞在国内的合法权利和利益，关心海外侨胞的正当权利和利益，这是侨联组织的立会之本

《中华人民共和国归侨侨眷权益保护法》第八条明确规定："中华全国归国华侨联合会和地方归国华侨联合会代表归侨、侨眷的利益，依法维护归侨、侨眷的合法权益。"这从国家法律层面规定了侨联组织是归侨、侨眷合法权益的代表者、维护者地位，明确了侨联组织必须坚持为侨服务、维护侨益的立会宗旨。

侨联组织的立会宗旨，要求侨联组织必须始终将实现好、维护好、发展好广大归侨、侨眷和海外侨胞的根本利益作为工作的出发点和落脚点，为广大归侨、侨眷和海外侨胞发挥作用创造更加有利的条件；必须顺应党的群众工作发展需要，切实把来自侨界群众、植根侨界群众、服务侨界群众作为重要准则，以优良的作风把侨界群众更加紧密地团结在党的周围。

二、侨联组织的主要职能演变与发展

作为党和政府联系广大归侨、侨眷和海外侨胞的桥梁和纽带，根据章程的规定及中央的要求，中国侨联始终坚持党的领导，始终围绕党和国家发展大局，不断明确定位，发挥优势，为国家的经济社会发展作贡献，为归侨、侨眷和海外侨胞服务。中国侨联的职能、工作任务及组织机构，在不同的历史时期经历了不同的发展与沿革，职能不断拓展，任务不断扩大，机构不断完善。

抗日战争时期，延安的华侨在中国共产党的关怀下成立了延安华侨救国联合会，以此作为经常联系团结归侨、侨眷和海外侨胞的群众团体，这是党领导的第一个华侨革命群众组织。在1940年9月5日的延安侨联成立大会上，洛甫在讲话中提出了"侨联的中心任务"：努力学习准备将来工作；研究侨胞所在地及各地侨胞的状况；研究华侨工作的政策和策略；加强对外的宣传和联络工作。[①] 根

---

① 《新中华报》，1940年9月12日。转引自《中国侨联五十年》编辑部：《中国侨联五十年》，中国华侨出版社2006年版，第12-13页。

据大会简章，延安侨联的宗旨是：加强对海外侨胞的联系和宣传；组织华侨归国抗战，参加边区经济建设和兴办各种企业。[①] 可以明显看出，由于延安侨联人员不多，以华侨青年干部、学生为主，范围基本在陕北地区，因此工作任务相对简单，基本不存在维护权益的问题，与当时的实际情况相符。

抗日战争胜利后，延安华侨救国联合会改名为"延安华侨联合会"，后因工作地点迁到晋察冀解放区的河北平山县及工作范围扩大，再次改名为"中国解放区归国华侨联合会"。依据当时中共中央筹备建设新中国的大政方针，联合会的基本任务是推举新政协筹备组中的华侨代表。

1957年12月11日至19日举行的一届二次全委会，进一步明确了侨联组织的性质和地位："它是一个各阶层归侨参加的人民团体，是在党和政府的领导下，协助党和政府贯彻侨务政策的助手。"[②] 这就意味着全国侨联自成立之时起，在党和国家中就有很高的地位。

第一届章程草案共五章二十条，其中第二条明确了全国侨联的基本任务："（一）领导全国各地的归国华侨联合会及性质相同的团体。团结和组织全国归侨、侨眷，加强社会主义教育。（二）反映归侨、侨眷和国外华侨意见，向有关部门提出建议。（三）联系国外华侨，促进国外华侨的爱国大团结。（四）鼓励和协助归侨、侨眷和国外华侨，参加祖国建设事业。（五）为归侨、侨眷和国外华侨服务。举办或协助举办有关归侨、侨眷的文教、福利及其它公益事业。"[③] 在成立大会上，庄希泉在报告中提出了为完成这些基本任务需要做好的几项具体工作，其中明确要"发挥侨联作为党和政府联系归侨、侨眷的桥梁作用"[④]。这些基本任务反映了以下三点：一是作为全国性团体，其工作对象既包括国内的归侨、侨眷，也涉及海外华侨；二是在原各地分散的华侨联谊会基础上，全国侨联成立要形成统一、规范的组织体系；三是虽然没有明确提出立会宗旨，但已经包括反映归侨、侨眷和国外华侨的意见以及为他们提供服务等内容。

1966年初，全国侨联机关被迫解散。经中共中央批准，1978年12月22日至28日，第二次全国归国华侨代表大会在北京举行，标志着全国侨联全面恢复工作。

第二届章程共四章十七条。与原章程相比，新章程就侨联的性质和任务作了新的规定，包括进一步明确了侨联的性质和工作对象。第一章总则第一条新增并

[①] 《新中华报》，1941年4月3日。转引自《中国侨联五十年》编辑部：《中国侨联五十年》，中国华侨出版社2006年版，第13页。

[②] 《中国侨联五十年》编辑部：《中国侨联五十年》，中国华侨出版社2006年版，第45页。

[③] 《中国侨联五十年》编辑部：《中国侨联五十年》，中国华侨出版社2006年版，第36页。

[④] 《中国侨联五十年》编辑部：《中国侨联五十年》，中国华侨出版社2006年版，第40页。

强调了"在中国共产党领导下",明确规定侨联"是在中国共产党领导下的团结全国各界归国华侨（简称归侨）的人民团体，是党和政府联系归侨、侨眷和国外华侨的桥梁"；总则部分还根据改革开放的新形势，充实了侨联的基本任务和主要工作。①

第三届章程对有关侨联性质、任务等内容进行了修订。第一条规定"中华全国归国华侨联合会（简称全国侨联），是在中国共产党领导下，团结、联系归侨、侨眷和华侨的人民团体"；第五条规定"侨联鼓励华侨同侨居国人民和睦相处，为侨居国的繁荣和发展作出贡献，为促进我国与各国的友好而努力"。为了适应扩大爱国统一战线、促进祖国统一大业的需求，这届章程增加了一项工作内容："鼓励归侨、侨眷和华侨努力沟通台湾海峡两岸同胞的联系，增进相互了解。"针对原章程没有规定侨联的全国组织的情况，这届章程在第十四条规定"侨联的全国组织是中华全国归国华侨联合会"。②

这一时期，侨联职能任务一个很重要的拓展就是中央进一步明确侨联的工作任务要"从国内做到国外"。

时任国家副主席乌兰夫在1984年4月11日第三次全国归国华侨代表大会上代表中共中央和国务院致辞时，对侨联在新时期的任务提出三点要求，其中第三点是：侨联应当加强与海外侨胞的联系，通过广泛的接触交往，增进了解，发展友谊，巩固和发展爱国大团结。③

1986年12月19日，时任全国人大常委会副委员长叶飞在与侨办、侨联领导谈话中指出，"华侨工作要做到国外去，要作为一个方针"，"侨联应做国外工作"。④

1986年10月4日，时任中共中央政治局委员习仲勋在全国侨联成立三十周年纪念大会上代表中共中央和国务院讲话时提出，要根据侨联的特点，多方面地开展工作：侨联要根据归侨、侨眷同海外侨胞，以及港澳同胞、台湾同胞有着众多联系的特点，在做好国内工作的基础上，积极主动地开展海外联谊活动。⑤

第四届章程中有关"华侨"的表述全部改为"海外侨胞"，在全国侨联是全

① 《中国侨联五十年》编辑部：《中国侨联五十年》，中国华侨出版社2006年版，第72页。

② 全国侨联《侨联动态》1987年第9期，第10页。转引自《中国侨联五十年》编辑部：《中国侨联五十年》，中国华侨出版社2006年版，第121页。

③ 乌兰夫：《在第三次全国归国华侨代表大会上的致词》，《人民日报》，1984年4月12日。

④ 全国侨联《侨联动态》1987年第9期，第10页。转引自《中国侨联五十年》编辑部：《中国侨联五十年》，中国华侨出版社2006年版，第142页。

⑤ 习仲勋：《在全国侨联成立三十周年纪念大会上的讲话》，《习仲勋文选》编委会编：《习仲勋文选》，中央文献出版社1995年版，第429—431页；《中国侨联五十年》编辑部：《中国侨联五十年》，中国华侨出版社2006年版，第160页。

国性人民团体的基础上，补充了"全国侨联是党和政府联系、团结广大归侨、侨眷和海外侨胞的桥梁和纽带"的内容；关于侨联宗旨，除了维护归侨、侨眷和海外侨胞在国内的合法权利和权益外，特别明确规定要"维护海外侨胞的正当权利和利益"，与宪法的相关规定相统一。在侨联组织的性质上，首次提出"中华全国归国华侨联合会（简称全国侨联），是在中国共产党领导下由归侨、侨眷组成的全国性人民团体"。这与前三届章程相比，在原来单纯以"归国华侨"为主要成员的基础上，扩展了"侨眷"为侨联当然的成员。此外，第四届章程第二十九条对侨联的组织体制作出"全国侨联的最高权力机构是全国归侨侨眷代表大会"等规定。①

第五届章程的修改中引人注目的是，根据侨联工作实际和事业发展的需要，将"中华全国归国华侨联合会"的简称由"全国侨联"改为"中国侨联"，把"全国归国华侨代表大会"改为"全国归侨侨眷代表大会"。② 这对于侨联组织进一步明确性质、工作领域和对象，不断发展壮大侨联事业具有重要意义。

第六届中国侨联期间，适逢推进政府机构改革。中共中央书记处于2001年10月批准了《中国侨联机关主要职责、内设机构和人员编制方案》，其中对中国侨联的职能和主要职责进行了调整，特别规定要进一步加强群众工作和参政议政、维护侨益、海外联谊工作。在此基础上，第八届章程明确了侨联组织的"四项职能"：参政议政、维护侨益、海外联谊、群众工作。③ 在此后相当长的一段时间里，各级侨联通过开展主题活动年，积极宣传和拓展"四项职能"，在社会上扩大了侨联组织的影响，展现了侨联组织的优势，在组织建设、工作机制、活动方式等方面日益规范化、制度化，侨联组织的凝聚力、号召力进一步增强。

2014年3月10日，中共中央办公厅印发《关于加强和改进新形势下侨联工作的意见》，首次提出充分发挥侨联组织的"六项重要作用"：服务经济发展、依法维护侨益、拓展海外联谊、积极参政议政、弘扬中华文化、参与社会建设。第十届章程将此作为侨联组织的"六项职能"规定下来。这"六项职能"是多年来侨联组织工作经验的成果，也是新时代各级侨联创新发展的方向。履行好这"六项职能"，是侨联组织服务党和国家工作大局、服务海外侨胞和归侨、侨眷的根本途径，也是团结凝聚广大海外侨胞和归侨、侨眷共同为实现中华民族伟大复兴的中国梦而奋斗的必然选择。

---

① 《中国侨联五十年》编辑部：《中国侨联五十年》，中国华侨出版社2006年版，第177页。
② 《中国侨联五十年》编辑部：《中国侨联五十年》，中国华侨出版社2006年版，第227页。
③ 《中国侨联五十年》编辑部：《中国侨联五十年》，中国华侨出版社2006年版，第308页。

三、侨联组织与中国特色社会主义群团发展道路

在革命与建设过程中，中国共产党形成了系统的联系、发动、组织、服务群众的工作方式方法，一方面通过各级党组织直接联系与组织群众，另一方面通过建立或整合社会各阶层的群众组织，来实现对人民群众的联系与组织。后者就是党的群团工作。《中共中央关于加强和改进党的群团工作的意见》（以下简称"《中央群团意见》"）指出，中国特色社会主义群团发展道路，是对党的群团工作长期奋斗历史经验的科学总结。这条道路是中国共产党开展群众工作、推进党的事业的伟大创造，是党领导群众实现共同梦想的历史选择，是群团组织与时俱进、发展壮大的必由之路。① 作为党领导的人民团体，侨联组织与工会、共青团、妇联、科协等群团组织一道，团结动员所联系群众，在长期的革命、建设、改革进程中为党和国家事业作出了重要贡献。

（一）党的群团组织的地位和作用是在长期的革命、建设、改革的历史进程中形成的

《中央群团意见》指出，群团事业是党的事业的重要组成部分，党的群团工作是党治国理政的一项经常性、基础性工作，也是党组织动员广大人民群众为完成党的中心任务而奋斗的重要法宝。工会、共青团、妇联等群团组织联系的广大人民群众是全面建成小康社会、坚持和发展中国特色社会主义的基本力量，是全面深化改革、全面推进依法治国、巩固党的执政地位、维护国家长治久安的基本依靠。② 《中央群团意见》这一重要论述，深刻阐述了新形势下加强和改进党的群团工作的重要性和紧迫性，充分阐明了群团组织在党和国家事业发展中的重要地位和作用。

1840 年鸦片战争以后，中国逐步成为半殖民地半封建社会，西方列强野蛮入侵，封建统治者腐朽无能，国家战乱不已，人民饥寒交迫，中国人民和中华民族遭受了深重苦难。辛亥革命推翻了君主专制制度，但是由于没有充分发动和依靠群众，难以真正改变中国的命运。1921 年，在马克思列宁主义同中国工人运动的结合中，中国共产党应运而生。中国共产党自诞生的那一天起就把自己的奋斗目标建立在发动群众、组织群众、依靠群众、服务群众的基础之上，通过建立、发展群团组织始终保持与人民群众的血肉联系。革命战争时期，在党的领导

---

① 《中国侨联五十年》编辑部：《中国侨联五十年》，中国华侨出版社 2006 年版，第 308 页。
② 《中共中央关于加强和改进党的群团工作的意见》，《人民日报》，2015 年 7 月 10 日。

下，群团组织广泛传播革命思想、动员革命力量，"唤起工农千百万"，汇成了争取民族独立、人民解放的澎湃洪流。1922年5月成立了由信仰共产主义的中国青年组成的群众性组织——中国社会主义青年团（1925年1月更名为"中国共产主义青年团"），唤起无数热血青年为民族独立、国家富强抛头颅、洒热血；1925年5月成立了党领导的中国工人阶级的群众组织——中华全国总工会，引导广大工人群众为实现自己的根本利益而奋斗，使党的阶级基础更加牢固、先进性更加充分；1940年9月成立了党领导的国内第一个华侨革命群众组织——延安华侨救国联合会，成为联系、团结归侨、侨眷和海外侨胞支持中国革命和民族解放斗争的群众团体；1949年3月成立了代表和维护妇女利益的群众性组织——中华全国民主妇女联合会，为促进男女平等、组织动员广大妇女参与革命建设提供了重要组织保障。工会、共青团、妇联和侨联及其他一些群众团体在革命战争时期酝酿发展，在党的领导下广泛传播革命思想，动员、团结广大群众进行前赴后继、不屈不挠的斗争，为新中国的成立作出了重要贡献。

1956年，为团结和组织全国归侨、侨眷，促进国外爱国华侨的大团结，共同为祖国建设作贡献，成立了中华全国归国华侨联合会。各群团组织在党的领导下，广泛动员、团结、引导各自所联系的群众，踊跃投身社会主义革命和建设，在建设祖国、创造幸福生活的征程中不断奏响万众一心、团结奋进的凯歌。在紧跟党不懈奋斗的历程中，群团组织一方面积极向群众宣传党的思想主张，动员群众为党在各个时期的中心任务而奋斗；另一方面教育、引导、联系、团结群众认识党是人民利益的忠实代表，党的路线、方针、政策是实现人民利益的指引和保障，充分发挥了党联系群众的桥梁纽带作用。"文革"期间，各群团组织及其工作遭到严重干扰和破坏。1978年后，各群团组织陆续恢复活动并重新履行职能。群团组织在党的领导下，广泛动员、引导各自联系的群众，踊跃投身改革开放的伟大历史实践，充分激发蕴藏在人民群众中的巨大创造力，团结、动员广大群众围绕经济社会发展的中心任务建功立业，自觉培育和践行社会主义核心价值观，在服务群众和维护群众合法权益中团结、吸引群众，依法在社会主义民主中发挥积极作用，主动参与创新社会治理和维护社会和谐稳定，为开创中国道路、弘扬中国精神、凝聚中国力量作出了重要贡献，充分发挥了群团组织在中国特色社会主义事业中的应有作用，使党的群团事业成为党和国家事业的重要组成部分。

今天的中国，开始向第二个百年奋斗目标奋力前行，人民群众实现梦想、让人生出彩的舞台无比宽阔。同时，百年未有之大变局下，国际形势复杂多变，国内改革发展任务异常艰巨，我国重要战略机遇期的内涵和条件发生了重大变化，挑战、考验前所未有。实现中华民族伟大复兴的中国梦，需要党始终保持与人民

群众的血肉联系，需要亿万群众紧密地团结在党的旗帜下，共同团结奋斗、共同应对挑战。在新形势面前，群团组织在组织动员群众、教育引导群众、联系服务群众、维护群众合法权益等方面的任务更加繁重。群团组织必须把各自所联系的群众更加广泛地动员起来，把他们的积极性和创造热情充分激发出来，最大限度地把他们的力量凝聚到实现"两个一百年"奋斗目标进而实现中华民族伟大复兴的中国梦上来。

（二）切实把握中国特色社会主义群团发展道路的基本特征和内涵，提高侨联组织规范化水平

党的群团工作是党通过群团组织开展的群众工作，是党组织动员广大人民群众为完成党的中心任务而奋斗的重要工作。群众工作是党的一项根本性、基础性工作。由于党的群众工作对象众多、层次多样，党需要建立旨在广泛联系各方面群众的群团组织来帮助党做群众工作。这是党的一大创举，也是党的一大优势。[①] 毛泽东、周恩来、刘少奇、邓小平、陈云、邓颖超等老一辈无产阶级革命家都做过群团工作，对做好群众工作有一系列重要论述和指示，形成了党的群团工作理论。改革开放以来，随着党的中心任务的转移变化，党对群团组织的工作目标、组织体制、运行机制、工作方式提出了相应要求，就加强和改进各群团工作出台了一系列指导性文件。1989年12月，中共中央下发了《关于加强和改善党对工会、共青团、妇联工作领导的通知》；2000年1月，中共中央办公厅、国务院办公厅出台《21个群众团体机关机构改革意见》；2010年9月，中共中央、国务院出台《关于加强和改进新形势下工商联工作的意见》；2014年3月，中共中央办公厅下发了《关于加强和改进新形势下侨联工作的意见》；等等。多年来，中共中央书记处每年听取工会、共青团、妇联、科协、侨联等人民团体的工作汇报，并作出重要指示。在党中央的坚强领导下，在各级党委和群团组织、人民群众的共同努力下，党探索形成了符合中国国情、反映时代要求的群团工作新路子。

《中央群团意见》认真贯彻党的十八大精神和习近平总书记系列重要讲话精神，对党的群团工作理论创新、实践创新、制度创新进行总结，提出坚定不移走中国特色社会主义群团发展道路的重要论断，是党的群团工作的重大理论创新，对加强和改进党的群团工作具有重要指导意义。

《中央群团意见》提出，中国特色社会主义群团发展道路的基本特征是各群

---

① 习近平：《在党中央的群团工作会议上的讲话》（2015年7月6日），中共中央文献研究室编：《习近平关于社会主义政治建设论述摘编》，中央文献出版社2017年版，第186页。

团自觉接受党的领导、团结服务所联系群众、依法依章程开展工作；基本原则是坚持党对群团工作的统一领导，坚持发挥桥梁纽带作用，坚持围绕中心、服务大局，坚持服务群众的工作生命线，坚持与时俱进、改革创新，坚持依法依章程独立自主开展工作。① 这一基本特征和基本原则都需要各个群团依托完善的工作体系来体现。

为此，侨联组织必须紧紧把握这一基本特征，认真贯彻基本原则，与自身建设有机统一起来。第一，党的领导是做好侨联工作的根本保证，体现为侨联组织必须坚持正确的政治方向，自觉接受党的政治领导、思想领导、组织领导，同以习近平同志为核心的党中央保持高度一致。第二，侨联组织是党和政府联系广大海外侨胞与归侨、侨眷的桥梁和纽带，必须切实代表和维护广大海外侨胞和归侨、侨眷的合法权益，不断增强自身影响力和号召力，把他们更加紧密地团结在党的周围。第三，突出侨联组织的性质和特点，增强群众性，是激发侨联组织活力的要求；必须按照群团工作规律，坚持依法、依侨联章程独立自主开展活动。

（三）切实增强侨联组织的政治性、先进性、群众性

党的十八大以后，习近平总书记对群团工作高度重视。2015 年，习近平总书记在党的历史上第一次由党中央召开的党的群团工作会议上发表重要讲话，总结党的群团工作成功经验，指出群团工作的突出问题，要求群团组织必须增强政治性、先进性、群众性，克服机关化、行政化、贵族化、娱乐化，以自我革新的勇气，下大气力解决突出问题。② 此后，习近平总书记对各群团改革亲自部署、亲自推进，使群团改革取得积极成效。因此，侨联组织必须以强"三性"、去"四化"为目标，使侨联组织运转更加高效、联系更加广泛、基础更加牢固、行动更加有力，最大限度团结联系广大海外侨胞和归侨、侨眷为实现中华民族伟大复兴的中国梦作出贡献。

1. 突出侨联组织的政治性

政治性是群团组织的灵魂，应放在第一位。与其他群团组织一样，侨联组织保持和增强政治性的关键是，必须自觉坚持中国共产党的领导，始终把自己置于党的领导之下，切实做到"两个维护"，在思想上、政治上、行动上始终同以习近平同志为核心的党中央保持高度一致，自觉维护党中央的权威，坚持贯彻党的意志和主张，严守政治纪律和政治规矩。在组织体系上，"工会、共青团、妇联

---

① 《中共中央关于加强和改进党的群团工作的意见》，《人民日报》，2015 年 7 月 10 日。
② 习近平：《切实保持和增强政治性先进性群众性开创新形势下党的群团工作新局面》，《人民日报》，2015 年 7 月 8 日。

受同级党委和各自上级组织双重领导,其他群团组织依法依章程领导或指导下级群团组织的工作,这是党领导群团工作的基本制度"①。按照中国侨联章程规定,地方各级侨联受同级党委领导,接受上级侨联的指导。② 各级侨联组织的领导体制必须坚持属地原则,在党委的领导下进行工作。特别是侨联基层组织建设,必须纳入基层党建总体部署,确保侨联工作体系构建的正确方向。从工作对象来讲,侨联组织必须承担起引导侨界群众的责任,努力把广大侨界群众最广泛、最紧密地团结在党的周围,促进海内外中华儿女大团结。

2. 突出侨联组织的先进性

坚持为党和国家大局服务,是群团组织的价值所在。保持和增强群团组织的先进性,必须牢牢把握为实现中华民族伟大复兴的中国梦而奋斗的时代主题,紧紧围绕党和国家工作大局,组织动员广大人民群众走在时代前列,在改革发展稳定第一线建功立业。③ 广大归侨、侨眷身处国内各个阶层、各个行业、各个领域,广大海外侨胞长期工作、生活在世界各个国家和地区,他们的生存环境、经济状况、思想观念不同,愿望、诉求也千差万别。侨联组织必须把保持和增强先进性作为重要着力点,广泛开展体现侨界特点、适应侨情变化、符合大局要求的活动,多做组织侨界群众、宣传侨界群众、教育侨界群众、引导侨界群众的工作,更加有效地凝聚侨界共识,把广大海外侨胞和归侨、侨眷的积极性、创造性更加充分地调动起来、发挥出来,促进海内外同胞和谐,形成共同致力民族复兴的强大合力。

3. 突出侨联组织的群众性

群众性是群团组织的根本特点,离开了群众性,群团组织就容易走向官僚化、空壳化。群团组织开展工作和活动要以群众为中心,让群众当主角,而不能让群众当配角、当观众。群众心里没有群团组织,不积极参与群团组织活动,或者群团组织覆盖面越来越窄,那就等于削弱了做党的群团工作的基础。④ 新时代侨联组织必须切实增强宗旨意识,建立健全联系服务广大海外侨胞和归侨、侨眷的长效机制,确保广大海外侨胞和归侨、侨眷参与侨联工作的保障机制,把侨联

---

① 习近平:《在党中央的群团工作会议上的讲话》(2015 年 7 月 6 日),中共中央文献研究室编:《习近平关于社会主义政治建设论述摘编》,中央文献出版社 2017 年版,第 208 页。

② 《中华全国归国华侨联合会章程》(2018 年 9 月 1 日第十次全国归侨侨眷代表大会通过),中华全国归国华侨联合会网站,http://www.chinaql.org/n1/2018/0622/c419637-30075925.html。

③ 习近平:《在党中央的群团工作会议上的讲话》(2015 年 7 月 6 日),中共中央文献研究室编:《习近平关于社会主义政治建设论述摘编》,中央文献出版社 2017 年版,第 194 页。

④ 习近平:《在党中央的群团工作会议上的讲话》(2015 年 7 月 6 日),中共中央文献研究室编:《习近平关于社会主义政治建设论述摘编》,中央文献出版社 2017 年版,第 196 页。

工作建立在侨界群众喜闻乐见、便于参加的形式和方法之上，让侨界群众成为活动的主角，激发侨联组织的生机和活力。要切实推进基层侨联组织建设，努力做到哪里有侨界群众哪里就要有自己的组织，怎么有利于做好侨界群众工作就怎么建立侨联基层组织。要建立健全联系侨界群众的长效机制，侨联机关干部下基层活动要常态化、制度化，争当全心全意为人民服务宗旨的忠实践行者、党的群众路线的坚定执行者、党的群众工作的行家里手。

（四）推动完善地方党委领导侨联工作的体制机制

加强党对侨联工作的领导，是侨联组织坚持走中国特色社会主义群团发展道路的根本要求。《关于进一步加强新形势下侨联工作的意见》指出，要"完善党委领导侨联工作体制机制"，从科学化、规范化的要求出发，把党委对侨联工作的领导上升、完善为体制机制。主要包括以下四方面内容：一是各级党委要把侨联工作摆上重要议事日程，加强组织领导和统筹协调，定期听取侨联工作汇报，研究解决重大问题；二是各级侨联由同级党委领导，明确一名党委负责同志分管；三是对涉及归侨、侨眷利益的重大决策，要认真听取侨联意见；四是侨联领导班子换届或班子成员调整时，应就人选的归侨、侨眷身份听取上一级侨联党组的意见。

从各地党委加强和改进对侨联工作领导的实践来看，有以下比较成熟的做法：

一是加强党对侨联工作的领导。党委、政府高度重视侨联工作，明确一位党委领导分管此项工作；党委常委会定期听取侨联的工作汇报，研究解决工作中的重大问题；凡涉及侨界群众利益的重大决策出台前，应当听取侨联组织的意见；支持侨联依照法律和章程创造性开展工作，把需要侨联发挥作用、符合侨界群众愿望、适合群众组织特点的事情交给侨联去办；将重点侨乡的乡镇（街道）、村（社区）侨联工作纳入农村基层工作和城市社区工作范畴。

二是为侨联开展工作创造条件。政府财政部门把侨联履行职能所需经费列入预算并逐年增加，支持侨联开展重大专项活动和对外联谊专项活动；从侨联职能和工作需要出发，切实解决好人员编制、内设机构、工作经费、办公场所等问题；对侨捐的侨联活动场所或资产，在充分尊重捐赠人意愿的前提下，按照国家有关财务制度规定登记入账入册，任何单位和个人不得擅自挪用、侵占和划拨。

三是加强侨联干部队伍建设。重视和关心侨联干部成长，把侨联干部的培养、选拔、管理和交流使用纳入干部工作的总体规划，加大侨联干部与党政机关干部的双向交流力度；侨联领导班子换届或领导干部调整时，当地党委应就同级侨联主席、副主席、秘书长人选的归侨、侨眷身份，听取上一级侨联党组的意见；加大侨联干部的教育培训、轮岗交流、挂职锻炼力度，有计划选派侨联干部到基层一线、经济前沿挂职锻炼，提高侨联干部的服务能力和综合素质，努力建设一支政治坚定、视野开阔、业务精通、作风扎实、充满活力的侨联干部队伍。

四是加强侨联基层组织建设。积极探索建立党建带侨建制度，把基层侨联建设纳入党建的总体格局；县级以上侨联配备专职侨联干部，落实各项待遇；凡有三名以上中共党员的侨联组织应成立党的基层组织；归侨、侨眷较为集中的科研院所、大专院校、创业园区和大中型企业、事业单位应建立适合自身特点的侨联组织，暂不具备条件成立侨联组织的，应明确专人负责此项工作。

五是营造良好社会环境。支持人大加强对各项涉侨法律法规的执法监督和督办工作；法院、检察院和政府有关部门聘任特约监督员时，应就侨界代表人选征求侨联意见或由侨联推荐；党校和行政学院开设侨务工作课程，应把侨务政策和侨联组织的相关理论列入学习内容；新闻媒体应加大宣传党的侨务工作政策和涉侨法律法规，宣传侨联的地位、作用和侨界先进典型；侨联参与协商和推荐人大归侨、侨眷代表人选，提名政协的侨联界委员人选。

第六章　侨联的组织体系

作为一个团体组织，侨联组织有着社团的一般属性，需要建立、建设组织体系，巩固和扩大会员基础，制定内部规则，提高运转效率。侨联的组织体系建设首先依据的是国家的法律法规和政策，以《中华人民共和国宪法》为根本的活动准则；其次是《中华全国归国华侨联合会章程》和各种工作制度，体现社团管理的一般规律和侨联自身的特殊性。

一、侨联的组织结构

为了保障侨联事业的有序开展，侨联客观上需要构建自上而下的组织网络，使侨务资源、信息、需求、行动及决策实现上下贯通，从而能够准确、全面地反映广大归侨、侨眷和海外侨胞的利益与诉求，形成工作合力，扩大社会影响力，更好地为党和国家工作大局服务。

中国侨联章程规定："侨联的全国组织是中华全国归国华侨联合会"，"省、自治区、直辖市，设区的市、自治州，县、自治县，不设区的市和市辖区，可以按本章程规定成立地方侨联组织。在归侨侨眷较多的企业、农村、机关、学校、科研院所、街道社区、社会组织和其他基层单位，可以成立基层侨联组织"。[①]全国侨联系统总体上形成了"中国侨联—省级侨联—地市级侨联—县级侨联—乡镇（街道）侨联—村（社区）侨联"六级组织体系，呈金字塔型结构，为组织运转提供保障。

侨联组织的六级架构，是由侨胞界群众需求、党和国家体制等因素决定的。从侨联发展的历史来看，新中国成立后，广东、福建等侨乡的归侨、侨眷为加强与家乡的海外华侨的感情联络、信息交流、联谊接待、互帮互助、代办事项及宣传工作等，率先成立了不同规模的地方性归侨联谊会。正是在各地归侨联谊会的推动下，全国侨联于1956年10月正式成立。此后，特别是改革开放以来，归侨、侨眷与海外侨胞的联系更加紧密、形式更加多样、渠道更加广泛，不仅传统

---

① 《中华全国归国华侨联合会章程》（2018年9月1日第十次全国归侨侨眷代表大会通过），中华全国归国华侨联合会网站，http://www. chinaql. org/n1/2018/0622/c419637-30075925. html。

侨乡的县、乡镇直至村都建立了侨联组织，而且在城市的社区、楼宇及开发区、高校等新侨集中的地方都成立了大量的侨联组织。更为关键的是，党和国家体制决定了群团组织基本实行属地管理的原则，在中国侨联由中共中央书记处直接领导的基础上，无论是省（自治区、直辖市）、市（区）、县，还是企业、农村、机关、学校、科研院所、街道社区、社会组织和其他基层单位，都要在同级党委（党组织）的领导下开展工作。

二、侨联组织的会员制度与代表大会及其代表、委员构成

第一次全国归国华侨代表大会通过的章程规定，全国侨联实行团体会员制，凡国内各地归国华侨联合会及性质相同的团体，赞成章程者，均可申请入会。[①]第四次全国归国华侨代表大会在修改章程时，改变了只实行团体会员制的规定，开始实行团体会员和个人会员相结合的会员制。现行章程规定，"各级侨联实行团体会员制"，"凡在民政部门注册登记或经各级侨联批准成立的归侨侨眷组织的联谊会、校友会、学会、协会、商会等团体，承认本章程，可成为所在地侨联的团体会员"，"县以下侨联可实行个人会员制"。[②] 这样的会员制度比较符合侨联组织的实际。一般情况下，县以下侨联组织开展工作需要直接面对归侨、侨眷及海外侨胞，而县以上侨联组织虽然在具体活动中会直接吸收侨胞个人参加，但一般是侨胞团体中的代表性人物，而且工作的推进大多要向下级侨联部署工作，依托下级侨联做好包括代表性人物在内的众多归侨、侨眷和海外侨胞的工作。

按照规定，"全国归侨侨眷代表大会每五年召开一次，由上一届中国侨联委员会负责召集"，"地方归侨侨眷代表大会每五年召开一次，由上一届地方侨联委员会召集"，"基层归侨侨眷大会或代表大会每三至五年召开一次，由上一届基层侨联委员会召集"。[③] 各个层级侨联组织每五年（基层侨联为三至五年）召开归侨侨眷代表大会，有利于侨联组织总结上一届的工作、部署下一阶段的任务，与同级党委的中心工作同步。

为了保持侨联组织"侨"的属性，归侨侨眷代表大会的代表、侨联委员会的委员应具有归侨侨眷身份。中国侨联章程规定，"各级归侨侨眷代表大会的代表应当具有归侨侨眷身份，由各级侨联和其他有关方面经民主协商或者通过选

---

① 《中国侨联五十年》编辑部：《中国侨联五十年》，中国华侨出版社 2006 年版，第 36 页。

② 《中华全国归国华侨联合会章程》（2018 年 9 月 1 日第十次全国归侨侨眷代表大会通过），中华全国归国华侨联合会网站，http://www.chinaql.org/n1/2018/0622/c419637-30075925.html。

③ 《中华全国归国华侨联合会章程》（2018 年 9 月 1 日第十次全国归侨侨眷代表大会通过），中华全国归国华侨联合会网站，http://www.chinaql.org/n1/2018/0622/c419637-30075925.html。

举、特邀方式产生"①，中国侨联委员会委员、地方各级侨联委员会委员"应当具有归侨侨眷身份"②。代表的产生则有着严格的程序，"全国归侨侨眷代表大会的代表由各省、自治区、直辖市侨联和其他有关方面经民主协商或者通过选举、特邀方式产生"，"地方各级归侨侨眷代表大会的代表由该地各级侨联及其有关方面经民主协商或者通过选举、特邀方式产生"，而地方各级侨联的"主席、副主席、秘书长应当由归侨侨眷担任，其候选人名单须征求上一级侨联的意见，选举结果报上一级侨联备案"③。

较能体现侨联组织自身特色的是，各级侨联可以根据自身工作需要，按照严格的程序聘任荣誉职务。1994年6月召开的第五次全国归侨侨眷代表大会修改章程时，为了发挥海内外知名人士的作用，扩大侨联组织的影响力、吸引力，增加了"可根据需要聘请海内外热心侨联工作的社会著名人士担任中国侨联顾问、名誉委员"④。大会通过了聘请40名顾问和26名名誉委员的决定。第七次全国归侨侨眷代表大会又将顾问分为内地顾问、港澳顾问、国外顾问。⑤ 2013年，第九次全国归侨侨眷代表大会修改章程，将原"名誉委员"改为"荣誉委员"。⑥ 同时，此次大会决定增聘"海外委员"，来自92个国家的446名海外侨界人士被聘为首届海外委员。⑦

三、侨联的组织体制

按照中国侨联章程规定，"各级侨联的领导机关是各级归侨侨眷代表大会及其选举产生的委员会"。其中，全国组织"中国侨联的最高领导机关是全国归侨侨眷代表大会及其选举产生的中国侨联委员会"；地方组织"地方各级侨联的领导机关是地方归侨侨眷代表大会及其选举产生的委员会"；基层组织"基层侨联的领导机

---

　　① 《中华全国归国华侨联合会章程》（2018年9月1日第十次全国归侨侨眷代表大会通过），中华全国归国华侨联合会网站，http://www.chinaql.org/n1/2018/0622/c419637-30075925.html。

　　② 《中华全国归国华侨联合会章程》（2018年9月1日第十次全国归侨侨眷代表大会通过），中华全国归国华侨联合会网站，http://www.chinaql.org/n1/2018/0622/c419637-30075925.html。

　　③ 《中华全国归国华侨联合会章程》（2018年9月1日第十次全国归侨侨眷代表大会通过），中华全国归国华侨联合会网站，http://www.chinaql.org/n1/2018/0622/c419637-30075925.html。

　　④ 《中国侨联五十年》编辑部：《中国侨联五十年》，中国华侨出版社2006年版，第228页。

　　⑤ 《中国侨联五十年》编辑部：《中国侨联五十年》，中国华侨出版社2006年版，第420页。

　　⑥ 中华全国归国华侨联合会：《一至九次全国归侨侨眷代表大会会刊》（下），2016年9月，第789页。

　　⑦ 中华全国归国华侨联合会：《一至九次全国归侨侨眷代表大会会刊》（下），2016年9月，第860-865页。

关是基层归侨侨眷大会或代表大会及其选举产生的委员会"。① 这些规定表明，侨联各级代表大会作出的决定，下级侨联组织应贯彻落实，形成工作合力。

同时，作为中国特色社会主义政治制度的体现，我国群团组织均须按照属地管理的原则，接受同级党委的领导。侨联组织也不例外，中国侨联章程明确提出，"地方各级侨联受同级党委领导，接受上一级侨联的指导，享受同级人民团体待遇"，"基层侨联在同级党组织的领导下开展工作，接受上一级侨联的指导"。② 这个规定与"各级侨联的领导机关是各级归侨侨眷代表大会及其选举产生的委员会"的条款并不矛盾。以全国归侨侨眷代表大会为例，其职权包括：①审议和批准中国侨联委员会的工作报告；②讨论和决定中国侨联的工作方针、任务；③修改中国侨联章程；④选举中国侨联委员会；⑤根据需要聘请海内外热心侨联事业的社会著名人士担任中国侨联顾问、海外委员、荣誉委员等职务；⑥表彰先进集体、先进个人；⑦决定中国侨联其他重要事项。③

上述这些职权包括工作报告、工作方针任务等，是全国各级侨联紧紧围绕党和国家工作大局，从"侨"的特色出发，发挥组织体系的优势而开展的工作。而地方各级侨联在贯彻落实这些工作任务时，往往又会根据当地党委的中心工作突出地方特点，与当地实际紧密结合起来。更为重要的是，按照党管干部的原则，各级侨联的主席、副主席、秘书长等人选需要同级党委广泛发扬民主来决定，"其候选人名单须征求上一级侨联的意见"，并按照侨联章程的规定和程序进行选举，"选举结果报上一级侨联备案"。这就形成了"同级党委领导"和"上级侨联指导"相得益彰的局面。

四、侨联的决策机制与执行机制

中国侨联章程第十二条规定，"侨联实行民主集中制"，"全国归侨侨眷代表大会闭会期间，由中国侨联委员会贯彻执行全国归侨侨眷代表大会的决议并决定工作中的重大问题"，"中国侨联委员会全体会议闭会期间，由常务委员会行使其职权"，"主席会议由主席和副主席、秘书长组成。主席会议每年至少召开两次，由主席负责召集"，"主席、专职副主席、秘书长组成主席办公会议，根据

---

① 《中华全国归国华侨联合会章程》（2018 年 9 月 1 日第十次全国归侨侨眷代表大会通过），中华全国归国华侨联合会网站，http://www. chinaql. org/n1/2018/0622/c419637-30075925. html。

② 《中华全国归国华侨联合会章程》（2018 年 9 月 1 日第十次全国归侨侨眷代表大会通过），中华全国归国华侨联合会网站，http://www. chinaql. org/n1/2018/0622/c419637-30075925. html。

③ 《中华全国归国华侨联合会章程》（2018 年 9 月 1 日第十次全国归侨侨眷代表大会通过），中华全国归国华侨联合会网站，http://www. chinaql. org/n1/2018/0622/c419637-30075925. html。

常务委员会的决议处理日常工作"。地方侨联的决策与执行机制基本与中国侨联相同，"基层侨联选举主席一人，副主席若干人，负责日常工作"。①

为保证归侨侨眷代表大会、侨联委员会、常委会、主席会议、主席办公会议职权的行使、工作决定的落实，各级侨联根据工作需要和编制部门的核定，设立若干直属工作部门和机构。中国侨联现设有办公厅、信息传播部、联谊联络部、经济科技部、文化交流部、权益保障部、基层建设部、组织人事部等。这些部门和相关机构在为侨联决策服务、推进工作实施等方面具有重要作用，需要做好以下工作：

（一）进一步提高侨联决策与执行的科学性

坚持科学性，是提高侨联工作水平的根本要求和前提条件，也是侨联组织实现科学发展、贯彻实事求是思想路线的具体体现。坚持科学性，就要求坚持以邓小平理论、"三个代表"重要思想、科学发展观、习近平新时代中国特色社会主义思想为指导，正确把握侨联工作的时代方位，使侨联工作能够准确反映时代要求，进一步适应侨界群众需要，自始至终体现科学精神，不断实现创新发展。具体包括以下四个方面：

一是增强科学意识。深刻认识侨联组织的性质地位、职能作用，学习毛泽东、周恩来、邓小平、江泽民、胡锦涛同志关于侨务工作的重要论述和关于侨联工作的重要指示精神，系统领会习近平总书记关于侨务工作的重要论述，深刻把握党中央对侨联工作的重视和期望，以坚实的科学理论、自觉的科学意识推动侨联工作沿着正确的方向不断前进。

二是把握科学规律。中国侨联自成立60多年来，形成了以坚持党的领导为核心的领导体制和运行机制，逐步探索做好侨界群众工作的特点和规律，取得了显著的成绩。需要认真总结发展规律，深入研究做好新形势下侨联工作的方法和途径，认真审视侨联组织各项工作开展和运行机制是否符合科学要求，努力排除各种非科学因素，推动侨联工作进入健康、稳定、可持续的发展轨道。

三是坚持科学决策。一切从实际出发，紧密结合自身工作实际，充分发扬民主，经过反复论证，认真研究，制定科学合理、实事求是的工作目标、工作计划及实施办法，避免工作的盲目性和随意性。各级侨联直属部门机构应增强组织观念、纪律观念，凡属重大事项、重要文件的起草，一定要在认真调查研究的基础上反复酝酿，形成较为成熟的意见、建议后，按程序报会党组或主席办公会议认

---

① 《中华全国归国华侨联合会章程》（2018年9月1日第十次全国归侨侨眷代表大会通过），中华全国归国华侨联合会网站，http://www.chinaql.org/n1/2018/0622/c419637-30075925.html。

真讨论，慎重研究后决定。需要侨联常委会、全委会通过的决议和文件，更要充分酝酿，反复推敲，避免草率行文，粗制滥造，缺乏指导意义。

四是建立科学布局。侨联工作涉及方方面面，应适应党和国家工作大局的需要和侨界群众的需要，在不同时期确定不同的工作重点。应科学合理地安排各项工作和活动，区分轻重缓急。既要坚持突出自身特色，又要集中力量开展一些有重大影响的活动；既要注重打基础的工作，又要保持侨联工作的连续性、稳定性和创造性，避免一般性活动过多，造成力量分散、效果有限的情况。

（二）进一步提高侨联决策与执行的预见性

凡事预则立，不预则废。认识来源于实践，只有对客观事物不断进行调查研究、综合分析，才能取得比较正确的认识，从而把握事物的发展趋势和规律，作出正确的判断，并用以指导工作，提高决策的可行性。如果缺乏预见性，就必然陷入盲目被动或者"头痛医头、脚痛医脚"的事务主义中去。面对世情、国情、侨情的发展变化，客观上要求各级侨联必须切实加强调查研究，不断提高从全局上观察、分析、处理问题的能力，更好地发挥侨联组织独特的优势和作用。各级侨联应自觉把加强调查研究作为基本的工作方法，在不同时期围绕"当前侨情的主要特点、趋势和规律是什么""新时代侨联工作的对象、任务和重点有哪些变化，怎样维护侨益、为侨服务""建设什么样的侨联，怎样建设侨联"等基本问题和重大问题，开展全面深入的调查研究。具体包括以下三个方面：

一是加强对国际政治经济形势的研究。当前，百年未有之大变局下，世界格局不断发生变化，世界各国经济发展的不确定、不稳定因素增多，对海外侨胞的生存、发展产生了重大影响。只有加强对相关问题的调查研究，及时发现苗头性、倾向性、警示性、全局性问题，才能为海外侨胞提供更具针对性、有效性、前瞻性的服务。

二是加强对党和国家发展新阶段的研究。在中国共产党迎来建党百年的重要时刻，我国已经全面建成小康社会，"十四五"规划和2035远景目标开始实施，全党全国各族人民正满怀信心地向着第二个百年奋斗目标前进。应认真研究新形势发展对侨联工作提出的新要求，切实把握新发展阶段、贯彻新发展理念，引导侨界群众在构建新发展格局中展现新的作为、作出新的贡献。

三是加强对现实侨情动态的研究。制订切实可行的调研计划，全面掌握归侨、侨眷和海外侨胞的大体分布、政治倾向、财富积累、人才培养、华文教育、华文媒体、侨团发展等基本情况。进一步研究不同国家和地区侨胞生存与发展的主要特点，包括海外侨胞在住在国生存与发展的经济、政治、社会、政策、法律环境及其变化情况，融入主流社会面临的主、客观环境和主要问题等，特别是应科学准确地把握其特点，比如，东南亚国家、欧美国家的移民政策、华侨华人生存的社会环境有着很大的差别，只有真正把这些差别搞清楚，才能更好地为海外侨胞在住在国的生存与发展做好相关的咨询和服务工作。进一步研究海外侨胞回国投资、创新创业等情况，特别是新侨回国创新创业的总体状况以及遇到的主要问题。进一步研究困难归侨、侨眷的主要情况，包括华侨农场归难侨，城市与农村散居归侨、侨眷困难家庭的情况等。进一步了解归侨、侨眷和海外侨胞对侨联组织的希望和要求，包括侨界群众对侨联工作的意见和建议，找出当前侨联工作的差距和不足。

（三）进一步提高侨联决策与执行的系统性

增强系统性，是做好侨联工作的内在要求。侨联工作是一个系统工程，需要中国侨联机关各部门、各单位之间，全国侨联系统上下相互联系、协调配合，实现资源共享、功能整合，强化合力，提高侨联各项活动的整体效果。具体包括以下三个方面：

一是侨联机关内部要形成整体。各级侨联机关应建立和完善内部工作沟通机制，协调、通报和督办各项工作，及时了解和掌握同级党委的最新指示精神，明确近期及中长期侨联工作的目标任务、重点要求和自身职责，增强全局意识，培育全局视野，努力形成一种既能充分发挥各级侨联机关各部门、各单位主观能动性，又能建立各部门、各单位协调配合、分工明确、优势互补的侨联工作格局。各级侨联机关的部门、单位之间应加强合作意识，找准本部门、本单位在全局工作中的位置，相互支持，相互帮助，对涉及全会的重大活动、重点工作，应全力投入，密切配合，形成整体合力。

二是全国侨联系统要形成整体。上级侨联的各项活动，离不开各下级侨联的大力支持。应充分发挥侨联领导机关决策、指导、协调、调研、服务、表彰等各方面的主导作用，把中央的要求、侨联工作的规划以及近期工作的重点等通过常委会、全委会形成决议和共识，贯彻到各级侨联中去。应加强分类指导，在尽可能的范围内，支持地方侨联开展符合自身实际、具有地方特色的招商引资、文化交流、海外联谊、维护侨益、公益事业等各项活动。

三是社会宣传要形成整体。全国侨联系统不是内部的、封闭的，应当开门办会，与社会各界特别是新闻媒体建立良好的互动关系，重视和善于借助外部条件，努力创造侨联工作良好的社会环境。要适应互联网迅速发展、虚拟社会对侨联工作提出的新要求和新课题，自觉接受社会监督，加强侨联海外宣传的组织、策划和指导，用新的方法、新的思维进一步加强与新闻媒体的交流与合作。当侨联系统发生重大新闻事件时，要在第一时间及时回应，妥善处理，力求做到理性、从容，化被动为主动。

（四）进一步提高侨联决策与执行的实效性

推进侨联工作创新发展，关键是要把为侨服务的宗旨真正落到实处，解决实际问题，取得实实在在的效果。具体包括以下四个方面：

一是抓好工作决议部署的贯彻落实。各级归侨侨眷代表大会及侨联的全委会、常委会通过的多项工作决议、部署、指导性意见与制度安排等，不应束之高阁。各级侨联必须抓好贯彻落实，把决议、部署等转化为侨联工作的具体行动和有力措施，避免虎头蛇尾，而要真正起到指导实践、推动工作的积极作用。应继续推动各地党委、政府重视加强侨联工作，及时发现先进典型、总结先进经验，帮助下级侨联尽快处理、妥善解决工作中遇到的困难和问题。

二是确保各项活动的实际效果。侨联开展的各项活动，应着眼于取得实实在在的效果，不要追求表面上的轰轰烈烈。目前，侨联系统的很多重点活动都产生了很大影响，应当系统总结这些活动的成功经验，同时，及时发现工作中存在的不足与问题，不断提高活动的质量和水平，进一步提升侨联组织的影响力和号召力。特别是在与涉侨机构、地方政府、地方侨联合作开展活动时，应认真听取有关方面的指导性意见，以实际效果作为评价活动成功与否的重要标准。

三是坚持典型引路。应鼓励和尊重下级侨联、基层侨联的首创精神，发现、培育和总结基层组织建设、和谐侨社建设等方面的先进典型，以典型引路，不断增强侨联组织的吸引力和凝聚力。

四是深入侨界群众。应认真听取广大归侨、侨眷和海外侨胞对侨联组织的希望和要求，不断总结各地成功的做法和经验，坚持侨联体制创新、机制创新、工作创新，找出当前侨联工作与侨界群众期望之间存在的差距和不足，不断改进工作，使侨联工作目标、工作重点和具体措施能够更加符合侨界群众的实际需要，努力推动建立坚持党的领导、适应侨界群众愿望、符合时代发展要求的侨界群众组织，使侨联组织真正成为归侨、侨眷和海外侨胞之家。

第七章　侨联所属社会团体

改革开放以来，中国侨联和地方各级侨联根据自身工作发展需要，组织成立了形式多样、群体各异的社会团体组织，作为联系、服务归侨、侨眷和海外侨胞的平台与补充。

一、侨联所属社会团体的产生与发展

我国的社会团体，是指中国公民自愿组成，为实现会员共同意愿，按照其章程开展活动的非营利性社会组织，包括行业性社团、学术性社团、专业性社团和联合性社团。据民政部发布的《2020 年民政事业发展统计公报》，截至 2020 年底，全国共有社会团体近 37.48 万个，其中在民政部登记的全国性社会团体 1 979 个。[①] 按照《社会团体登记管理条例》规定，"成立社会团体，应当经其业务主管单位审查同意，并依照本条例的规定进行登记"，"下列团体不属于本条例规定登记的范围：（一）参加中国人民政治协商会议的人民团体；（二）由国务院机构编制管理机关核定，并经国务院批准免于登记的团体；（三）机关、团体、企业事业单位内部经本单位批准成立、在本单位内部活动的团体"。[②] 中国侨联是全国政协的组成单位，并经国务院机构编制管理机关核定为被列入参照公务员法管理的人民团体和社会团体，与全国总工会、共青团、全国妇联、中国文联、中国科协、中国作协、中国法学会、对外友协、贸促会、中国残联、宋庆龄基金会、中国记协、全国台联、黄埔军校同学会、外交学会、中国红十字总会、中国职工思想政治工作研究会、欧美同学会、中华职业教育社、全国工商联合会等社会团体一样，免于登记。

延安时期，延安华侨救国联合会会员基本局限于陕北地区，没有组织层级和建立所属社会组织的必要。1956 年全国侨联成立之时，侨务工作尚在探索阶段，

---

① 《2020 年民政事业发展统计公报》，中华人民共和国民政部网站，http://images3. mca. gov. cn/www2017/file/202109/1631265147970. pdf。

② 《社会团体登记管理条例》，中华人民共和国民政部网站，http://xxgk. mca. gov. cn：8011/gdnps/pc/content. jsp？id＝12802&mtype＝。

全国各地已经建立的归国华侨联合会成为全国侨联的团体会员，因此成立全国侨联领导的社会团体的必要性、紧迫性并不突出。1978年全国侨联恢复活动后，与党和国家各项事业发展同步，工作领域更加广泛，工作任务更加繁重，工作对象的需求更加多元，这就需要侨联组织根据不同群体、不同工作要求延伸工作手臂，搭建工作平台，建立专业化、个性化和灵活性相统一的社会团体，作为组织覆盖、工作手段的延展，活动方式、凝聚力与影响力的补充。

在1980年9月召开的全国侨联二届四次常委（扩大）会议上，庄希泉在工作报告中提出"拟在明年召开研究海外华人历史的学术座谈会，筹建海外华人历史研究学会"①，成为全国侨联建立社会团体组织的开端。1981年1月召开的全国侨联二届五次常委（扩大）会议决定筹备召开华侨历史座谈会，筹备成立"华侨历史学会"。② 1981年12月，华侨历史学会（后更名为"中国华侨历史学会"）成立。当月月底召开的全国侨联二届七次常委（扩大）会议总结了"积极开展宣传工作和筹备成立华侨历史学会"的情况，对"依靠社会力量和各种宣传工具开展宣传工作，充分发挥华侨历史学会作用"作出安排。③ 1982年5月，全国侨联法律顾问委员会成立。④ 同年12月召开的全国侨联二届九次常委（扩大）会议总结了"成立法律顾问委员会"和"开展华侨历史资料的搜集和整理工作"的情况，提出"关于宣传和历史学会工作的安排"。⑤

经过多年发展，现在中国侨联所属社会团体大体分为两种：一种是具有独立法人地位，经民政部登记，按照相关规定开展工作，包括中国华侨历史学会、中国华侨公益基金会、中国侨商联合会、中国华侨国际文化交流促进会、中国华侨摄影学会等；另一种是经中国侨联批准成立，不具有独立法人地位，不在民政部登记，包括中国侨联青年委员会、中国侨联特聘专家委员会、中国侨联新侨创新创业联盟、中国侨联法律顾问委员会等。

二、中国侨联在民政部登记的社会团体

（一）中国华侨历史学会

中国华侨历史学会是由华侨华人研究工作者、热心于此项工作的人士和机构

---

① 《中国侨联五十年》编辑部：《中国侨联五十年》，中国华侨出版社2006年版，第75页。
② 《中国侨联五十年》编辑部：《中国侨联五十年》，中国华侨出版社2006年版，第76页。
③ 《中国侨联五十年》编辑部：《中国侨联五十年》，中国华侨出版社2006年版，第77页。
④ 《中国侨联五十年》编辑部：《中国侨联五十年》，中国华侨出版社2006年版，第88页。
⑤ 《中国侨联五十年》编辑部：《中国侨联五十年》，中国华侨出版社2006年版，第78页。

自愿结成的全国性、学术性、非营利性社会组织。学会的宗旨是：坚持以马克思列宁主义、毛泽东思想、邓小平理论、"三个代表"重要思想、科学发展观、习近平新时代中国特色社会主义思想为指导，认真贯彻习近平总书记关于哲学社会科学发展的重要论述和关于侨务工作的重要论述，坚持为党和国家工作大局服务，为侨务工作全局服务，广泛联系和团结国内外从事华侨华人研究的机构、专家学者和相关人士，弘扬马克思主义学风，坚持侨史研究与侨情研究并重、基础研究与对策研究并重，推动全国华侨华人研究事业不断繁荣发展。

学会的业务范围包括：①开展全国华侨华人研究的组织、协调工作，承担相关研究项目；②开展国内外学术交流与合作；③加强与地方华侨历史学会和相关研究机构的联系，做好指导、支持、服务工作；④依照有关规定，编辑出版涉侨刊物和书籍；⑤组织、支持涉侨文史资料的收集、整理和编印工作；⑥开展相关培训活动，履行社会服务职能；⑦根据学会工作需要，设立相应的学术专业委员会；⑧开展其他相关业务活动。[1]

中国学术界对华侨华人问题的关注始于清末，学术界普遍认为梁启超的《中国殖民八大伟人传》（1905 年发表于《新民丛报》第 63 期，后以单行本出版）是中国华侨研究的开始。[2] 民国时期，不少学者关注并开展相关研究，有不少研究成果。新中国成立后，在一些老学者的努力下，进行了如人才培养、资料整理、侨乡调查、外论翻译等华侨华人研究的基础性工作。"文革"期间，受"左"的思想影响，国内把"侨"与"地、富、反、坏、右"并列，使人们对华侨华人的思想认识产生了极大混乱。粉碎"四人帮"后，加强华侨华人历史和现状研究，对于广大党政干部和民众了解华侨华人对中国的贡献，树立华侨华人正确形象，正确认识华侨华人地位、作用，推动贯彻落实侨务工作方针，具有重要意义。在廖承志的关心和具体指导下，时任全国侨联副主席洪丝丝及副秘书长萧岗积极推动开展华侨华人研究，做了大量组织筹备工作。1981 年 12 月 14 日至 20 日，全国侨联召开了有全国 17 个省、自治区、直辖市有关学术团体、研究机构、高校等 83 家单位 120 多名学者参加的华侨历史座谈会，成立了新中国第一个全国性华侨华人研究学术团体——华侨历史学会。廖承志和时任全国侨联主席庄希泉接见了与会代表。[3] 廖承志指出了华侨历史研究的重要性："我们需要把全世界华侨的历史写出来，特别是东南亚的华侨史和南北美洲的华侨史要首先写

---

① 中国华侨历史学会秘书处编：《中国华侨历史学会第八次会员代表大会材料汇编》，2021 年版，第 100-101 页。

② 李安山：《中国华侨华人研究的历史与现状概述》，周南京主编：《华侨华人百科全书·总论卷》，中国华侨出版社 2002 年版，第 1000 页。

③ 《中国侨联五十年》编辑部：《中国侨联五十年》，中国华侨出版社 2006 年版，第 104 页。

出来，这样才能使国内广大人民群众了解什么是华侨"，"写出来对于团结全世界各地区的华侨，对于促进国内的安定团结，对教育子孙后代，都有好处"，"华侨历史学会同侨联工作有密切的联系"。他还对如何编写华侨历史专著提出具体要求。①

学会成立大会决定聘请廖承志为学会第一届理事会名誉会长，选举庄希泉为会长。1987 年 7 月，在第二次会员代表大会上，学会更名为"中国华侨历史学会"。中国华侨历史学会的成立，标志着中国华侨华人研究的新起点。1984 年 3 月，学会一届二次理事会召开，时任中共中央政治局委员王震和全国人大常委会副委员长、全国人大华侨委员会主任委员叶飞接见了全体与会人员。同年，华侨历史研究所成立。一些省（市）在侨联的主导和组织下也成立了地方性华侨历史学会，较为活跃的有广东华侨历史学会（1981 年 6 月成立，早于中国华侨历史学会）、福建华侨历史学会、广西华侨历史学会、上海华侨历史学会、云南华侨历史学会、吉林华侨历史学会、海南华侨历史学会等。广东、福建等省的很多市县也成立了华侨历史学会。地方侨史学会的成立，对确立重大研究项目、交流学术成果、活跃学术气氛起了重要的促进作用。

华侨历史学会成立后，从 1982 年 4 月开始内部出版发行《中国华侨历史学会通讯》，1986 年 4 月改版为《华侨历史》。1988 年，《华侨历史》改版为《华侨华人历史研究》并公开发行，成为华侨华人研究领域唯一的全国性专业学术刊物。该刊从 1988 年至 2021 年共出版 136 期，共发表科研成果 1 300 余万字，在推动研究工作及学术交流中发挥了极为重要的作用。《华侨华人历史研究》自 1998 年至今一直是 CSSCI 来源期刊，2012 年入选全国中文核心期刊，2018 年入选"中国人文社会科学期刊 AMI 综合评价" A 刊核心期刊。学会曾经出版内部刊物《侨史资料》9 辑（1987—1991 年），刊登许多回忆文章和资料性文章，后因经费问题停刊。从 1989 年开始，学会组织编印《华侨华人资料报刊剪辑》，1998 年该刊改名为"华侨华人资料"（双月刊），2015 年 8 月改版为《侨情快讯》（半月刊），纸质版和电子版同步发行，提供更快速、便捷的侨情信息。学会秘书处从 2022 年 4 月开始不定期编发《华侨华人研究动态》，向学会会员、专家学者报送最新的研究动态。学会还积极出版学术书籍，策划出版了中国华侨历史学会文库、"侨史工程"系列丛书、地方侨史文丛等，受到专家学者的广泛赞誉。

学会第二届会长为洪丝丝，名誉会长为叶飞、张国基，此后历任会长相继为

---

① 廖承志：《加强对华侨历史的研究》，廖承志文集、传记编辑办公室编：《廖承志文集》（下），人民出版社 1990 年版，第 632 页。

张楚琨、林兆枢、林军，第十四届会长为隋军。

（二）中国华侨公益基金会

中国华侨公益基金会是由中国侨联发起、在民政部登记注册的全国性公募基金会，独立的社团法人，是对侨界及国内外企业、个人捐赠资金进行管理的民间非营利性组织。

党的十一届三中全会后，海外侨胞回国投资兴业日益增多，不少人通过各种方式支持国内公益事业发展。为了更好地为侨界人士搭建爱心平台，鼓励华侨华人发挥热心公益、支持慈善的传统，1985年1月26日，全国侨联三届二次常委（扩大）会议决定成立华侨文化福利基金会。后经国务院侨办同意，报国家体改委备案，1988年6月25日，中国人民银行批复同意。[①] 1992年8月3日，华侨文化福利基金会获得民政部颁发的社团法人登记证书，基金会的工作逐步走向正规化。2004年，中编办批准成立中国侨联公益事业管理服务中心，为发挥基金会的示范带动作用，加强对全国侨联系统公益事业的指导、协调、组织、统筹、服务提供了保障。[②] 2011年3月31日，为进一步扩大服务范围，经民政部批准，基金会更名为"中国华侨公益基金会"。

基金会的宗旨是：发扬侨胞热心公益事业的优良传统，支持华侨事业和侨界关心的经济、文化、科技、教育、卫生、福利等各项公益事业的发展，竭诚为社会服务，为海内外广大侨胞服务。基金会面向公众募捐的地域范围是全国，并接受海外侨胞的自愿捐赠。其业务范围包括：①资助侨界关心的各项公益事业的发展；②资助弘扬中华文化和华侨历史研究活动，促进海内外文化艺术等方面的交流，合作开发有关项目；③依法开展全国归侨侨眷先进个人、中国侨界杰出人物、侨界贡献奖等有关评选活动。业务范围中属于法律法规规章规定须经批准的事项，依法经批准后开展。[③]

多年来，基金会严格遵守国家有关法律法规，尊重侨界爱心人士捐赠意愿，积极努力为公益项目提供服务，侨爱心工程效益显著，形成了较好的社会影响。特别是在2008年四川汶川地震后，汇聚海内外侨界爱心力量，完成援建北川中学任务；2021年积极展现奥运精神，组织完成侨界捐建华侨冰雪博物馆工作。基金会曾获民政部"先进民间组织"称号、"中华慈善奖"、"社会公益示范丁

---

① 《中国侨联五十年》编辑部：《中国侨联五十年》，中国华侨出版社2006年版，第136-137页。

② 《中国侨联五十年》编辑部：《中国侨联五十年》，中国华侨出版社2006年版，第324页。

③ 《中国华侨公益基金会章程》（经2021年12月23日第六届理事会第十一次会议修改），中国华侨公益基金会网站，http://www.qlgy.org.cn/about/listdetail.html? tid=5a5ale57e45e9e62c8000072。

程"十佳项目奖等。

目前，中国华侨公益基金会设有多支专项基金，内容涉及扶贫帮困、救助孤残、奖教助学、医疗卫生、弘扬文化、对外交流等。

（三）中国侨商联合会

2000年初，中国侨联向民政部提出成立中国侨商社会组织的申请。2003年8月，中国侨联华商联谊会成立，作为中国侨联的团体会员开展活动。2007年7月，经国务院批准、民政部批复同意，中国侨联筹备成立中国侨商联谊会；2008年3月，中国侨商联谊会更名为"中国侨商联合会"，并于年底正式注册成立。中国侨商联合会主要是由在中国境内投资创业的归侨侨眷、华侨华人、港澳人士、留学归国人员及其企事业单位等自愿组成的全国性、非营利性社会团体。其宗旨是"服务会员、奉献社会"，主要职能是"为会员提供政策咨询、信息交流、调研培训等多种形式的服务，开展经贸、科技等领域的交流与合作；发挥桥梁纽带作用，推动会员与海内外经济科技界人士的交流与合作；了解、反映侨商和侨资企业的意见和诉求，支持会员积极参与社会管理和参政议政，依法维护他们的合法权益；支持社会公益和侨联事业"[①]。

党中央高度重视侨商组织的健康发展。2008年9月27日，时任中共中央政治局常委、中共中央书记处书记、国家副主席习近平在人民大会堂会见了出席中国侨商联合会第三次会员代表大会的全体代表，代表党中央、国务院向出席大会的全体代表并通过他们向广大归侨、侨眷、海外侨胞表示亲切问候和良好祝愿。习近平指出，"今年是中国改革开放30周年。改革开放之初，广大侨商响应祖国召唤，回国投资兴业，有力促进了沿海、沿江、沿边和内陆对外开放。随着改革开放的深入发展，侨商群体在增加，侨商力量在加强，侨资和侨属企业的层次也在提高，已成为我国国民经济重要组成部分，成为社会主义现代化建设事业的重要力量。一切为我国社会主义现代化建设作出贡献的劳动都是光荣的，境内外各类投资者为我国现代化建设事业进行的创业活动都是应当受到鼓励的。希望广大侨商顺应祖国当前深化改革、科学发展的新形势，积极投身促进祖国经济社会又好又快发展的事业，共创发展大局，共享发展成果。各级党委和政府要依法保护广大侨商的合法权益，积极为他们参与祖国建设创造各种有利条件。各级侨联要充分发挥桥梁纽带作用，成为归侨侨眷、海外侨胞之家，坚持以侨为本，热情为侨服务，努力团结侨界群众，共同为实现中华民族伟大复兴而努力奋斗"[②]。习

---

① 《中国侨商会章程》，中国侨商会网站，http：//www.qiaoshang.org.cn/shgk。
② 《习近平会见中国侨商联合会第三次会员代表大会全体代表》，《人民日报》，2008年9月28日。

近平同志的重要讲话，为中国侨商联合会的发展进一步指明了方向，对广大会员和侨联干部产生了巨大鼓舞。

早在 2008 年 1 月 16 日，国务院侨务办公室就主导成立了中国侨商投资企业协会，其是由华侨、外籍华人、香港澳门同胞境内投资企业和地方侨商组织、知名侨资企业家组成的全国性、非营利性社会团体。协会成立之后，在会员之间的联系与合作，为会员企业排忧解难，维护会员合法权益，帮助会员与政府沟通寻找商机，为国家经济建设和社会进步贡献力量等方面发挥了重要作用。在党和国家领导机构改革过程中，经过不断协商、协调，2019 年 11 月 17 日，中国侨商联合会第五次会员代表大会在北京开幕，来自 63 个国家和地区的侨商代表和全国侨联、侨商组织代表 800 余人出席大会。会上，按照组织融合、思想融合、工作融合和实现全国各级侨商社会组织大团结、大联合的要求，中国侨商投资企业协会正式整合融入中国侨商联合会。至此，中国侨商联合会的会员基本涵盖了在中国内地投资较大、成就突出的知名侨商和侨资企业家，标志着中国侨商联合会成为规模最大、实力最强、联系面最广、海内外影响最大的侨商组织。① 会议期间，时任中共中央政治局常委、中共中央书记处书记王沪宁在北京会见了出席中国侨商联合会第五次会员代表大会的全体代表，充分显示了党和国家对侨务机构改革和侨商工作的重视。

两会融合以后，中国侨商联合会以习近平新时代中国特色社会主义思想为指导，按照中国侨联的工作部署，广泛凝聚侨商侨企，围绕京津冀协同发展、长江经济带发展、长江三角洲区域一体化、粤港澳大湾区建设、"一带一路"建设等重大发展决策，每年组织 20 多批次团组参加地方招商引资活动，推动侨商侨企签订投资与合作协议，得到相关地方政府的欢迎和肯定。在脱贫攻坚过程中，侨商会积极引导会员企业发挥主动性和优势，把产业、技术、经验等带到贫困地区，帮助贫困地区发展特色产业，创新地把产业扶贫、教育扶贫、就业帮扶、定向帮扶相结合，为贫困地区的发展增添动力。在履行社会责任、支持公益事业发展方面，侨商会积极为会员企业搭建平台、加强引导，为遇到灾害的地区捐款捐物；在北京冬奥会筹备期间，引导正大集团、世茂集团、益海嘉里集团、玖龙集团、金光集团、金鹰集团、融侨集团 7 家会员企业各捐款 2 000 万元支持建设冬奥会博物馆；侨商会主要领导许荣茂、张茵、姚志胜、黄涛等会员获民政部颁发的 2017 年至 2019 年在慈善领域作出突出贡献捐赠个人荣誉称号。新冠疫情暴发后，侨商会积极号召侨商会员、侨资企业为抗疫工作捐款捐物：一方面，在疫情

---

① 《中国侨商联合会第五次会员代表大会举行》，《人民日报》，2019 年 11 月 18 日。

暴发初期利用国外资源丰富、联系渠道广泛和便利的优势,从国外采购抗疫必需品,运回国内进行捐赠;另一方面,当疫情在世界各国蔓延时,根据海外使领馆请求,在国内采购大批抗疫物资,租用专机运到他国,捐赠给当地政府,较好地体现了推动构建人类命运共同体的理念。①

中国侨商联合会设有青年委员会、科技创新委员会、食品专业委员会、农牧食品专业委员会、贸易专业委员会、金融专业委员会、文化教育专业委员会;其秘书处设有办公室、财务室、会员部、联络部、国内部、宣传部。②

(四) 中国华侨国际文化交流促进会

中国华侨国际文化交流促进会于 1989 年 8 月经民政部批准成立,是中国侨联主管的促进海内外文化交流与合作的全国性、涉外性和非营利性社会团体。其宗旨是:高举爱国主义旗帜,团结热爱中华民族和中华文化的海内外同胞和友好人士,弘扬中华优秀文化,汲取世界文化精华,开展多种形式的国际文化交流与合作,深化我国人民与世界各国人民的相互了解和友谊。其业务范围包括:①开展海内外文化交流与合作;②开展侨界信息交流和新闻宣传;③组织文化演出、创作、展览、展示、评奖等,举办华文教育论坛、培训、讲座、夏令营等;④为海内外文化团体举办各种文化、宣传、教育活动提供支持和服务;⑤建立有关专项基金,为增进海内外文化交流服务。③

(五) 中国华侨摄影学会

中国华侨摄影学会是由海内外侨界摄影家、摄影工作者和摄影爱好者自愿结成的全国性、学术性、非营利性社会组织,成立于 1986 年 12 月 6 日,现有会员千余人。学会贯彻"百花齐放、百家争鸣"方针,团结广大会员,进行摄影艺术创作和理论研究,加强联谊和交流,繁荣摄影艺术,增强侨界凝聚力。其业务范围包括:①开展摄影创作和理论研究,提高创作思想水平和艺术水平;②开展国内外摄影艺术交流活动,繁荣摄影艺术创作;③根据需要,经政府有关部门批准,主办或承办具有侨界特色的摄影展览;④举办摄影讲座、培训班,积极扶持侨界青年摄影爱好者;⑤依照有关规定服务会员,协助创作、展出、发表、编辑出版摄影作品;⑥联系海内外摄影组织,加强相互间的交流协作。学会接受业务

---

① 《商会概况》,中国侨商联合会网站,http://www.qiaoshang.org.cn/shgk?typeld=zzjg。
② 《商会概况》,中国侨商联合会网站,http://www.qiaoshang.org.cn/shgk?typeld=zzjg。
③ 《中国华侨国际文化交流促进会章程》,中华全国归国华侨联合会网站,http://www.chinaql.org/nl/2018/0621/c419639-30072753.html。

主管单位中华全国归国华侨联合会和社团登记管理机关民政部的业务指导和监督管理。[1]

中国华侨摄影学会自成立以来，积极组织会员进行摄影创作，开展海内外影艺交流活动，吸引了一大批海内外侨界摄影人才和爱好者。自 2013 年开始，学会每两年承办一届中国侨联主办的"亲情中华·世界华侨华人摄影展"，并积极组织开展具有侨界特色的摄影活动，累计有数十万海内外侨界人士参与，产生了很大的社会影响，起到了很好的宣传效果。

三、中国侨联组建的社会团体

（一）中国侨联青年委员会

中国侨联青年委员会是中国侨联直接领导的，以归侨、侨眷和海外侨胞中优秀青年为主体的联谊性组织，成立于 2001 年。

自改革开放以来，海内外侨情发生了新的变化。在国内，年轻一代归侨、侨眷逐步成长，不少人成为不同领域、不同行业的骨干；随着改革开放后新出国人数的增加，这些侨胞在国内的眷属数量也在增长，成为侨联工作资源的新增长点。在海外，新出国的华侨体现出新的特点，华裔新生代中不少人已经较好地融入当地主流社会，其中不乏科技、经济、教育、文化、金融等领域的优秀人才。如何立足长远、放眼未来，确保侨务资源可持续发展，加强对侨界青年的引导、联谊、服务、团结工作，进而充分发挥他们的作用，是侨联工作需要高度重视的课题。2001 年 9 月 28 日，中国侨联适时组织成立了青年委员会。党和国家对此高度重视，时任中共中央政治局常委、国家副主席胡锦涛于 29 日在人民大会堂亲切接见了首届全体青年委员和中国侨联新聘顾问。[2]

中国侨联青年委员会自成立以来，坚持围绕中心、服务大局，团结广大侨界青年，努力发挥桥梁纽带作用，服务侨青创新创业，拓展联谊联络，加强自身建设，在祖（籍）国经济社会发展、促进中国统一、弘扬中华优秀文化、增进中外交流与合作方面发挥了重要作用。

近年来，中国侨联青年委员会以习近平新时代中国特色社会主义思想为指导，紧密围绕侨联工作大局，坚持"两个并重"，深化"两个拓展"，推进"两

---

[1]　《中国华侨摄影学会章程》，中华全国归国华侨联合会网站，http://www.chinaql.org/nl/2021/0308/c419639-32045800.html。

[2]　《中国侨联五十年》编辑部：《中国侨联五十年》，中国华侨出版社 2006 年版，第 311 页。

个建设"，广泛联系和团结海内外侨界青年，充分发挥侨界青年的主动性和创造性，为实现中华民族伟大复兴的中国梦和推动构建人类命运共同体而努力奋斗。中国侨联青年委员会的主要任务包括：①引导广大侨界青年学习习近平新时代中国特色社会主义思想，弘扬以爱国主义为核心的民族精神和以改革创新为核心的时代精神；②团结广大侨界青年投身改革开放和社会主义现代化建设，促进中外经贸合作和科技交流，参与"一带一路"建设；③弘扬中华优秀传统文化，讲好中国故事，传播好中国声音，树立好中国形象；④密切与海外侨青、留学人员及其社团的联系，鼓励海外侨青融入和回馈当地社会，为促进中外友好贡献力量；⑤加强同香港、澳门特别行政区和台湾地区侨界青年及其社团的联系，为香港、澳门长期繁荣稳定，推动两岸关系和平发展，实现祖国完全统一发挥积极作用；⑥承办中国侨联交办或委托的其他工作。①

中国侨联青年委员会每届任期五年，中国侨联青年委员会秘书处设在中国侨联联谊联络部。

（二）中国侨联特聘专家委员会

中国侨联特聘专家委员会（简称"专委会"）成立于 2010 年，是由国内及海外侨界知名专家学者和高层次人才组成的智库，也是中国侨联团结凝聚侨界人才为国服务的重要平台。目前，专委会共有委员 340 位，其中海内外院士 60 余位。首任主任为万立骏院士，现任主任为周琪院士，副主任兼秘书长为李曙光教授，另有 19 位热心侨联事业、在科研创新等领域的领军人物担任副主任。

专委会按专业划分为六个分会：人文社科专业委员会、生物与医药及相关专业委员会、材料与工程及相关专业委员会、资源与信息及相关专业委员会、金融专业委员会、海洋专业委员会。另外还设有青年委员会，聚集了一批科研领域的新侨青年才俊。②

专委会自成立以来，结合自身特点，突出专业优势，创新方式方法，加强互动合作，在强化自身建设、构建新发展格局、助力高质量发展等方面做了大量工作。各位委员围绕经济和社会发展的重点领域，聚焦关键问题积极建言献策；主动参与"创业中华"等侨联品牌活动，服务构建新发展格局，助推地方经济发展；联合地方侨联开展有针对性的引智引资平台对接活动，促进各地经贸交流和

---

① 《中国侨联青年委员会》，中国侨联网站，http://www. chinaql. org/nl/2021/0302/c419639 - 32040657. html。

② 《中国侨联特聘专家委员会》，中国侨联网站，http://www. chinaql. org/nl/2021/0223/c419639 - 32034923. html。

科技人才服务；拓展海外联谊，密切与海外专业人士及其社团和相关科研机构、校友会的联系。专委会持续开展"特聘专家（网络）大讲堂""特聘专家走基层——肿瘤筛查义诊"等活动，参与"侨界贡献奖"评审工作。

（三）中国侨联新侨创新创业联盟

中国侨联新侨创新创业联盟（简称"侨创联盟"）成立于 2016 年，是中国侨联服务经济科技发展，为新侨创新创业搭建平台、提供帮助和服务的重要举措，由新侨创新创业企业、新侨聚集的众创空间、新侨主导的创投基金等多方面侨界创新创业力量组成。下设节能环保、电子信息委员会，新材料、智能制造、工程机械委员会，生物医药委员会，金融、新兴服务业委员会 4 个专业委员会，涉及生物医药、新能源、新材料、信息技术、绿色环保、现代服务等多个领域，凝聚了一大批有代表性的侨界创新创业力量。首任秘书长李卓彬，执行理事长毛大庆、林东。侨创联盟的宗旨是：促进新侨创新创业人才相互交流、互相借力、共享资源、合作共赢，更好服务于国家创新驱动发展战略，更好凝聚新侨创新创业力量，更好激发广大新侨的创新潜能和创业活力，更好服务广大新侨的创新创业实践，为实现中华民族伟大复兴贡献力量。其主要职能包括：服务国家战略、提供创新创业支持、宣传创新创业企业、促进国际交流合作。[①]

侨创联盟自成立以来，支持或主办"全球联合办公（北京）峰会"、"创业天府海归蓉漂首届'双创'国际峰会"、北京虚拟现实展会、"优秀侨创成果展示交流活动"、侨创联盟海外委员培训班、"创业中华——海外高层次人才及留学归国人员创新创业高峰论坛"、"创业中华——侨界精英创新创业峰会"、"创业中华·汇聚三秦"双创大会等活动，组织召开侨创联盟建言献策会，围绕共建"一带一路"为全国两会提供议案提案素材，是侨联组织凝聚侨界高层次人才、服务新侨创新创业的重要平台。

（四）中国侨联法律顾问委员会

中国侨联法律顾问委员会（简称"中国侨联法顾委"）成立于 1982 年，是经中国侨联党组批准成立的侨联内部法律咨询顾问机构。

全国侨联恢复活动后，坚持把平反涉侨冤假错案以及维护归侨、侨眷和华侨合法权益作为重要任务，配合政府有关部门做了大量落实党和国家侨务政策的工作。同时，积极探索维护侨益的新途径、新机制，推动成立相关机构和组织。为

---

① 《中国侨联创新创业联盟》，中国侨联网站，http://www.chinaql.org/n1/2018/0621/c419639-30072748.html。

更好协助贯彻执行国家宪法中有关保护华侨、归侨、侨眷正当权益和其他有关法规、政策，1982 年 5 月 6 日，全国侨联成立了法律顾问委员会，由时任全国人大常委会法制委员会副主任、著名法学家张友渔担任主任。当时成立法律顾问委员会的主要任务是：为严重侵犯归侨、侨眷正当权益的重大案件提供法律帮助和法律依据，解答归侨、侨眷的法律咨询，承办全国侨联交办的诉讼仲裁等法律事宜，对有关侨务法令条例制定提供意见。

中国侨联法律顾问委员会成立后，带动了各地侨联成立相应组织，促进了各地侨联重视推动涉侨法规与政策的制定与完善及其贯彻落实，帮助侨胞运用法律手段维护侨益，有利于全社会形成知侨、爱侨、护侨的氛围，提高了侨联组织依法治会的水平。

中国侨联法律顾问委员会第二任主任为司法部原部长邹瑜，现任主任是最高人民检察院原常务副检察长张耕。

中国侨联法顾委由国内法律界各条战线和热心侨联工作的专家、学者、律师等组成，设有民事经济、刑事、知识产权、国际贸易与仲裁、行政劳动 5 个专业委员会。40 多年来，中国侨联法顾委坚持以人为本、维护侨益的宗旨，以崇尚宪法、尊重法律、维护法治为准则，认真贯彻《中华人民共和国宪法》《中华人民共和国归侨侨眷权益保护法》等法律，协助中国侨联督促落实党和政府的侨务政策，推进侨务法治建设，向广大侨胞宣传国家法律法规政策，义务提供法律咨询，引导侨胞依法表达利益诉求，协调解决涉侨疑难案件和信访事项，为维护广大归侨、侨眷和海外侨胞的合法权益做了大量工作，有力地维护了社会稳定，得到了中央领导的充分肯定和社会各方面的好评，也获得了广大侨胞的赞誉和信任。实践证明，中国侨联法顾委是中国侨联依法维护侨益的重要力量，是中国侨联开展普法宣传教育、推进法治社会建设的有力助手，是中国侨联开展公共外交和民间交流的一支可靠队伍。

此外，中国侨联还根据工作需要，于 2008 年组织成立了中国侨联法顾委海外律师团。现有海外律师均是经我国驻外使领馆推荐、在当地华侨华人中具有一定知名度和影响力并在所在国家和地区从事执业律师或者担任我国驻外使领馆法律顾问的法律工作者。中国侨联法顾委海外律师团遵循国际法准则和住在国法律，依法维护中国企业在外投资、华侨华人劳务劳资纠纷以及经济赔偿、刑事案件定罪量刑等多方面的正当权益，为海外侨胞提供法律服务和免费法律援助；协助我国驻外使领馆开展反邪、反"独"促统工作，协助国家公安、安全等部门维护国家在海外的正当利益，维护中国海外华侨、侨社安全；向住在国（地区）介绍中国法律制度，传播中国法治文化；利用中国侨联邀请回国考察交流的机会，积极反映海外侨胞的心声和诉求，围绕国家政治、经济、文化、社会等各方面的问题提出高质量、建设性意见、建议，为中国侨联做好海外工作、传播中国优秀文化、为党和国家工作大局服务以及维护祖国核心利益作出重要贡献。[1]

四、地方侨联所属社团概述

在全国侨联系统中，各省、自治区、直辖市侨联根据本地区侨务资源特点和工作需要，均组织成立了所属社团组织，用以团结联系不同群体、不同领域、不同行业的海外侨胞与归侨、侨眷。地方侨联所属社团组织按照《社会团体登记管理条例》的规定区分，有在民政部门登记的具有法人资格的社团，也有由本级侨联组织成立、未在民政部门登记的社团。从与中国侨联的对应来看，地方侨联既有与中国侨联已建立社团相对应的社团，如侨联青年委员会、侨商联合会、法律顾问委员会等；也有具有本地区侨资源特色的组织，如归侨联谊会、留学生家属联谊会等。

中国侨联与地方侨联普遍建立的社团组织，包括侨联青年委员会、侨商联合会、华侨公益基金会、法律顾问委员会等，形成与中国侨联上下互动、不同地区侨联横向联合的局面，有效促进了全国侨联系统资源整合、优势互补，增强了工作合力，不少活动有较大的社会影响，得到所在省、自治区、直辖市党委、政府的肯定。

各地侨联在长期的工作实践中，根据归侨、侨眷和海外侨胞的需要，还组织成立了众多活力十足、形式多样、体现本地区侨资源特色的社团组织，主要有以下类型：

（一）归侨、侨眷的联谊性社团组织

这部分社团基本以老归侨、侨眷为主。其中，有由不同国家和地区的归侨、眷属组成的联谊性社团，比如，北京市侨联有印度尼西亚、马来西亚、越南、柬埔寨、老挝、泰国、缅甸、菲律宾等十余个国家和地区的归侨联谊会，天津、福建、广西、云南等地侨联的印度尼西亚、泰国、缅甸等国家和地区的归侨联谊会也有很多。有的以同学会、校友会为媒介组成社团，比如，天津市侨联有三宝垄校友会、万隆校友会、印尼巨港华校天津校友会、印尼邦加校友会、印尼苏北校友会、印尼雅加达校友会、新加坡侨友会等，福建省侨联有印尼三宝垄华校（福

---

① 《中国侨联法律顾问委员会》，中国侨联网站，http://www.chinaql.org/nl/2021/0604/c419639-32122672.html。

州）校友会、印尼万隆地区回国同学会等，北京、上海、海南等地侨联也有相应组织。还有以历史上特殊群体为对象组成的社团，比如云南、海南省侨联成立的南侨机工云南联谊会、海南省南侨机工历史研究会。一些省市侨联还注意发挥老侨务干部的余热，成立了离退休侨务干部联谊会。这些以老归侨、眷属为主的侨联所属社团组织，不仅经常开展各种纪念会、座谈会及歌咏、旅游等文体活动，加强联系、增进友谊，还有计划地组织专题座谈研讨、史料搜集、口述史整理及回忆文章撰写等，成为具有重要参考价值的华侨华人历史宝贵资料，对于传承和弘扬华侨传统、开展侨史教育具有很大作用。

（二）服务新侨的社团组织

除侨联青年委员会外，很多地方根据拓展新侨工作的要求和新侨的特点与需要，组织了针对性更强、特点更鲜明的新侨服务组织。北京、吉林、上海、浙江、福建、广东、海南等地侨联成立了留学人员和家属联谊会或归国留学人员联合会、海归协会、留学生企业协会、新侨人才联谊会等。在各省市侨联的领导下，这些留学人员、海归人员社团组织以服务会员为宗旨，开展经常性沙龙聚会、创新创业信息交流等活动，收集、反映相关的意见和建议，发挥智力密集的优势开展智库建设，展现了新侨的特点和活力，成为工作亮点。

（三）侨界女性社团组织

与新中国成立前海外华侨中女性数量偏少、国内女性侨眷社会地位和社会参与度都不高的情况相比，随着时代的发展和进步，特别是改革开放后，新侨数量增加，女性归侨、侨眷、海外侨胞成为非常活跃的群体，不少侨界女性成为各个领域、各个行业的代表性人物，展现了侨界女性新的时代风采。做好她们的联谊、服务工作，是做好侨务工作的重要方面。为此，各地侨联以侨界女性为对象，组织成立了特点鲜明的社团组织，比如上海市侨联女侨胞联谊会、浙江省侨联名媛会、福建省侨联海外杰出女性联谊会、海南省侨联侨媛协会等。这些社团组织得到侨界女性的热烈欢迎和积极参与，不仅在联谊交流、提高女性自信自立自爱方面发挥了重要作用，也通过开展讲座、创业交流等方式，为会员提高管理能力、经营项目、开拓市场等提供了帮助。

（四）不同侨乡属地的联谊性社团组织

念祖恋乡是深深融入海外侨胞血脉的精神基因。不少地方侨联为增进与海外侨胞的联系，拓展工作渠道，因应海外侨胞与家乡联系的要求，成立了众多地域性社团组织。比如，北京市侨联的客家海外联谊会、梅州人海外联谊会、潮人海外联谊会、广东五邑侨乡海外联谊会，广东省侨联的广府人珠玑巷后裔海外联谊会、广东省潮人海外联谊会、广东省客属海外联谊会，湖南省侨联的海外侨社团联谊总会。这些社团积极参与相关的全球性恳亲联谊活动，如世界潮人大会等，对于密切联系海外侨胞与家乡的感情，传达家乡亲情，传承中华文化，动员海外侨胞支持家乡建设，促进海外侨团团结和谐，都起到了非常重要的作用。

（五）文学艺术类社团组织

不少地方侨联从地域文化和传承中华文化出发，根据本地侨务资源中的文化艺术人才状况，组织成立了相关社团组织。比如，江苏省侨联的华侨书画院，广东省侨联的侨界作家联合会，福建省侨联的华侨摄影学会，海南省侨联的华侨文学艺术家协会、华侨文化研究会、南国书画院，广西侨联的"侨声"艺术团。这些社团与中国侨联的中国华侨国际文化交流促进会、中国华侨摄影学会相呼应，在凝聚侨界文学艺术人才、扩大侨联社会影响方面做了大量工作。

（六）华侨华人研究类学术性社团组织

在侨务资源丰富、侨务工作传统深厚的地区，不少地方侨联依托本地高校、科研机构优势，组织成立了华侨华人研究、侨务工作研究的社团组织。广东省侨联早在 1981 年就率先建立了华侨历史学会，成为全国第一家省级华侨华人研究学术社团。此后，福建、广西、云南、上海、辽宁等省、自治区、直辖市侨联相继成立了华侨历史学会。有的地区不仅建立了省级学会，各地市和一些县也建立了相应组织。这些华侨历史学会广泛收集史料，召开学术会议，开展研究交流，在侨史侨情研究、侨乡文化研究、国际移民研究、侨务理论与对策研究等方面取得了很多成果。

此外，各地侨联还有一些兴趣爱好类社团组织，比如福建省侨联的老年健康长寿研究会、上海市侨联的华侨集邮协会等，吸引了相应的侨界群体参加。

第三编

侨联工作

　　侨联工作是党和国家事业的重要组成部分。长期以来，党和国家高度重视侨联工作，毛泽东、周恩来、邓小平、江泽民、胡锦涛等党和国家领导人对侨务工作的重要指示和论述指导着侨联事业不断发展壮大。党的十八大以来，习近平总书记对侨务工作非常重视和关心，对深化侨联改革亲自谋划、亲自研究、亲自推进，他关于侨务工作的重要论述成为新时代侨联工作改革创新的根本遵循。

　　侨联组织必须切实胸怀中华民族伟大复兴战略全局和世界百年未有之大变局，从侨联工作的基本特征出发，积极履行服务经济发展、依法维护侨益、拓展海外联谊、积极参政议政、弘扬中华文化、参与社会建设六项工作职能，推动侨联工作在党和国家工作大局中不断创新发展，作出新的更大贡献。

第八章 侨联工作的基本特征与侨联工作体系

　　侨联组织除具有党的群团组织应有的政治性、先进性、群众性属性外，其工作性质还具有自身的特征，即群众性、民间性、涉外性、统战性的有机统一。在长期的工作实践中，侨联工作与党的群众工作、侨务工作、民间外交工作、统战工作密不可分，这也决定了侨联组织不仅要形成系统内部的纵向工作体系，还必须推动构建与其他涉侨机构、群团组织等的横向工作体系。

一、侨联工作的地位与作用

　　《关于加强和改进新形势下侨联工作的意见》指出，"长期以来，我们党高度重视发挥侨联组织的独特作用，侨联工作已成为党和国家事业的重要组成部分"。

　　侨联工作之所以成为党和国家事业的重要组成部分，是由广大归侨、侨眷和海外侨胞的历史贡献、地位作用决定的。广大归侨、侨眷和海外侨胞是中国革命、建设、改革事业的重要力量。从辛亥革命到抗日战争，从新中国成立到改革开放的各个历史时期，广大归侨、侨眷和海外侨胞始终与祖（籍）国同呼吸、共命运、心连心，积极参与和支持国家建设，积极推进祖国和平统一大业，积极促进中国人民同世界各国人民友好交往，为实现国家富强、民族振兴、人民幸福作出了突出贡献、发挥了独特作用。特别是在国家面临重大工作任务、遭受重大自然灾害和遇到严重困难的关键时刻，广大侨胞总是伸出援手，慷慨相助，与全国人民一道和衷共济、共克时艰。中国发展的辉煌成就，凝结着广大归侨、侨眷和海外侨胞的心血和汗水；中国发展的不平凡征程上，留下了广大归侨、侨眷和海外侨胞的闪光印迹。广大归侨、侨眷和海外侨胞与全国各族人民一道，谱写了自强不息、团结友爱、顽强奋斗的壮丽史诗，为祖国的繁荣昌盛作出了独特贡献。事实充分证明，广大归侨、侨眷和海外侨胞不仅为挽救民族危亡、建设独立民主富强的新中国作出了历史性贡献，还是建设中国特色社会主义的宝贵资源，是实现中华民族伟大复兴的重要力量。党和国家高度评价广大归侨、侨眷和海外侨胞在中国革命、建设、改革开放中的独特作用和重要贡献。

侨联作为党领导的人民团体，始终是党和国家联系广大归侨、侨眷和海外侨胞的桥梁纽带。在中国改革开放和社会主义现代化建设的伟大历史进程中，各级侨联围绕中心、服务大局，认真贯彻党的侨务政策，坚持以人为本、为侨服务的宗旨，以凝聚侨心、汇集侨智、发挥侨力、维护侨益为抓手，以亲情、乡情、友情为纽带，以血缘、地缘、业缘为基础，积极开展形式多样、富有特色的活动，充分调动了广大归侨、侨眷和海外侨胞的积极性、主动性、创造性，在团结凝聚广大归侨、侨眷和海外侨胞参与和支持社会主义建设、推动改革方面做了大量卓有成效的工作，充分发挥了党和政府联系广大归侨、侨眷和海外侨胞的桥梁纽带作用。在实现中华民族伟大复兴的中国梦和推动构建人类命运共同体的进程中，更需要充分发挥广大归侨、侨眷和海外侨胞的独特优势与作用，更需要把侨联工作纳入党和国家事业发展全局中谋划和部署，使侨联的各项工作与时代的发展相适应，与党和国家工作大局和事业发展相同步。

二、侨联工作的基本特征

侨联工作具有的群众性、民间性、涉外性、统战性有机统一的基本特征，是在长期工作实践中总结出来的。

（一）侨联工作的群众性

侨联工作的群众性，是指侨联工作坚持以广大侨界群众为主体，最大限度地凝聚侨心、汇集侨智、发挥侨力。群众性是以党的领导的政治性为前提和保障的，只有在群众性的基础上，侨联的各项工作才能更具生机与活力。坚持群众性：一是坚持组织建设的群众性。根据不同地域、不同群体、不同基层单位的情况，创新基层组织建设形式，最大限度地把侨界群众吸收到组织中来，不断扩大覆盖面，增强凝聚力，最广泛地把他们团结在中国共产党的周围。二是坚持活动方式的群众性。采取侨界群众易于接受、喜闻乐见的方式开展活动，活动要符合侨界群众的愿望，切合侨界群众所需，让侨界群众当主角。不仅要做好侨商、侨领等侨界代表性人物的工作，更要把工作视野放到普通海外侨胞和归侨、侨眷身上；坚持工作评价机制的群众性，坚持眼睛向下，建立联系侨界群众的长效机制，发挥所属社会团体作用，把侨界群众满意不满意、高兴不高兴、赞成不赞成作为检验侨联工作成效的重要标准，按照侨联章程创造性地开展工作。

（二）侨联工作的民间性

侨联工作的民间性，是指侨联工作具有深厚的民间基础，开展工作坚持以情联谊、以心连侨，具有很强的灵活性。开展民间的交往，既是国内归侨、侨眷与海外乡亲联络的传统，也是侨联工作保持生命力的要求。长期以来，海外华侨华人在求生存、谋发展的过程中，以血缘、地缘、业缘为基础，以亲情、乡情、友情为纽带，结成了形式多样的侨界社团，这不仅加强了会员之间的信息交流、情感沟通和相互帮助，还使会员通过侨团与家乡保持密切联系。正因"三缘""三情"有着世代传承的强大生命力，在新中国成立后，国内的归侨、侨眷为保持与海外乡亲的沟通、联系与团结，在各级党委的领导下，自愿自发地组成了地方性侨联组织，保持与海外乡亲的民间交往，催生了全国侨联。

坚持民间性，就要进一步密切维系亲情，支持海外侨胞开展恳亲联谊、寻根祭祖等各项活动；不断巩固乡情，以地域文化为基础，开展多渠道、多层次、多形式的联谊活动；积极发展友情，加强同业同行之间的合作，壮大侨胞事业发展实力；通过稳固"三缘""三情"，引导海外侨胞积极推进和谐侨社建设，努力促进侨界团结。

（三）侨联工作的涉外性

侨联工作的涉外性，是指侨联服务的对象遍及全球，大量工作面向海外，在开展公共外交、民间外交中具有独特的地位和作用。6 000多万华侨华人身处世界各个国家和地区，保持与他们的联系联谊，开展相关工作，必须遵守国际关系准则和住在国法律。新中国成立后，如何处理好华侨双重国籍问题，是我国倡导和平共处五项原则、处理好与相关国家的国际关系的重要问题。1953年，中国驻缅甸第一任大使姚仲明回国述职，周恩来曾对他说："我们的对外关系中，有切身利害的是两个问题：一个是华侨问题，一个是边界问题。"[①] 在妥善处理好华侨双重国籍问题后，华侨华人成为我国开展民间外交的一支重要力量，特别是在改革开放后，曾发挥过重要作用。1984年，习仲勋在全国侨办主任会议上提出："三千多万华侨和外籍华人，在他们居住的国家，又都有一定的社会联系，他们中的著名人士有更大的影响。所以，做好华侨和外籍华人的工作，使他们了解我们党和国家的方针、政策，了解中国越来越好的政治、经济形势，对于扩大中国的政治影响，争取更多的国际友人，促进我国同有关国家的友好往来和经济合作，同样可以起到别的方面无法起到的作用。"[②] 侨联组织通过民间渠道与海

---

① 访问姚仲明谈话记录，1995年8月8日。转引自金冲及主编，中共中央文献研究室编：《周恩来传》（1898—1949），中央文献出版社1998年版，第1293页。

② 习仲勋：《克服"左"的思想影响，开创侨务工作新局面》，中共中央统战部、中共中央文献研究室编：《习仲勋论统一战线》，中央文献出版社2013年版，第295页。

外乡亲有着密切的联系和交往。遍布世界的华侨华人，是中国对外交流的重要桥梁和纽带，是侨联组织发挥民间外交作用的强大助力。坚持涉外性，侨联组织需要积极推进中外文化交流项目，引导海外侨胞自觉传承和弘扬中华优秀文化，同时积极学习借鉴各国文明的发展成果，促进中外文化交流；切实加强中外经济贸易合作，组织引导海外侨胞和侨资企业积极参与中外经济发展和技术合作，为海外高层次人才回国（为国）创新创业提供有效服务；努力促进中国人民与各国人民友好交往，开展民间外交、公共外交和人文交流，引导海外侨胞增进世界各国人民对中国的了解；秉持"亲、诚、惠、容"理念，引导海外侨胞服务当地经济社会发展，推动巩固与周边国家睦邻友好关系。

（四）侨联工作的统战性

侨联工作的统战性，是指侨联工作的战略任务就是要大力推动建立最广泛的爱国统一战线，促进海内外同胞关系和谐，推动建立一支宏大的海外对我友好队伍。粉碎"四人帮"后，邓小平就十分关注发挥海外侨胞的优势和作用，做好统战工作。1985 年 5 月，中共中央书记处经研究提出了《关于加强统战工作的几点意见》，要求"为了适应对外开放的新形势，统战工作应当开阔眼界，走向世界，广交朋友，联络友谊。要走出去，请进来，调动一切可以调动的积极因素，做好几千万海外侨胞的统战工作"[①]。侨联组织开展凝聚侨心、汇集侨智、发挥侨力、维护侨益的各项工作，无不包含统一战线的工作性质。因此，侨联工作需要保持和发挥统战性，以促进海内外同胞关系和谐为基本任务，以推动中华儿女大团结为目标，团结联系广大海外侨胞和归侨、侨眷，充分发挥推动我国现代化建设、推进中国和平统一大业、传播中华文化、增进中国人民同世界各国人民相互了解和友谊的积极作用，为实现中华民族伟大复兴的中国梦而奋斗。要坚持培育一支宏大的对我友好力量，引导广大海外侨胞深入了解党的百年奋斗历程，深刻认识走中国特色社会主义道路的必然性，增进对中华文化的认同；推动不断壮大海外促进中国和平统一的力量，加强与台胞的联系，积极参与两岸民间交流，推动两岸关系和平发展，促进中国和平统一；拓展海外少数民族侨胞工作，根据其特点开展有针对性的工作，加强联系、增进认同，维护各民族团结进步、共同发展的生动局面。

---

① 中共中央统一战线工作部、中共中央文献研究室编：《新时期统一战线文献选编》，中共中央党校出版社 1985 年版，第 505 页。

（五）侨联工作群众性、民间性、涉外性、统战性的有机统一

侨联工作的群众性、民间性、涉外性、统战性是有机整体，不可分割、不可偏废，不能强调一点，不及其余。

群众性体现在侨联是党领导的侨界群众组织，决定了侨联的政治方向、组织基础和活力源泉，决定了侨联工作必须面向广大侨界群众，面向基层，面向一切愿意参与祖（籍）国现代化建设的积极力量；民间性体现了侨联工作的生命力，决定了侨联组织联谊方式、工作渠道的多元化、包容性、灵活性，在工作中夯实血缘、地缘、业缘的基础，贯穿亲情、乡情、友情的纽带；涉外性体现在侨联工作的重点在海外，决定了侨联组织团结联系海外侨胞开展公共外交、民间外交的任务，负有依靠海外侨胞促进不同国家人民与我友好，增进相互理解、推动相互往来的责任；统战性决定了侨联组织在爱国主义旗帜下，必须以推动海内外中华儿女大团结为目标，从而不断促进海内外同胞关系和谐，为实现中华民族伟大复兴的中国梦而共同奋斗。

侨联工作的涉外性要以民间性为基础。侨联是党领导的人民团体，在开展国内工作时需要把党的方针、政策通过群众工作方法转化为侨界群众的自觉行动。而在开展海外工作过程中，必须遵守国际通行的规则，通过民间渠道、采取民间方式来进行，而不能以政府外交、政党外交、议会外交等形式出现。改革开放以来，我国与不少国家建交，都有华侨华人的奔走；国内不少城市与国外城市结成友好城市，也有华侨华人的牵线搭桥；而由他们促成的中外经济、文化合作项目更是数不胜数。这些都充分展现了民间外交的优势。

侨联工作的统战性要以群众性为基础。统战工作的一种主要形式是做各界代表性人士的工作，但这必须以群众工作为基础。周恩来曾强调："统战工作是以有代表性人物为对象的，但应该知道，我们所以承认这些人物，是因为他们有群众。我们所以要做他们的工作，也是要经过这些人物去教育其群众。"① 侨联工作也是一样，统战性要求我们必须积极做好政治上有影响、社会上有地位、经济上有实力、专业上有造诣的侨界代表性人士的工作，而这一工作必须建立在广泛的群众工作基础之上：一方面，需要利用侨界代表性人士的影响力，带动更多海外各个阶层、群体的侨胞；另一方面，需要我们通过国内的归侨、侨眷和各级侨联组织及其所属社团，开展直接的与海外各阶层、各群体乡亲的联系、服务、引导工作。

---

① 中共中央统一战线工作部、中共中央文献研究室：《周恩来统一战线文选》，人民出版社 1984 年版，第 177 页。

　　侨联工作的群众性、民间性、涉外性、统战性特征，是侨联组织得天独厚的优势条件，"四性"特征统一于为党和国家工作大局服务、为侨服务之中。没有群众性、民间性，侨联工作的涉外性、统战性就成为无源之水、无本之木；没有涉外性、统战性，侨联工作的群众性、民间性就失去了本身的特色与价值。新时代侨联工作创新发展，必须强化群众性、立足民间性、突出涉外性、坚持统战性。

三、侨联工作体系

　　世界正经历百年未有之大变局，我国正处于实现中华民族伟大复兴的关键时期，国际局势瞬息万变，我国面临的国内、国际挑战复杂而艰巨。海外华人社会不断演化发展，海外侨情出现许多新情况、新变化。应对风险和挑战，需要侨联组织从党和国家事业发展全局的高度，充分认识自身的定位和作用，健全组织体系，提高工作能力，以上下贯通、左右协同、内外联动的高效工作体系提高侨联组织的凝聚力、战斗力。在 2018 年 8 月召开的第十次全国归侨侨眷代表大会上，侨联主席万立骏在工作报告中提出，"织好'两张网'，形成工作合力。树立'大侨务'理念，建好侨联组织内部自上而下包括涉侨社团在内的组织网络，建好侨联与其他部门、其他群团组织之间的工作网络，努力实现找到人、有机构、借力发力、协同发展的目标"。建设好侨联纵向、横向工作体系，成为确保新时代侨联工作不断创新发展的重要保障。

（一）构建侨联工作体系的重要性与必要性

1. 实现国家治理体系和治理能力现代化的内在要求

　　国家治理体系是以中国共产党为领导核心、众多子系统相互关联和作用而构成的复杂系统。侨联作为团结和凝聚归侨、侨眷和海外侨胞力量的群团组织，自然也是国家治理体系中的有机组成部分，是推进国家治理体系和治理能力现代化的重要力量。党的十九届四中全会作出《中共中央关于坚持和完善中国特色社会主义制度推进国家治理体系和治理能力现代化若干重大问题的决定》，提出健全联系广泛、服务群众的群团工作体系，推动人民团体增强政治性、先进性、群众性，把各自联系的群众紧紧团结在党的周围①；强调坚持大统战格局，凝聚港澳同胞、台湾同胞、海外侨胞力量，谋求最大公约数，画出最大同心圆，促进党政

---

　　① 《中共中央关于坚持和完善中国特色社会主义制度推进国家治理体系和治理能力现代化若干重大问题的决定》，新华网，2019 年 11 月 5 日，http://www.xinhuanet.com/politics/2019·11/05/c_ 1125195786.htm。

关系、民族关系、宗教关系、阶层关系、海内外同胞关系和谐。[①] 因此，构建新时代侨联工作体系，提高侨联工作能力和水平，不是侨联自己的事情，而是党和国家事业发展的需要。

2. 推进涉侨机构改革的必然选择

我国作为侨务资源大国，坚持党对侨务工作的集中统一领导，设立人大华侨委、侨办、政协港澳台侨委、致公党、侨联等涉侨机构和组织，这是广大海外侨胞和归侨、侨眷在党和国家工作大局中的地位决定的，也是党和国家发挥侨务资源优势的重要保障，更是中国特色社会主义政治优势、制度优势的体现。在现实工作中，侨务工作不仅涉及侨务部门和涉侨机构，还涉及外交、统战、经济、文化、宣传等部门，以及中国海交会、和统会、共青团、妇联等。其中既有政府机构，又有人民团体，官方与民间的力量交错并举。这是由侨务工作的特殊性决定的，也正是这种多部门交叉管理的特殊格局，对部门之间的联系与协作程度提出了较高要求。

为加强党对海外统战工作的集中统一领导，更加广泛地团结联系海外侨胞和归侨、侨眷，更好发挥群众团体作用，2018 年 3 月，中共中央印发了《深化党和国家机构改革方案》。根据方案，中共中央统战部统一管理侨务工作，将国务院侨务办公室并入中共中央统战部，国务院侨务办公室海外华人华侨社团联谊等职责划归中国侨联行使，发挥中国侨联作为党和政府联系广大归侨侨眷和海外侨胞的桥梁纽带作用。[②] 这次涉侨机构改革是党和国家侨务工作管理体制、职能设置的一次系统性、整体性重构，侨联承担起更加艰巨繁重的任务。这就必然要求侨联组织按照"大侨务"工作格局的要求，从自身的职能定位出发，加强与各涉侨机构的沟通、协调、配合、合作，构建起横向工作网络，以更好地促进各涉侨机构同侨联组织功能有机衔接，增强侨联组织团结引导、维护权益、服务侨界群众的功能，充分发挥侨联组织作为党和政府联系海外侨胞和归侨、侨眷的桥梁纽带作用。

3. 适应侨情发展变化的组织保障

随着综合国力的增强，中国日益走近世界舞台中央，世界格局也正发生重大变化，对海外侨情产生了重大、深远的影响。世界各国正面临着经济低迷、市场萎缩、保护主义抬头、逆全球化等不稳定因素，美国等国家抹黑、妖魔化中国的海外侨务工作，针对华侨华人采取很多限制性措施，使海外侨胞在住在国遇到了

① 《中共中央关于坚持和完善中国特色社会主义制度推进国家治理体系和治理能力现代化若干重大问题的决定》，新华网，2019 年 11 月 5 日，http://www.xinhuanet.com/politics/2019/11/05/c_ 1125195786. htm。

② 《中共中央印发深化党和国家机构改革方案》，《人民日报》，2018 年 3 月 21 日。

不同程度的生存发展困难，不少华商在企业转型、市场开拓、资金链、舆论环境等方面面临着一系列问题与挑战。同时，海外侨胞和归侨、侨眷涵盖的年龄阶段、职业类型、社会阶层较为广泛，横跨国内与海外广阔的地域空间，思想观念、价值理念、宗教信仰、文化认同、利益需求复杂多样。只有建设组织体系健全、运行机制科学、联系侨界群众密切、服务侨界群众有力的侨联工作体系，优化机构设置，完善管理模式，创新运行机制，坚持眼睛向下、面向基层，才能更好地应对新的发展形势，满足侨界群众的发展需求。

侨联工作最重要的资源基础就是归侨、侨眷和海外侨胞。在构建侨联纵向工作网络方面，侨联组织建设高度依赖各省市的侨务资源，在侨务资源丰富的侨乡地区，侨联基层组织已经深入乡镇、街道、村、机关、企事业单位，各级侨联也都联系了一批涉侨社团，建立了"纵向到底、横向到边"的组织网络体系；而在侨务资源相对缺乏的地区，侨联组织建设则比较滞后，且工作力量较为薄弱。在建立横向工作体系方面，不管是"五侨"机构，还是涉侨社团、其他群团组织，其掌握的侨务信息和资源都各有特色和优势。这些部门只有从自身优势出发，紧密合作、互相补足，才能跳出部门利益的窠臼，真正从国家"大侨务"格局来统筹布局侨务资源，从而实现侨务资源的最大利用、侨务工作效能的最大释放。

（二）侨联组织内部的纵向工作网络

从侨联组织内部的纵向工作网络来看，其基本框架包括以下方面：

1. 决策机制

中国特色社会主义的本质特点是坚持中国共产党的领导。[①] 各级侨联的工作决策也必然要在中共中央书记处和各级党委的领导下，发挥侨联党组的领导核心作用，依据党和国家的工作大局来制定，并根据中国侨联章程规定的程序转化为具体工作部署。依据中国侨联章程，中国侨联的最高领导机构是全国归侨侨眷代表大会及其选举产生的中国侨联委员会，全国归侨侨眷代表大会审议和批准中国侨联委员会的工作报告，讨论和决定中国侨联的工作方针、任务。全国归侨侨眷代表大会闭会期间，由中国侨联委员会贯彻执行全国归侨侨眷代表大会的决议并决定工作中的重大问题。中国侨联委员会全体会议闭会期间，由常务委员会行使其职权。常务委员会由主席和副主席、秘书长组成的主席会议召集，其中，主席、专职副主席、秘书长组成主席办公会议，根据常务委员会的决议，处理日常

---

① 习近平：《中国共产党领导是中国特色社会主义最本质的特征》，《求是》2020 年第 14 期。

工作。^① 地方侨联的决策体系基本与中国侨联相同。这一决策体系充分体现了中国特色社会主义群团发展道路的本质特征，能够切实将党的领导、依法依章程独立自主地开展工作、团结服务与联系群众有机地结合起来，在民主集中制的基础上广泛吸收各方面的意见，特别是中国侨联委员会聘任海内外热心侨联事业的社会著名人士担任中国侨联顾问、海外委员、荣誉委员等职务，充分体现了侨联的民间性、群众性、涉外性、统战性，"侨"的特色鲜明，能够充分集中海外侨胞和归侨、侨眷的意见和建议。

中国侨联的各项活动，离不开各省、自治区、直辖市侨联的大力支持。要充分发挥侨联领导机关决策、指导、协调、调研、服务、推动等方面的主导作用，切实增强总策划、总协调、总调度能力，努力提高办文、办事、办会水平，将中央的要求、侨联工作的规划以及近期工作的重点等，通过常委会、全委会形成决议和共识，切实贯彻到各级侨联中去。要加强分类指导，在尽可能大的范围内，支持地方侨联开展符合各自实际、具有地方特色的招商引资、文化交流、海外联谊、侨益维护、公益事业等活动。

2. 组织机制

侨联组织是侨联工作高效运转的基础和依托。目前，全国侨联的组织架构主要由中国侨联、省级侨联、地市级侨联、县级侨联、乡镇（街道）侨联、村（社区）侨联六级侨联组成。各级侨联从地缘、血缘、业缘出发，与众多海外侨团建立了联系，拓展了与海外侨胞联谊服务的渠道。同时，根据侨联工作的特点，各级侨联组建了侨商联合会、青年委员会、特聘专家委员会、法律顾问委员会、留学生亲属联谊会、归侨联谊会、华侨公益基金会、华侨历史学会、华侨国际文化交流促进会等工作平台，有效地延伸了工作手臂。

健全广泛的组织体系，一是可以确保侨联组织联系侨界群众的广泛性，二是可以确保侨联决策的贯彻执行。应在听取群众声音的过程中，摸索、发现适合侨界群众特点，能够最大限度团结、组织、动员侨界群众的机构设置、管理模式、运行机制，创造性地开展侨联工作。应重点解决基层侨联力量薄弱问题，推进基层侨联组织建设，激发基层侨联组织活力。应因地制宜，符合实际，不应强求一律。在人员编制比较紧张的街道、社区、村，应允许工作人员兼职做侨联工作，与其他群团工作综合考虑、力量互用，并由上级侨联在经费保障、活动开展上给予支持。在经费、人员保障较好的侨乡，应鼓励基层单位进一步规范组织建设，壮大组织基础，展现工作活力。在新侨比较集中的大专院校、科研机构、高新技

---

① 《中华全国归国华侨联合会章程》（2018 年 9 月 1 日第十次全国归侨侨眷代表大会通过），中华全国归国华侨联合会网站，http://www. chinaql.org/n1/2018/0622/c419637-30075925.html。

术开发区，应倡导"基层侨联+大学侨联+校友会"的工作模式，把更多的新侨吸收到侨联组织中来。

3. 执行机制

依托侨联组织保障，将侨联决策转化为侨界群众的自觉行动。长期以来，各级侨联在实践中打造了影响大、效果好、受侨界群众欢迎的工作品牌。比如，中国侨联开展的"亲情中华""创业中华""追梦中华"等活动，推动各级侨联建立的中国华侨国际文化交流基地、华侨创新创业基地等载体，地方侨联开展的"黄帝故里拜祖大典""风韵南粤"等活动，产生了较大的社会影响，显示了持久的生命力，充分体现了侨联组织的政治性、先进性、群众性。

4. 评价机制

侨联作为党领导的侨界群众组织，其工作效果的考核、评价需要得到党政肯定、社会认可、侨界群众满意。在组织程序上，各级侨联的工作需要向党委及有关部门汇报，接受工作考核。同时，根据侨联章程规定，需要向全委会、常委会做工作报告，听取委员、常务委员的意见与建议。从社会效果和影响来看，近年来各级侨联加大了工作宣传力度，社会各方面对侨联工作的了解逐步加深，推动在全社会形成知侨、爱侨、护侨的氛围，进而使党政有关部门、侨界群众更加满意侨联工作，形成良性循环。

健全侨联工作评价机制，可以探索委托第三方围绕一个时间段或一项重大活动，在相关工作对象中开展满意度调查和评估，使侨联工作效果的评价更具客观性、权威性；各级侨联可以结合活动举办，通过口头咨询、问卷调查等形式，了解参与活动的海外侨胞和归侨、侨眷是否满意；借助新媒体网络等新技术手段，了解海外侨胞和归侨、侨眷的意见，将他们的满意度作为评价侨联工作的重要标准。

（三）侨联组织外部的横向工作网络

不论是涉侨党政机构，还是相关民间团体，其根本目标都是一致的，即紧密联系和团结广大海外侨胞和归侨、侨眷，同圆共享中国梦，这也是构建"大侨务"工作格局的内在要求。根本目标的一致性决定了不同涉侨部门应当紧密合作，共同构建和谐高效的合作网络。在这个多方发力的合作网络下，各涉侨机构既要集中智慧，加强侨务工作规划，统筹协调各方工作任务与要求，又要从自身职能定位出发，发挥各自的优势与作用；既要充分反映侨界的诉求，维护侨界的利益，并在党和国家的法律政策层面充分体现，又要充分调动广大海外侨胞和归侨、侨眷的积极性、创造性，把他们蕴藏的智慧和力量最大限度地激发出来。侨务工作的复杂性，决定了任何部门的单打独斗都是乏力的，需要多部门紧密协作、共同发力。只有通过各部门提供差异化的政策、服务，才能更好地、全方位地凝聚侨心、汇聚侨智、发挥侨力，切实维护侨益。

从侨联组织外部的横向工作网络来看，其是在党的领导下，从自身职能定位出发，以服务党和国家工作大局、服务侨界群众为目标，以构建"大侨务"工作格局为基础，以有效整合侨务资源为手段的工作体系。多年来，我国形成了以统战部（侨办）、人大华侨委、政协港澳台侨委、致公党、侨联为基本框架的侨务工作格局，主要形成了以下工作机制：

1. 联系沟通机制

进一步树立"大侨务"工作理念。这里的"大"，是指一切以有利于为党和国家大局服务和为侨服务为前提，跳出部门利益的藩篱，拓展工作视野，提高工作境界，建立涉侨单位联席会议制度，切实形成侨务工作合力。一是精准把握党和国家的侨务工作政策，制定联席决策工作制度，明确联席决策牵头单位、成员单位和联席决策机构的主要职责、组织形式及工作要求，形成各涉侨机构的共识；通报各自的工作情况和下一步的工作设想，就侨务工作的重大问题进行沟通研讨，明确各自的工作方向。在日常工作中，"五侨"机构领导班子经常就一些具体问题相互通报，对侨务工作面临的重大问题和重大侨情变化进行沟通研讨。二是各单位加强统筹管理和资源整合，联动融合资源、重大活动共办，通过定期或不定期召开例会、专题会议，共建侨情资料库、信息库与网上协作平台等方式实现信息共享、工作互通、成果共享。三是各单位根据自己所掌握的侨务资源的特色和优势，有针对性地开展侨务工作，实现优势互补。

2. 协调配合机制

在侨界代表性人士荣职人选推荐上，"五侨"机构需要根据自己与工作对象的联系情况，按程序上报有关部门进行统筹、审核、平衡。在侨界重大活动的举办组织、人员邀请、活动安排等方面，"五侨"机构需要积极协调配合。

3. 紧密合作机制

两会期间，侨联组织应紧密配合人大、政协做好人大归侨代表、侨联界政协委员的服务工作和议案提案的办理工作。在日常工作中，侨联组织应积极与人大、政协配合，做好涉侨立法调研工作和涉侨执法监督检查工作、侨联界政协委员视察调研工作。

第九章　服务经济发展

　　服务经济发展是侨联组织围绕经济建设中心，发挥广大海外侨胞和归侨、侨眷在资金、智力、科技、管理等方面优势的重要工作，工作的主要对象包括华侨华人工商界、科技界团体和人士，这些工作一般被称为"侨联经济科技工作"。

一、侨联经济科技工作的历史沿革

　　1978 年全国侨联恢复活动后，把主要工作放在推动落实侨务政策、加强宣传工作、建立组织机构等方面，并配合有关部门对回国旅游、探亲、接洽投资、引进技术的华侨华人做好接待工作。1979 年 12 月 28 日至 1980 年 1 月 10 日，全国侨乡工作和全国侨联工作座谈会在侨乡福建泉州召开。会议认为，应适时把为经济建设服务确定为侨联的中心工作，提出："发挥侨乡同海外、港澳有密切联系的优势，为繁荣侨乡经济和祖国四化建设作出贡献。"[1] 这次会议是侨联组织开展经济科技工作的开端，对于侨联组织进一步明确工作定位、更好为党和国家工作大局服务具有重要意义。

　　1980 年 9 月，全国侨联二届四次常委会议"明确侨乡工作是国内侨务工作的重点，侨联工作重心转移到为经济建设服务上来"，在当时的情况下，侨联服务经济建设的途径主要集中在"鼓励各地侨联创办集体所有制企业、旅行服务社和各种类型的企业，安排更多的归侨、侨眷及其子女就业"[2] 等方面。1981 年，全国侨联增设了"生产福利部"，负责相关工作。在 1984 年的第三次全国归国华侨代表大会上，时任副主席洪丝丝代表主席庄希泉宣读工作报告，提出："团结广大归侨、侨眷和国外侨胞，为四化建设贡献力量""归侨、侨眷有着广泛的海外关系，要充分运用这一特点，进一步发挥'穿针引线'的作用；侨乡与国外华侨有着密切的联系，要继续推动广大归侨、侨眷和华侨，从各方面支持侨乡的经济建设；同时鼓励并推动归侨、侨眷集资兴办和侨联自筹资金兴办集体所有制

　　① 《中国侨联五十年》编辑部：《中国侨联五十年》，中国华侨出版社 2006 年版，第 96 页。
　　② 《中国侨联五十年》编辑部：《中国侨联五十年》，中国华侨出版社 2006 年版，第 75 页。

企业"。① 1985 年 3 月，全国侨联与全国人大华侨委员会、国务院侨务办公室联合在广东东莞召开全国侨务工作座谈会，明确侨务工作必须为经济建设服务的指导思想。1986 年，全国侨联组织成立了科技人才交流咨询服务委员会，根据我国对外开放、对内搞活的政策，积极开展对外民间往来，联络国外华侨华人中的科技和管理人才，促进国内外科技交流，为我国四化建设服务。1986 年 11 月和 1987 年 4 月，中国侨联分别在广东汕头、四川成都召开部分省、自治区、直辖市侨联为经济建设服务经验交流座谈会，对侨联经济科技工作进行了研究探讨与交流；1988 年，中国侨联创办中国华侨经济技术咨询中心，向华侨华人、港澳台同胞提供经济、技术、政策和法规等方面的咨询服务，扶持乡镇侨属企业；② 1990 年，中国侨联"三定"方案提出设立经济工作部；1994 年，经济工作部调整为经济联络部；2000 年，在机构改革中设立经济科技部至今。

在改革开放之初，各级侨联组织创办了一批采用合资、合作经营、补偿贸易、来料来件加工装配等与华侨、港澳同胞合作的企业。此外，还积极创造条件，扶持、兴办了一批集体所有制企业，包括来料加工、各种服务行业，开垦荒山、荒地发展经济作物，兴建小水电站等。这些集体企业有的是由归侨、侨眷集资兴办的。如福建著名侨乡晋江群众集资办企业 1 900 多家，其中归侨、侨眷、港属办的企业有 1 200 多家，总金额人民币 1 亿元左右。有的企业是在华侨和港澳同胞支持下兴办的。如广东省南海 81 个大队兴办的 124 家企业中，有 80% 是由华侨和港澳同胞投资开办的加工、装配项目。③

2008 年 9 月 27 日，时任中共中央政治局常委、中共中央书记处书记、国家副主席习近平在人民大会堂会见了中国侨商联合会第三次会员代表大会全体代表并发表重要讲话，引领侨联经济科技工作进入新阶段。自此，侨联服务经济建设的范围更广、途径更多、领域更宽了，形成了较为完善的工作机制，建立了诸如侨商会、特聘专家委员会、新侨创新创业联盟及基地等平台，创立了"创业中华"品牌，与地方各级政府及相关部门紧密配合，开展了诸多招商引资活动，为广大海外华侨华人回国（来华）投资兴业、创新创业提供服务，取得了良好成效，得到了很多地方政府的肯定和欢迎。

---

① 《中国侨联五十年》编辑部：《中国侨联五十年》，中国华侨出版社 2006 年版，第 119 页。

② 《中国侨联五十年》编辑部：《中国侨联五十年》，中国华侨出版社 2006 年版，第 135 页。

③ 庄希泉：《发扬华侨爱国爱乡的光荣传统，为振兴中华做出新的贡献：在第三次全国归国华侨代表大会上的工作报告》。转引自《中国侨联五十年》编辑部：《中国侨联五十年》，中国华侨出版社 2006 年版，第 97 页。

二、党和国家高度重视是侨联开展经济科技工作的强大动力

改革开放之初，邓小平提出要欢迎海外华侨回来投资，为愿意回国的华裔科学家创造条件，"增大派遣留学生的数量，派出去主要学习自然科学。要成千上万地派，不是只派十个八个"①。江泽民认为，"华侨华人和港澳台同胞，是我国对外开放、发展对外经贸合作和科技交流活动中，最积极热情的一部分，而且对于促进和影响外国投资者到我国投资、进行经贸合作和科技交流，发挥了带头的作用和桥梁的作用"②，"分布于世界各地的广大华侨华人，是中华民族一个重要的人才资源宝库"，要"制定吸引人才的政策，鼓励留学人员和海外科技人才回国工作或以适当方式为祖国服务"③。胡锦涛强调，"要按照经济社会发展的需要，制定切实可行的措施，进一步做好新形势下吸引海外人才和智力的工作，为现代化建设提供人才和智力支持。要建立符合留学人员特点的引才机制，制定和实施吸引留学人员回国创业的政策措施，重点吸引高层次人才和紧缺人才"④。

党的十八大以来，习近平总书记高度重视做好侨商工作、海外人才和留学生工作，强调"三十年来，华侨华人发挥在资金、技术、管理、商业网络等方面的优势，在中国各地投资兴业，用自己的智慧和汗水，有力促进了中国经济社会发展，有力推动了中国同世界的交流合作"⑤。习近平多次对海外侨胞和归侨、侨眷积极参与中国现代化建设、同圆共享中国梦提出期望。他出席欧美同学会成立100周年庆祝大会并发表重要讲话，强调"广大留学人员不愧为党和人民的宝贵财富，不愧为实现中华民族伟大复兴的有生力量"⑥；于2017年5月26日对黄大年同志先进事迹作出批示；于2014年1月16日给全体在德留学人员回信，并在2022年5月18日给南京大学留学归国青年学者的回信中说："希望同志们大力弘扬留学报国的光荣传统，以报效国家、服务人民为自觉追求，在坚持立德树人、推动科技自立自强上再创佳绩，在坚定文化自信、讲好中国故事上争做表

---

①　中共中央文献研究室编：《邓小平年谱（1975—1997）》（上），中央文献出版社2004年版，第331页。

②　江泽民：《侨务工作要为改革开放和现代化建设事业作出更大贡献》，中共中央统一战线工作部、中共中央文献研究室编：《新时期统一战线文献选编》（续编），中共中央党校出版社1997年版，第452页。

③　《全国侨务工作会议在京举行，江泽民亲切会见代表并发表重要讲话》，《人民日报》，1999年1月19日。

④　《胡锦涛吴邦国贾庆林曾庆红分别参加讨论审议》，《人民日报》，2004年3月8日。

⑤　习近平：《致第十二届世界华商大会的贺信》，《人民日报》，2013年9月26日。

⑥　习近平：《在欧美同学会成立一百周年庆祝大会上的讲话》，《人民日报》，2013年10月22日。

率，为全面建设社会主义现代化国家、实现中华民族伟大复兴的中国梦积极贡献智慧和力量！"①

党和国家领导人的高度重视和重要论述，成为侨联开展经济科技工作的重要遵循，也是侨联组织服务经济发展的强大动力。当前，我国正处于转变发展方式、优化经济结构、转化增长动力的新发展阶段，处在实现中华民族伟大复兴的关键时期，同样需要包括侨商、海外科技人才在内的海外侨胞继续发挥自身的优势，共同凝聚起实现中华民族伟大复兴的中国梦的强大力量。

三、侨联经济科技工作的基础与优势

海外华侨华人蕴藏的资源是侨联开展经济科技工作的基础和源泉。资金雄厚、熟悉国际市场、善于经营，对祖籍国和家乡充满感情，是海外华商的优势和特点。海外华人资本最初主要集中于消费品制造、餐饮、零售、农业、贸易等传统行业，后来逐步向资本和技术密集型行业拓展，分布情况如下：①东南亚是大型华商最集中的地区，华人经济在该地区占有相当重要的地位，对当地经济控制力在50%以上，基础好、实力强。②北美华商经济结构呈现高端行业与低端行业并存，美国华商IT业发展迅速，电子高科技行业增长快；房地产业是加拿大华人经济增长最快的行业。③欧洲华侨华人开办的企业已成为华人主要聚集区的重要经济支柱，餐饮业、皮革业、服装业、贸易业成为欧洲华侨华人四大产业。④中南美洲以超市为标志的新华商经济在快速增长。⑤非洲华商投资领域多元化，从建筑业、采矿业到制造业、金融业、信息产业、互联网行业都有涉足。②

海外华侨华人中蕴藏着一大批专业人才，是促进中外经济、科技、文化交流的重要桥梁，也是我国在国际人才市场中引进海外人才的重要对象。有关研究表明，海外华侨华人专业人士群体接近400万人，主要分布在美国、澳大利亚、加拿大、欧洲等发达国家和地区，其中美国约占33%。海外华侨华人专业人士的行业分布以高新技术、教育、金融等领域为主，近70%在企业工作，其次是在教育机构，同时也有大量跨行业专业人士，经济实力相对较好，具有深厚的文化底蕴。③ 在遵守国际规则和各国法律的基础上，侨联组织通过亲情、乡情、友情为海外华侨华人中的专业人士回国（来华）创新创业、访学交流等牵线搭桥，具

---

① 《习近平回信勉励南京大学留学归国青年学者：在坚持立德树人推动科技自立自强上再创佳绩，在坚定文化自信讲好中国故事上争做表率》，《人民日报》，2022年5月20日。
② 参见王辉耀、康荣平主编：《世界华商发展报告（2018）》，社会科学文献出版社2018年版。
③ 参见王辉耀、苗绿：《国际人才蓝皮书：海外华侨华人专业人士报告（2014）》，社会科学文献出版社2014年版。

有独特优势。而大量的出国留学人员是中国科创事业的重要力量，同样是侨联做好人才工作、服务经济发展的对象。时任科技部部长王志刚在第二十届中国国际人才交流大会上宣布：2021 年回国创新创业的留学人员首次超过 100 万人。从 1978 年到 2019 年，我国各类出国留学人员累计超过 650 万人，回国留学人员累计 420 余万人。国际关系变化等因素会推动海外留学人员回流加速，2020 年我国留学生学成回国 77.7 万人。① 据 2019 年有关单位抽样调查，国家重点项目学科带头人中超过七成是海归，84% 的中国科学院院士、75% 的中国工程院院士、80% 的国家高技术研究发展计划首席科学家、77% 的教育部直属高校校长，都有出国留学或海外工作经历。②

华侨华人在资金、技术、管理、商业网络等方面的优势，也是侨联组织开展经济科技工作的基础与优势，需要侨联组织切实秉持以人为本、为侨服务的宗旨，把为党和国家工作大局服务与为侨服务有机统一起来，通过符合经济社会发展要求、切合海外侨胞创新创业需要的各种方式方法，把他们的积极性、创造性最大限度地激发出来，为推动中国现代化建设作出新的更大贡献。

四、侨联经济科技工作的机制与成效

多年来，各级侨联组织以多种方式开展引进资金、技术和管理经验等活动，努力服务国家和地方发展大局；引导海外华侨华人为中国企业"走出去"建立国际商业网络、开展国际化经营牵线搭桥，服务国家"一带一路"建设；做好海外引才引智工作，为侨胞创新创业搭建平台，服务人才强国战略和创新驱动发展战略，取得了很大成绩。

（一）打造"创业中华"品牌，推进省部共建机制

在多年经济科技工作的基础上，中国侨联在 2010 年探索开展"创业中华"品牌活动，坚持中国侨联统筹资源、地方政府对接项目、地方侨联配合推动，通过举办高峰论坛、经贸洽谈、项目对接、新侨创新创业经验分享等多种形式，引导广大华侨华人回国（来华）创新创业，促进侨资侨智融合，为服务国家创新驱动发展战略和地方经济发展贡献力量。2018 年，中国侨联制定颁发了《中国侨联关于加强"创业中华"品牌活动的指导意见》，对于各级侨联借助全国侨务资源优势、对接当地经济社会发展中心任务、进一步规范"创业中华"品牌活

① 余惠敏：《助归国留学生实现人生价值》，《经济日报》，2022 年 5 月 29 日。
② 《人才强国：不拒众流方为沧海》，《光明日报》，2019 年 9 月 20 日。

动,起到了重要的指导作用。经过多年发展,"创业中华"品牌活动在中国侨联经济科技部、中国侨商联合会的组织、指导下,与地方侨联紧密互动,形成了良好的发展局面,每年组织华商和专业人士参与中国天津投资贸易洽谈会、中国西部国际博览会(四川)、兰州投资贸易洽谈会、中国青海绿色发展投资贸易洽谈会、丝绸之路国际博览会(西安)、东盟华商会、中国商丘国际华商节、中国西部国际投资贸易洽谈会(重庆)等。2021年,中国侨商联合会开创"中国侨商投资大会"品牌,在福建举办首届活动,同期举办"创业中华·侨聚八闽"论坛,在促进福建招商引资工作中发挥了重要作用。每年以"创业中华"品牌开展的活动都在10个以上,如创业中华·侨界精英创新创业(杭州)峰会、创业中华·牵手京津冀——第二十届海外侨界高层次人才为国服务活动、创业中华·海外高层次人才及留学归国人员创新创业高峰论坛、"创业中华·侨智建功"福建新侨创新创业论坛、创业中华·海外专家走进园区、"创业中华·智造台州"活动等,在招贤引智、助推新侨创新创业等方面成效显著。全国20多个省、自治区、直辖市侨联均在中国侨联指导、支持下开展此项活动,推动品牌工作与京津冀协同发展、长三角一体化发展、粤港澳大湾区建设、成渝双城经济圈建设、海南自贸港建设等国家重大战略衔接,形成了较好的社会影响。

为了更好地发挥中国侨联统筹侨界资源的优势,发挥侨资侨企和侨界人才在服务地方经济社会发展中的作用,中国侨联探索与地方政府合作建立促进地方发展的工作机制,签署部省(市)战略合作协议。近年来,中国侨联经济科技部在与地方政府反复沟通、协商和共同研究的基础上,先后与云南省、重庆市、辽宁省等地人民政府签署了《中华全国归国华侨联合会、云南省人民政府战略合作协议》《中华全国归国华侨联合会、重庆市人民政府关于共同推进重庆建设内陆开放高地战略合作协议》《中华全国归国华侨联合会、辽宁省人民政府共同推进新时代辽宁全面振兴全方位振兴战略合作协议》,并积极与海南省沟通签署《中华全国归国华侨联合会、海南省人民政府关于共同建设高水平海南自由贸易港战略合作协议》事宜。这些协议的签署,有力地促进了侨资企业投资项目、海外人才创新创业和引进人才工作的落实,在更好地集聚侨界资源,服务各地高质量发展中,发挥了重要作用。不少地方设立了侨商产业聚集区或华侨华人创新创业基地,为华商投资提供了新平台,也为专业人士创新创业提供了重要载体。

(二)构建工作载体和平台,凝聚侨界力量

为更好推进侨联经济科技工作,中国侨联和各级侨联积极构建工作载体和平台,整合侨界资源、加强上下联动,以更好地团结凝聚侨商和专业人士,拓展服

务经济社会发展的渠道。

目前，中国侨联和大多数地方都成立了特聘专家委员会、新侨创新创业联盟、侨商联合会等组织，广泛凝聚侨界人文社科、生物与医药、材料与工程、资源与信息、金融、海洋等专业领域的专家学者，海外回国（来华）创新创业的企业、机构，华商及侨资侨企，成为中国侨联和各级侨联开展经济科技工作的重要载体和平台，彰显了侨界的优势、特点和活力。

在此基础上，为进一步营造侨界鼓励支持新侨创新创业的氛围，发挥引领示范带动效应，中国侨联与地方侨联紧密配合，探索并创办了"中国侨联新侨创新创业基地"，以更好地吸引新侨人才聚集，为地方经济社会发展、人才引进和管理模式创新作出贡献。2016 年，中国侨联在调查研究、广泛听取新侨和各地侨联意见的基础上，印发了《中国侨联关于进一步加强和规范"中国侨联新侨创新创业基地"建设的通知》，进一步明确了侨创基地的申报范围、认定标准、认定程序和管理办法等，规范了相关工作程序。目前，中国侨联已经授牌的新侨创新创业基地约有 34 家。表彰先进、扩大社会影响，是侨联经济科技工作的重要手段。2003 年，中国侨联设立"中国侨界贡献奖"，每两年举办一次新侨创新创业成果交流会，宣传侨界创新创业杰出人士，目的是展示和表彰新侨回国的创新创业成果，以吸引更多海外侨界人才以多种形式为国服务。截至 2022 年，"中国侨界贡献奖"共举办九届，表彰回国创业和为国服务成绩突出的创新人才 1 187人，取得良好社会效果。

（三）发挥组织优势，引导鼓励海外华侨华人支持"一带一路"建设

"一带一路"共建国家和地区分布着 4 000 多万华侨华人，具有广泛的商贸网络、雄厚的资金、深厚的人脉优势，在政策沟通、设施联通、贸易畅通、资金融通、民心相通各个方面均可发挥作用，是"一带一路"建设的参与者、受益者。中国侨联和各级侨联积极组团访问欧洲、东南亚、非洲等地区的"一带一路"共建国家，拓展与海外华侨华人科技、工商社团的联系交流，宣传讲解"一带一路"建设的共赢理念，听取他们的愿望与诉求。通过线上线下各种渠道支持华侨华人向共建国家和地区的政府、议会、政党、民众讲好中国故事，宣传讲解中国发展理念，增进"一带一路"民意基础，推动中国与共建国家和地区的交流、沟通与互信，拓展双方的产业合作。发挥统筹协商作用，召开中国侨联推进"一带一路"建设联席会议，组织举办"一带一路"侨商侨领交流合作大会、"一带一路"交汇点华商大会等十余场主题经贸活动，引导侨胞主动参与"一带一路"共建国家和地区重要基础设施、产业园区等合作项目建设，协助国

内企业做好项目的前期论证、市场分析和风险评估等工作，助力中国企业"走出去"，支持华商和专业人士为推进"一带一路"建设发挥重要作用。

（四）侨联经济科技工作的基本经验

多年来，各级侨联组织服务经济发展取得了显著成绩，积累了以下宝贵经验：

一是必须紧紧围绕国家和地方经济社会发展中心工作。只有充分发挥侨联组织的先进性，把海外侨胞的优势与国家和地方工作大局需求紧密结合起来，充分展现作为，才能真正体现侨联组织的价值。

二是必须坚持"三有利"的侨务工作原则，即习近平总书记提出的"对投资者有利、对所在国有利、对中国有利"[1]。开展经济科技活动，要充分考虑侨资侨企在住在国的生存发展，考虑项目是否适合侨资侨企，尽可能实现侨商投资者及其住在国和我国经济社会发展的共赢。

三是必须坚持尊重人才工作规律。切实贯彻落实好人才是第一资源、创新是第一动力的观念，推动各地对海外回国人才做到政治上信任、思想上引导、工作上支持、生活上关心，让他们创业有机会、干事有平台、发展有希望，把全部心思和精力投入事业之中。

四是坚持以健全的组织体系作为活力保障。习近平总书记早在福建和浙江工作期间，就主张在本地侨务资源的基础上把侨务工作视野扩展到全世界华侨华人，提出"在工作范围上，要打破本土的亲缘、地缘关系，在更广的范围中寻找新的合作伙伴"[2]，处理好"立足浙江籍侨胞与面向全世界华侨华人的关系"[3]。全国侨联系统要加强资源整合，各地侨联要扩展工作视野，加强与兄弟地区侨联的联系合作，坚持筑巢引凤，让侨资侨企和海外专业人才能够在中华大地上找到创新创业的沃土。

五是必须坚持以人为本、为侨服务的宗旨。真心实意考虑侨商投资者、创新创业者的利益，及时为他们破解体制机制障碍，听取他们的意见、建议，在他们的权益受到侵害时提供有效、有力的帮助。

---

[1] 习近平：《"大侨务"观念的确立》，《战略与管理》1995 年第 2 期。
[2] 习近平：《"大侨务"观念的确立》，《战略与管理》1995 年第 2 期。
[3] 《浙江贯彻胡锦涛重要指示 对侨务工作作出新部署》，浙江在线新闻网站，https：//zjnews. zjol. com. cn/system/2005/09/27/006316578. shtml，2005 年 9 月 27 日。

第十章 切实维护侨益

维护侨益是侨联组织的基本职责。践行以人为本、为侨服务的宗旨，最首要、最基本的体现就是要做好维护侨益的工作。多年来，各级侨联始终把实现好、维护好、发展好广大归侨、侨眷和海外侨胞的合法权益作为根本出发点和落脚点，坚持主动、依法、科学维权，形成了比较完善的机制，取得了良好成效。

一、侨联维护侨益工作的政治保障、法律依据和组织支撑

（一）党中央的高度重视是维护侨益的政治保障

毛泽东、邓小平、江泽民、胡锦涛、习近平等中央领导在不同历史时期对维护侨益工作都作出过重要论述。早在 1945 年党的第七次全国代表大会上，毛泽东就提出要"保护华侨利益，扶助回国华侨"①，并建议作为成立新中国的一项重要施政纲领。邓小平强调："华侨是长期历史所形成的""他们的合法权益应受保护，这是个国际惯例"。② 江泽民要求："各级侨务部门要继续坚持贯彻党的十一届三中全会以来制定的一系列侨务工作方针和政策，努力保护华侨和归侨、侨眷的正当合法权益""各级侨联要进一步密切联系和广泛团结归侨、侨眷和海外侨胞，维护他们的合法权益，及时反映他们的意见和要求，更好地为他们服务"。③ 胡锦涛强调："各级党委和政府要切实把维护归侨侨眷和海外侨胞的根本利益作为侨务工作的出发点和落脚点，诚心诚意为侨界群众解难事、做好事、办实事，让他们感受到祖国大家庭的温暖"。④ 党的十八大以来，习近平总书记高

---

① 毛泽东：《论联合政府》，《毛泽东选集》（第三卷）（第 2 版），人民出版社 1991 年版，第 1064-1065 页。

② 参见中共中央文献研究室编：《邓小平年谱（1975—1997）》（上），中央文献出版社 2004 年版，第 211、422、428 页。

③ 《在第四次全国归侨代表大会上江泽民同志的讲话》，《人民日报》，1989 年 12 月 19 日；中共中央统一战线工作部、中共中央文献研究室编：《新时期统一战线文献选编》（续编），中共中央党校出版社 1997 年版，第 143 页。

④ 《胡锦涛吴邦国温家宝贾庆林李长春习近平李克强分别参加审议和讨论》，《人民日报》，2008 年 3 月 8 日。

度重视侨务工作，强调"要加强同海外侨胞、归侨侨眷的联系，维护他们的合法权益，支持他们积极参与和支持祖（籍）国现代化建设与和平统一大业，促进中国同世界各国的文化交流"。^① 多年来，中共中央书记处每年都专题听取中共中国侨联党组的工作汇报，对包括维护侨益在内的侨联工作提出要求、作出指示。同时，新中国成立以来，党和国家高度重视维护归侨、侨眷和海外侨胞的权益，制定了"一视同仁、不得歧视，根据特点、适当照顾"的侨务政策，并在各个历史时期制定了相关的具体措施。中央领导的重要论述、中共中央书记处的重要指示精神、党和国家的侨务政策，为侨联组织维护侨益工作指明了方向、提供了坚实的政治保障。

（二）涉侨法律法规是维护侨益的法律依据

1982 年《中华人民共和国宪法》第五十条规定："中华人民共和国保护华侨的正当的权利和利益，保护归侨和侨眷的合法的权利和利益。"这不仅是国家重视归侨、侨眷和海外侨胞权益的重要体现，也是侨联组织履行维护职责的根本依据。

1990 年 9 月，第七届全国人大常委会第十五次会议通过了《中华人民共和国归侨、侨眷权益保护法》，这是新中国成立以来第一部保护归侨、侨眷合法权益的专门法律。2000 年 10 月，第九届全国人大常委会第十八次会议通过了关于修改该法的决定。《中华人民共和国归侨侨眷权益保护法》第八条规定，"中华全国归国华侨联合会和地方归国华侨联合会代表归侨、侨眷的利益，依法维护归侨、侨眷的合法权益"；第二十三条规定，"归侨、侨眷合法权益受到侵害时，被侵害人有权要求有关主管部门依法处理，或者向人民法院提起诉讼。归国华侨联合会应当给予支持和帮助"。这是国家以法律的形式明确中国侨联和地方各级侨联代表归侨、侨眷利益，肩负维护归侨、侨眷和海外侨胞合法权益的责任。目前，全国和各省、自治区、直辖市已经有 100 多部保护归侨、侨眷和海外侨胞合法权益的法律法规与规范性文件，对归侨、侨眷和海外侨胞在国内的财产权益、侨房归属、社会保障、生活待遇、困难补助、出入境等方面作出明确规定，是各级侨联履行维护侨益职能的法律保障和依据。

（三）健全的侨联组织体系是维护侨益的组织支撑

1940 年，党领导的侨联组织——延安华侨救国联合会成立，把关心华侨利

---

① 习近平：《在庆祝中国人民政治协商会议成立六十五周年大会上的讲话》，《十八大以来重要文献选编》（中），中央文献出版社 2016 年版，第 70—71 页。

益作为重要工作任务。1956 年 10 月，中华全国归国华侨联合会成立，明确把反映归侨、侨眷和海外华侨意见，为归侨、侨眷和海外华侨服务作为重要工作。1978 年侨联组织恢复活动后，历届章程都把维护侨益作为侨联的重要职能加以规定和阐述。在党的领导下，全国各级侨联始终坚持为归侨、侨眷和海外侨胞办实事、解难事、做好事，在推动落实党和国家侨务政策，平反涉侨冤假错案，保护归侨、侨眷合法权益和海外侨胞回国投资权益等方面，做了大量卓有成效的工作，得到了归侨、侨眷、海外侨胞和社会各界的充分肯定。现在，全国共有各级侨联组织两万多个，与广大归侨、侨眷和海外侨胞有着紧密的联系，与各涉侨机构紧密合作，为更好维护侨益提供了坚实的组织支撑。

二、侨联组织维护归侨、侨眷和海外侨胞权益的主要做法及成效

（一）维护海外侨胞的投资兴业、创新创业权益

改革开放以来，海外侨胞回国投资兴业，为中国改革开放和现代化建设作出了重要贡献。各级侨联把维护他们的投资权益作为保护海外侨胞爱国爱乡热情、推动中国现代化建设的大事来抓，督促各级政府优化投资环境、落实优惠政策，通过多种渠道和法律途径，解决了许多侨资侨企权益受到侵害的问题。深入侨资侨企和新侨集中地区开展调研，了解侨资侨企和新侨遇到的困难和问题，向有关部门提出解决措施；积极推动执法监督活动，有效减少侵害侨资侨企权益的现象。

（二）维护侨界的房产权益

"文革"期间，侵占归侨、侨眷和海外侨胞在国内私有房产的问题较为严重。十一届三中全会后，各级侨联把推动归还侨界房产作为落实侨务政策、广泛凝聚侨心的重点，做了大量深入细致的摸底调查、思想引导、政策讲解和督促归还等工作。目前，除个别历史遗留问题外，老侨的房产归还问题基本得到解决。同时，新侨的房产保护工作也正在有序进行。

（三）维护华侨农场职工的权益

推进华侨农场改革发展是维护华侨农场职工根本利益的主要内容。多年来，中国侨联和相关地方侨联深入华侨农场开展调查研究，加强华侨农场侨联的组织建设并主动参与制订改革方案、改革管理机制、调整完善产业结构、监督改革措

施落实等工作，确保归侨、侨眷特别是华侨农场困难职工的经济权益、社会保障等不受损害，确保国家拨给华侨农场的财政经费和土地使用权不受任何单位和个人的侵犯，有效推动华侨农场改革稳步进行，基本解决了华侨农场发展过程中的诸多问题，在实现"体制融入地方、管理融入社会、经济融入市场"的"三融入"改革目标中发挥了重要作用。

（四）维护侨汇收入权益

改革开放之初，侨汇在海外侨胞赡养（供养）扶持国内眷属发展生产、维持和改善生活、减轻国家负担等方面发挥了重要作用。各级侨联密切与归侨、侨眷和海外侨胞的联系，开展有效的引导、协调工作，充分调动海外侨胞的积极性，使侨汇成为我国改革开放之初外汇的重要来源和经济辅助手段。随着经济全球化的日益深入，海外侨胞投资经营、创新创业等经济活动越来越多，各级侨联深入了解海外侨胞面临的困难，帮助他们协调解决了侨汇资金保障、经济债务资金纠纷等很多实际问题。

（五）维护侨胞回国定居权益

回国定居是侨胞的一项重要权利。据有关部门统计，新中国成立后，我国政府已安置了上百万名归侨，84 个华侨农林场安置了数十万归难侨。[①] 改革开放以来，不少海外华侨出于各种原因申请回国定居，各级侨联做了大量牵线搭桥、政策咨询和服务工作。

（六）维护侨胞子女教育、就业和离退休归侨、侨眷的社会保障权益

各级侨联依据有关规定，积极推动归侨学生、归侨子女和侨胞在国内的子女就学，按照国家有关规定给予适当照顾；依据不同归侨、侨眷群体的特点，督促各级政府为他们的就业提供指导和服务；建立相关档案，推动归侨、侨眷的养老金等社会保障相关政策的妥善落实。

三、侨联组织维护侨益的协调机制建设与队伍建设

经过长期实践和探索，各级侨联组织与有关部门密切配合，形成了有效的维护侨益机制，建立了法律顾问委员会和海外律师团两个维护侨益的工作队伍。

---

① 农华：《归难侨的安置与华侨农场的设立及改革》，《人民日报（海外版）》，2021 年 9 月 1 日。

（一）积极加强涉侨单位联席会议机制建设

在维护侨益工作中，中国侨联重视加强与全国人大华侨委员会、全国政协港澳台侨委员会、国务院侨务办公室、致公党中央的密切联系，共同建立了重大涉侨案件通报机制和信访工作通报协调机制。在地方各级党委和政府的重视下，全国大多数省、自治区、直辖市都建立了涉侨单位联席会议制度，密切了涉侨部门的联系，加强了工作的协调配合。各涉侨部门联合开展侨情调查，积极推动和参与相关法律法规和政策的制定，不少地方的人大归侨代表、侨联界政协委员通过议案提案等方式提交相关建议，在各涉侨部门的共同努力下转化为政策措施和相关法规。大力开展归侨侨眷权益保护法及其实施办法、涉侨法规的宣传工作，共同举办涉侨权益保护活动，认真督促处理海外侨胞和归侨、侨眷在国内的合法权益受到侵害的典型案件等，充分发挥各涉侨部门的优势，形成了合力，取得了良好成效。开通法律服务热线，及时解答海外侨胞和归侨、侨眷的咨询和疑虑，为他们提供法律建议。编发《中国海外留学人员安全防范手册》《中国公民出境旅游安全防范手册》《中国企业海外投资安全防范指南》及涉侨法律法规问题解答小册子等，通过互联网、自媒体等多种渠道开展宣传。

（二）积极加强困难归侨、侨眷帮扶机制建设

全国侨联系统高度重视解决困难归侨、侨眷生产、生活问题，通过建立健全帮扶机制，推动解决困难归侨、侨眷面临的实际困难，确保他们与全国人民一道共享改革发展的成果。在归侨、侨眷人数较多的地方，各级侨联积极向党委、政府反映情况和问题，推动建立健全党和政府主导的维护侨益机制，建立困难归侨、侨眷档案，及时了解他们面临的实际问题，并为他们提供有效的帮助。每年元旦、春节期间，全国侨联系统广泛开展"送温暖、献爱心"活动，重点对华侨农林场、城市散居和农村困难归侨、侨眷开展慰问活动。改革开放以来，各级侨联慰问、帮扶困难归侨、侨眷百万余人次。

（三）积极加强涉侨案件联系协调机制建设

各级侨联信访机构坚持以"海外侨胞和归侨侨眷的贴心人"为基本要求，热情接待和认真处理海外侨胞和归侨、侨眷的来信来访，积极了解、核实情况，向有关部门反映问题和提出解决建议，不辞辛苦反复联系，主动协调，推动了大量涉侨纠纷和问题的解决。侨联作为群团组织，在维护海外侨胞和归侨、侨眷权益、解决侵害他们权益问题方面，必须依靠司法部门和政府有关部门。随着涉侨

案件的日益增多，各地侨联积极与司法部门加强沟通协调，及时反映重大涉侨、涉诉案件，争取司法部门的支持，推动司法部门依法公正审理涉侨案件。主要做法是：按照相互配合、公正高效、依法审查的原则，以及时、有效、妥善处理各类涉侨案件为目标，建立健全侨联与司法部门的联席会议制度，及时交流信息，沟通情况；建立健全诉前调解、诉中执行调解对接制度等。从各地的实践情况来看，联系协调机制有效地促进了涉侨案件得到公正合理的处理，及时化解了很多涉侨纠纷和矛盾。

（四）积极加强侨联法顾委和海外律师团建设

为适应依法治国要求、提高维护侨益的专业水平、加大为侨服务的力量，以及妥善应对日益繁杂的维护侨益时面临的情况和问题，全国侨联于 1982 年成立了法律顾问委员会，由司法界、法学界、律师界有影响、热心侨联事业的领导干部、专家学者、优秀律师组成，主任、副主任都是由在职或离退休的省部级领导干部担任，可有效发挥他们的社会影响和权威性。全国侨联法顾委自成立以来，积极提出侨务政策、法律法规修改意见，参与侨联普法工作，参与协助处理侨界历史遗留问题，参与侨情调研和协调解决重大涉侨案件，协助侨联处理了 5 000 余件涉侨案件（金额巨大的涉侨案件 500 余件），出具法律意见函 4 000 余件，召开案例研讨会 400 余次，挽回侨胞经济损失数十亿元人民币，赢得了归侨、侨眷和海外侨胞的广泛赞誉。截至 2022 年，全国 30 多个省级侨联都已成立了法律顾问委员会，地市县侨联已成立了近 200 个法律顾问组织，有专兼职法律服务人员近 3 000 人，是各级侨联维护侨益的一支重要力量。为适应新形势下维护侨益和维护中国核心利益的需要，中国侨联根据自身民间性的特点，于 2008 年成立了海外律师团，由 13 个国家和地区的 33 名优秀执业律师组成，积极向海外侨胞进行法律宣传，为海外侨胞、留学生及其社团特别是参与"一带一路"建设的中资企业提供法律咨询服务和法律援助，为维护国家核心利益、维护海外侨胞和留学生的正当权益做了大量工作，是依法维护海外侨胞权益的一支生力军。

四、维护侨益的基本要求与经验

（一）坚持主动维权，进一步激发维护侨益的强大动力

主动维权是做好维护侨益工作的基本要求。应满怀对侨界群众的深厚感情，树立服务意识、群众意识和责任意识，把侨界群众利益放在心上，坚持把维护侨益活

动贯穿于服务经济发展、拓展海外联谊、积极参政议政、弘扬中华文化、参与社会建设的全过程，形成主动调研、主动反映、主动协调、主动服务的行为模式。

一是在倾听呼声、反映诉求方面体现主动性。按照习近平总书记以人民为中心的发展思想，进一步增强宗旨意识，切实改进工作作风，深入侨界群众了解实情，把为民务实清廉的要求落到实处。

二是在强化服务、解决问题方面体现主动性。对归侨、侨眷和海外侨胞反映的困难和问题、权益受到侵害的案件应及时受理，及时向有关部门反映，及时提出对策和建议，把主动务实精神体现在日常的具体工作之中，努力为侨界群众排忧解难。

三是在超前预防、化解矛盾方面体现主动性。应坚持调研先行，切实了解维护侨益工作面临的真实情况，及时发现苗头性、倾向性、警示性、普遍性、全局性问题，有效排查涉侨社会矛盾，把工作做在前面，提高维护侨益工作的预见性，做到反应及时、行动迅速、敢于负责、勇于作为。

（二）坚持依法维权，进一步形成维护侨益的良好环境

依法维权，是做好维护侨益工作的根本途径。应按照依法治国的要求，抓住立法、执法、司法、法制宣传和法律服务等主要环节，积极推动立法，深入开展普法，督促严格执法、公正司法，努力使归侨、侨眷和海外侨胞的各项合法权益真正落到实处。

一是积极推动立法。应进一步加强参与涉侨立法工作的力度，依法促进归侨侨眷权益保护法及其实施办法的修订工作，积极参与其他涉侨法律法规的制定、修订工作，从源头上为维护侨益提供法律依据。

二是坚持依法办事。运用法律武器维护侨界群众的合法权益，把维护侨益工作纳入规范化、制度化和法制化的轨道，依法履行职责，避免随意性。同时也应引导侨界群众以理性合法的方式表达利益诉求，规范自身行为。

三是加强执法监督。应加强与侨界人大代表、侨联界政协委员的联系服务工作，主动参与涉侨法律法规的执法检查、调查研究、工作视察等活动，及时发现涉侨法律法规贯彻执行中存在的问题，督促地方政府认真解决。

四是开展法制宣传。按照全国普法宣传工作规划，进一步开展涉侨法制宣传教育活动，推动在全社会形成知侨、爱侨、护侨的良好氛围。

（三）坚持科学维权，进一步凝聚维护侨益的整体合力

科学维权，是做好维护侨益工作的重要保证。应把握维护侨益工作涉及面广、政策性强等特点，用科学理论指导，用科学方法推进，探索维护侨益工作的特点与规律，妥善处理工作中涉及的各方面利益关系，推进维护侨益工作的能力建设，不断提高维护侨益工作的质量与水平。

一是加强科学预判。应加强对经济全球化发展趋势、经济发展形势的研究和预判，加强对社会利益格局变化的研究，对协调不同阶层侨界群众之间的关系以及侨资侨企与社会各界之间的利益关系提出政策建议，在确保全国人民总体利益的同时，更好地代表和维护侨界群众的具体利益。

二是推进科学决策。围绕推动解决侨界群众就业、分配、社保、住房、教育、医疗等民生问题，加强调查研究，充分了解、全面收集、综合分析侨界群众特别是海外回国高层次人才的呼声和意愿，向政府有关部门提出侨联组织的建议和主张，进一步推动决策的科学性，增强服务的实效性。

三是形成科学机制。应更加注重维护侨益工作的互动性，资源共享、协调联动，形成侨联与涉侨部门、司法部门的维护侨益互动平台，高度重视侨联与涉侨部门、司法部门优势资源的整合衔接，构建整体联动、优势互补、相互支撑的维护侨益互动平台，使侨联与有关部门在维护侨益方面配合更加紧密、行动更加有力、落实更加到位。

第十一章　拓展海外联谊

　　广义的侨联海外联谊工作包括团结、凝聚、联系华侨华人和归侨侨眷为促进中国现代化建设、推动中国统一、弘扬中华文化、促进中国人民与世界各国人民友好交流的各项工作。作为侨联六项职能之一，这里所述的拓展海外联谊主要指各级侨联开展的与华侨华人及其社团的联系交流与宣传，引导促进他们与国内归侨侨眷、社会组织、党政机构和侨乡的联谊互动，以更好地增进了解、密切感情，开展宣传、凝聚共识。

一、侨联开展海外联谊与宣传工作的沿革

　　归侨、侨眷、华侨相互之间有着加强联系、联谊和促进团结的愿望与需求，这是新中国成立后侨联组织建立的重要原因和基础。在 1956 年 10 月全国侨联成立之前，"归侨、侨眷较集中的市县都先后成立了以归侨为联谊主体的组织——归国华侨联谊会"，[①] 可见联谊工作对侨联组织的重要性。第一次归国华侨全国代表大会把"加强对归侨、侨眷的社会主义教育""联系国外华侨，促进华侨的爱国大团结"作为重要任务，[②] 全国侨联最初设立的三部一室就包括"联络部""宣传部"。[③] 各级侨联积极宣传新中国的建设成就和保护侨汇等侨务政策，协助有关部门做好华侨回国观光和旅行探亲接待工作，表彰归侨、侨眷、归国华侨学生先进模范，促进了海外华侨爱国统一战线的建设。

　　"文革"后，侨务领域面临着肃清"左"的错误思潮对侨务工作的影响，宣传党和国家侨务政策的任务，一方面消除海外华侨的疑虑，温暖侨心，积极开展联谊工作，另一方面让全社会了解华侨的历史和贡献。

　　在第二次全国归国华侨代表大会上，庄希泉在工作报告中提出，今后侨联工作的主要任务为：①动员归侨、侨眷为祖国实现四个现代化贡献力量；②贯彻执行党的侨务政策；③联系国外华侨，促进华侨爱国团结，增进和居住国人民友

---

① 《中国侨联五十年》编辑部：《中国侨联五十年》，中国华侨出版社 2006 年版，第 25 页。

② 《中国侨联五十年》编辑部：《中国侨联五十年》，中国华侨出版社 2006 年版，第 40 页。

③ 《中国侨联五十年》编辑部：《中国侨联五十年》，中国华侨出版社 2006 年版，第 44 页。

好；④搜集、编写华侨史资料；⑤组织归侨、侨眷开展学习。① 这些任务均与侨联联谊工作、宣传工作紧密相关。在全国侨联恢复活动后设立的六个机构中，就包括"宣传组"和"联络组"。② 为加强联络工作和宣传工作，1979 年 7 月召开的全国侨联二届二次常委（扩大）会议决定设立"全国侨联联络委员会"和"全国侨联宣传委员会"③；在 1981 年 1 月召开的全国侨联二届五次常委（扩大）会议上，宣传组、联络组恢复为宣传部、联络部④。此后，全国各级侨联积极宣传党的路线、方针、政策，特别是党的侨务政策，宣传广大海外侨胞和归侨、侨眷的历史与贡献，批判和肃清极左思潮关于海外关系的谬论，热情接待"文革"后急切回国探亲访友、寻根问祖的海外华侨华人，促进海外侨团之间的团结，侨联的海外联谊工作和宣传工作得到极大发展。

1986 年 12 月，时任全国人大常委会副委员长叶飞在与侨办、侨联领导谈话中指出："华侨工作要做到国外去，要作为一个方针"，"侨联应做国外工作"。⑤此后，全国侨联和地方侨联开始把"立足国内、面向海外"作为重要工作方针。1989 年 5 月，叶飞在全国侨联三届五次全委会议发表讲话，提出"侨联是人民团体，在对外交往，尤其是与海外侨胞及其社团联系时，比政府部门要方便、有利得多，在这方面，侨联可以发挥更大作用"⑥。"方便、有利"四个字集中概括了侨联组织开展海外联谊工作的优势。

从 20 世纪 90 年代进入 21 世纪，全国侨联和各级侨联经历了机构"三定"⑦、机构改革、群团改革及党和国家机构改革等过程，原全国侨联"联络部"也经历了"海外联谊部""联谊联络部"的演变。而 1981 年恢复的"宣传部"则在 1990 年"三定"过程中，由于侨联工作的拓展，改设为"文化宣传部"，下设"宣传处、文化处和全国侨联福利基金会"。中国侨联第八届、第九届委员会又确立了"老侨新侨工作并重、国内海外工作并重"和"拓展新侨工作、拓展海外工作"的方针。中国侨联在十代会后适应侨情变化，提出了构建"地方侨联+大学侨联+校友会""基层侨联+海外华侨华人社团"两项机制，海外联谊工作得到进一步发展。2018 年，在党和国家机构改革中，国务院侨务办公室的海外华

① 《中国侨联五十年》编辑部：《中国侨联五十年》，中国华侨出版社 2006 年版，第 72 页。
② 《中国侨联五十年》编辑部：《中国侨联五十年》，中国华侨出版社 2006 年版，第 81 页。
③ 《中国侨联五十年》编辑部：《中国侨联五十年》，中国华侨出版社 2006 年版，第 74 页。
④ 《中国侨联五十年》编辑部：《中国侨联五十年》，中国华侨出版社 2006 年版，第 81 页。
⑤ 全国侨联《侨联动态》1987 年第 9 期，第 10 页。转引自《中国侨联五十年》编辑部：《中国侨联五十年》，中国华侨出版社 2006 年版，第 142 页。
⑥ 《中国侨联五十年》编辑部：《中国侨联五十年》，中国华侨出版社 2006 年版，第 132 页。
⑦ 党的十三大后，党和国家机构、人民团体进行机构改革，定职能、定机构、定编制。

人华侨社团联谊等职责划归中国侨联行使，以发挥中国侨联作为党和政府联系广大归侨、侨眷和海外侨胞的桥梁纽带作用；同时，还为中国侨联增加了编制、机构和力量，增设"信息传播部"，显示了面向广大海外侨胞和归侨、侨眷做好宣传工作的重要性。

多年来，各级侨联广泛发动归侨、侨眷，采取"请进来""走出去"探亲、访问等形式，开拓海外联谊工作，积极与世界各地的华侨华人社团和海外乡亲建立联系，倡导他们促进中国统一、维护民族团结，讲好中国故事，传播好中国声音，宣传中国和平发展、和谐共赢的理念，推动中国人民与世界各国人民友好交流。许多地方侨联还积极配合有关部门，广泛借助社会力量，利用传统文化节日，开展经济、贸易、科技、文化等方面的对外交流与合作，总结出"借船出海""文化搭台、经济唱戏"等经验，适应互联网时代的特点，广泛运用新媒体，创新联谊方式和宣传方式，取得了较大成绩。

二、侨联拓展海外联谊、加强宣传工作的重要性与必要性

习近平总书记强调："团结统一的中华民族是海内外中华儿女共同的根，博大精深的中华文化是海内外中华儿女共同的魂，实现中华民族伟大复兴是海内外中华儿女共同的梦。共同的根让我们情深意长，共同的魂让我们心心相印，共同的梦让我们同心同德，我们一定能够共同书写中华民族发展的时代新篇章。"[①]"根""魂""梦"的重要论述是侨联开展海外联谊、做好宣传工作的主线和遵循，也阐明了其重要性、必要性。

（一）适应海外华侨华人社会演变的需要

新中国成立之初，海外大约有 1 200 万侨胞，出于历史等原因，他们基本在名义上都具有中国国籍。随着新中国与有关国家妥善解决华侨双重国籍问题，海外华侨社会逐步转变为华人社会。有关文件显示，改革开放初期，"分布在世界各地的中国血统人约有二千多万，其中百分之八十以上已经加入当地国籍，百分之九十居住在东南亚各国"。[②] 随着改革开放的推进、经济全球化和世界科技革命的演进，中国海外新移民快速增长。据国际移民组织发布的《2022 年世界移

---

① 习近平：《实现中华民族伟大复兴是海内外中华儿女共同的梦》，《习近平谈治国理政》（第一卷），外文出版社 2018 年版，第 63 页。

② 外交部、国务院侨务办公室：《对外籍华人工作方针政策的请示报告》（1980 年 11 月 27 日），北京市人民政府侨务办公室编：《侨务政策汇编》，1981 年版，第 16 页。

民报告》，2022 年全球国际移民人数累计约为 2.81 亿，其中，中国的海外移民人数为 1 000 万。[①] 这些新移民（包括在外的留学生和劳务输出人员）主要是改革开放以后出国的，与新中国成立之前出国的移民相比，他们更有活力、流动性更强。他们当中有通过留学和人才引进留在当地的，有独自出国创业或通过亲友聚集方式从事中餐和服装、零售等各种经贸生意的，有通过投资移民国外的，不一而足。很多人把入籍住在国作为终极目标，这一点在改革开放初期尤为明显。

2014 年，国务院侨务办公室在广泛调研的基础上公布：海外华侨华人总量为 6 000 余万人，分布在 198 个国家和地区；其中，华侨占比约 10%，华人占比约 90%；新侨占比约 15%，老侨占比约 85%。[②] 用以上数据来审视侨情变化过程可以看到，海外华侨华人中加入住在国国籍的比例已经大幅度提高，从新中国成立时基本以华侨为主，到改革开放之初华人占华侨华人总数的 80%，再到现在华人占 90%，而且其中很多人已经是华裔二代、三代甚至是四代及以上，海外华侨华人社会已经发生了巨大变化。由于华裔融入当地程度较深，他们在效忠住在国的基础上，与祖籍国及父辈、祖辈家乡的联系、感情已经与父辈、祖辈有了很大区别。而依托民族、文化、家乡、寻根等因素开展联谊与宣传活动，可以增进他们对中国的了解和感情，形成对我友好队伍。而对于众多改革开放后出国的新移民，无论是与家乡亲朋好友的感情，还是在中国国内的财产、事业的保护与发展，对中华文化的传承等，都有与国内保持紧密联系的需求。作为国内归侨、侨眷的群团组织，侨联必然要把开展广泛的联谊活动作为自己重要的工作职能。

（二）营造良好国际环境、推动构建人类命运共同体的需要

新中国成立后，逐步形成了以和平共处五项原则为基础的外交政策。改革开放以后，党坚持独立自主的和平外交政策，为我国发展营造了良好外部环境，为人类进步事业作出了重大贡献。[③] 在这个过程中，华侨华人在参与和推动发展民间外交方面发挥了重要作用。在新时代，各级侨联需要在符合国际惯例和遵守相关国家法律的基础上，积极开展海外联谊活动，开展与华侨华人的交流，培育对我友好队伍，广泛开展民间外交工作，倡导华侨华人向住在国民众介绍中国，推动构建人类命运共同体，弘扬和平、发展、公平、正义、民主、自由的全人类共同价值，介绍中国推动"一带一路"建设的合作共赢理念，讲好中国故事，传播好中国声音，为我国发展营造良好的国际环境。

---

① 中国华侨华人研究所：《〈2022 年世界移民报告〉摘要专报》未刊稿。
② 国务院侨务办公室：《海内外侨情分析报告——海外篇》，《侨情》2014 年第 6 期。
③ 《中共中央关于党的百年奋斗重大成就和历史经验的决议》，《人民日报》，2021 年 11 月 17 日。

（三）促进中国统一、维护民族团结的需要

进入 21 世纪以来，"台独"分裂活动出现新的情况和趋势；香港反中乱港分子活动频繁，不断制造事端；"藏独""疆独"分子内外勾结，破坏民族团结；"法轮功"分子和所谓"民运"分子在海外兴风作浪，等等。多年来，海外华侨华人自发积极开展反"独"促统活动，组织成立中国和平统一促进会，在国际社会介绍一个中国原则、"一国两制"和民族团结的政策，形成了较大影响。各级侨联通过开展海外联谊，在团结、引导、联系、服务等方面发挥了重要作用。在新时代，侨联组织需要进一步坚持以推动海内外中华儿女大团结为目标，以促进海内外同胞关系为主线，引导和支持海外华侨华人继续开展促进中国统一，维护香港、澳门长期繁荣稳定，维护国内各民族共同团结奋斗、共同繁荣发展的局面。

三、侨联拓展海外联谊、加强宣传工作的主要途径、做法和成效

（一）加强侨联海外顾问、海外委员和青年委员等骨干队伍建设

做好代表性人物的工作，对于更好联络广大海外侨胞有着很好的示范带动作用。中国侨联自成立以来，非常重视发挥侨领等侨界代表性人物的作用。改革开放以来，邓小平曾多次接见包玉刚、谢国民等知名侨界人物，各级侨联更是把加强与侨领的联络作为海外联谊工作的重点。2001 年 2 月召开的中国侨联六届三次全委会作出了《关于开展"拓展海外联谊工作年"活动的决定》和《关于授权常务委员会聘请中国侨联海外顾问的决定》[①]，并在同年 9 月设立了中国侨联海外青年委员[②]，在第九次全国归侨侨眷代表大会上又决定增补海外委员[③]。多年来，中国侨联和地方侨联加强与各涉侨机构和驻外使领馆的沟通协调，广泛听取侨界意见，聘任了一大批政治上有影响、社会上有地位、经济上有实力、专业上有造诣的侨界代表性人物为侨联海外顾问、海外委员及青年委员。仅在决定设立海外委员的第九次全国归侨侨眷代表大会上，中国侨联就聘任了来自 92 个国家的海外顾问 135 人、海外委员 446 人。同时，在每年国庆节期间和重大节日纪念活动时，中国侨联及各级侨联会与涉侨部门一道，邀请侨领和代表性人物前往中

---

① 《中国侨联五十年》编辑部：《中国侨联五十年》，中国华侨出版社 2006 年版，第 294 页。

② 《中国侨联五十年》编辑部：《中国侨联五十年》，中国华侨出版社 2006 年版，第 311 页。

③ 《第九次全国归侨侨眷代表大会闭幕》，《人民日报》，2013 年 12 月 6 日。

国参加庆祝活动。例如，2015 年 9 月 3 日举行的中国人民抗日战争暨世界反法西斯战争胜利 70 周年阅兵式，2 000 名侨胞受邀现场观礼，其中 5 位荣登天安门城楼。[①]

为了更好地发挥不同领域华侨华人的作用，加强联谊联络，中国侨联和地方侨联还组织成立了若干社会团体，如侨商联合会、法律顾问委员会、特聘专家委员会、华侨公益基金会、华侨历史学会等。这对于带动与世界各地华侨华人的联谊，壮大促进中国统一力量，形成对我友好氛围，起到了很好的作用。

（二）"走出去"与"请进来"相结合，深交老朋友、广交新朋友

多年来，各级侨联发挥民间优势，与海外华侨华人及其侨团开展了多种形式的广泛联谊。"文革"后，全国侨联恢复活动，各级侨联按照"热情接待、多做工作"的要求，与有关部门一道对回国（来华）旅游、探亲、讲学、洽谈投资等华侨华人做了大量接待和联系工作，向他们宣传党和国家各项方针、政策，巩固亲情，仅刚刚打开国门的 1978 年和 1979 年，各级侨联和有关部门接待的海外华侨、华人分别为 50 余万人次和 80 余万人次。[②] 而在 1984—1989 年，各级侨联和有关部门接待观光旅游、寻根问祖、探亲访友和开展经济、文化交流合作活动的海外侨胞、港澳同胞和外籍华人达 1 390 万人次，帮助他们寻找失散多年亲人 6 964 人。[③] 此后，全国各级侨联按照"立足国内、面向海外"及"两个并重""两个拓展"方针要求，做了大量工作：

一是坚持"走出去"。各级侨联组团出访，深入海外华侨华人之中，拜访侨团、考察侨社、倾听侨声、调研侨情，联络感情，受到广泛欢迎。

二是积极参与和支持世界性、地区性恳亲大会、同乡联谊年会、纪念大会、拜祖大会及侨团换届大会，如"世界客属恳亲大会""国际潮团联谊年会""中华姓氏文化节""黄帝故里拜祖大典"等，深交老朋友、广交新朋友，形成了联谊工作的广泛性、群众性。

三是根据"侨中有侨""侨中有台"的特点，加强与传统侨团的联系，支持世界各地中国和平统一促进会的活动，与台湾岛内侨界社团开展联谊合作，举办论坛，在遏制"台独"分裂活动方面发挥了重要作用。

---

① 《看今朝　忆往昔　共守和平：海外华侨华人参加阅兵观礼印象》，中华人民共和国中央人民政府网站，2015 年 9 月 5 日，https：//www.gov.cn/xinwen/2015-09/05/contnt_ 2925364.htm，最后访问时间：2025 年 1 月 23 日。

② 《中国侨联五十年》编辑部：《中国侨联五十年》，中国华侨出版社 2006 年版，第 99 页。

③ 张国基：《在改革开放中再创侨联工作新业绩：在第四次全国归国华侨代表大会上的工作报告》。转引自《中国侨联五十年》编辑部：《中国侨联五十年》，中国华侨出版社 2006 年版，第 145 页。

四是广泛联系侨团。截至 2016 年，全球华侨华人社团共有 2.5 万多个①，类型多样，包括世界性、全洲性、全国性、地区全侨联合性社团，公共外交类、地域同乡类、姓氏宗亲类、反"独"促统类、慈善公益类、文化艺术类、专业技术类、校友会类社团，商会、青年会、妇女会等，都联系着一大批会员，是开展海外联谊工作的重要依托。各级侨联坚持"基层侨联+海外华侨华人社团"的工作机制，全面了解海外侨团情况，建立常态化联系机制，使联谊联络找得到人、说得上话、办得成事，为侨服务有了更加坚实的基础。

（三）大力开展宣传工作，促进海内外同胞关系和谐

自中国侨联成立开始，特别是改革开放以来，宣传工作在侨联全局工作中就是重点。

一是凝聚侨心。中国侨联自成立后，积极向海外华侨宣传党和国家保护侨汇、维护华侨权益、建立华侨爱国统一战线等政策措施，宣传新中国建设成就和反对帝国主义、殖民主义破坏世界和平、压迫殖民地人民，对于激发和保护华侨爱国热情，吸引海外华侨及华侨学生回国工作和学习，动员广大归侨、侨眷参加社会主义革命和建设以及支援中国抗美援朝等方面，发挥了重要作用。改革开放以来，各级侨联通过丰富多彩的方式，广泛宣传华侨华人在社会主义革命、建设、改革中的贡献，宣传涉侨法律法规，推动在全社会形成知侨、爱侨、护侨的氛围，促进海内外同胞关系和谐；与做好为侨服务工作相结合，在吸引和联系海外华侨华人回国（来华）投资兴业、创新创业方面做了大量工作。

二是宣传先进。中国侨联自成立后，为更好动员广大归侨、侨眷为社会主义建设贡献力量，在选树典型、宣传先进方面做了大量工作。1958 年 12 月，全国侨联与华侨事务委员会授予 53 个先进单位锦旗，对 301 个先进模范进行表扬，②成为全国性侨界先进表彰工作的开端。改革开放以来，党和国家的侨务政策得到全面落实，激发了广大海外侨胞和归侨、侨眷参与和支持社会主义现代化建设的积极性、创造性，各条战线、各个领域涌现了一大批先进个人和先进集体。1983 年 1 月，全国侨联、国务院侨务办公室在北京召开全国归侨、侨眷、侨务工作者先进个人、先进集体表彰大会，表彰先进个人 920 人、先进集体 81 个。③ 1996 年 3 月，各级侨联根据中国侨联的要求，广泛开展了"我爱你，中国"系列报告会活动，数百位侨界先进模范人物、先进集体代表（包括模范医学专家、中国科

---

① 《目前海外华侨华人社团数量达 2.5 万多个》，《人民政协报》，2016 年 5 月 18 日。
② 《中国侨联五十年》编辑部：《中国侨联五十年》，中国华侨出版社 2006 年版，第 46 页。
③ 《中国侨联五十年》编辑部：《中国侨联五十年》，中国华侨出版社 2006 年版，第 91 页。

学院院士吴孟超，时任广州医学院院长钟南山等）作报告，在全国引起强烈反响。从第五次全国归侨侨眷代表大会开始，历次侨代会均表彰"侨界十杰"等先进模范人物，地方各级侨联也相应做了大量评比表彰工作。中国侨联和各级侨联加强对先进模范的宣传力度，很多先进人物在全社会产生了重大影响，如默默坚守十万大山护电的"南网兄弟"、赤诚报国的归侨科学家黄大年等。

三是加强宣传阵地建设。1991年10月，全国侨联创办了机关刊物《海内与海外》，宗旨是：宣传中国，让世人了解中国；介绍华侨华人，让世人了解华侨华人。当时，全国侨联和地方侨联还创办了众多侨刊、侨报，并联系着200多家侨刊乡讯，这些侨刊乡讯一般发送到当地华侨华人所在的世界各个国家和地区。全国侨联第四届委员会先后在北京、浙江、陕西召开了三次侨刊乡讯工作会议。各地侨联利用自身侨务资源优势，丰富侨刊乡讯内容，对于利用家乡的讯息联络感情起到十分重要的作用。同时，为增强宣传工作的权威性和影响力，中国侨联还与《人民日报》、《光明日报》、人民网、新华网、中央电视台等中央级媒体合作，报道相关活动，刊载侨联工作文章，开辟侨联栏目，制作纪录片等。地方侨联也与当地主流媒体建立广泛的合作，形成了宣传声势。此外，为适应互联网时代的需要，中国侨联和地方侨联加强网站建设，利用微信公众号、抖音等自媒体增进与海外侨团和华侨华人的联系，形成宣传的广覆盖，取得了良好效果。遍及世界各地的华文媒体与侨团、侨校并称海外华社"三宝"，中国侨联和各级侨联积极支持海外华文媒体坚持正能量，多做促进侨团团结和谐的工作，加强与国内家乡的情感沟通，促进海内外同胞关系和谐。

（四）坚持大团结、大联合，维护祖国统一和民族团结

多年来，各级侨联坚持一致性和多样性的统一，在联谊联络和宣传工作中广泛凝聚共识，努力寻求最大公约数、画出最大同心圆，汇集拥护祖国和平统一、维护"一国两制"的强大正能量。坚持以侨为桥，加强与台湾岛内有关团体和人士的交流，坚决反对任何形式的"台独"分裂活动。全面准确贯彻"一国两制""港人治港""澳人治澳"高度自治方针，团结引导港澳侨界群众支持香港、澳门特别行政区政府和行政长官依法施政，发展和壮大爱国爱港爱澳力量。结合做好新时代侨务工作，向海外侨胞充分展现中国道路的光明前景、中国制度的显著优势、中国发展的世界贡献，深刻彰显中国共产党为中国人民谋幸福、为中华民族谋复兴的初心使命。坚持正向宣传，用中国改革开放和蓬勃发展的鲜活事实，帮助海外侨胞不断增进对中国共产党为什么"能"、马克思主义为什么"行"、中国特色社会主义为什么"好"的深刻认识和充分理解，增强海内外中

华儿女的自信心、自豪感、凝聚力和向心力。

四、侨联开展海外联谊与宣传工作需注意把握的问题

侨联的海外联谊与宣传工作涉及经济、政治、文化、社会、外交等方方面面，政治性、政策性、复杂性都很强，充分体现了侨联组织的群众性、民间性、涉外性、统战性，需要把握分寸、注意政策。

（一）遵守区别国籍的原则

华侨华人是具有中国国籍的华侨与具有中国血统的外籍华人的简称。外籍华人作为住在国公民，必须效忠自己的国家，遵守本国法律。侨联是侨界群众组织，与外籍华人开展联谊联络，是基于家乡亲情、风俗传统、文化传承、寻根问祖等因素，在很大程度上是为外籍华人的情感需求、文化需求提供服务，从而加强中外交流，发展巩固对我友好队伍。因此，必须严格遵守区别国籍的原则，尊重外籍华人的价值选择、思想观念，不能在与他们的交流中进行泛政治化的工作。

（二）既要积极主动，又要谨慎稳妥

海外侨团是华侨华人在当地自发成立的组织，一方面必须遵守当地法规，另一方面有着自己内部的章程与规则。侨联组织开展海外联谊工作，需要主动作为，积极联络，促进国内海外互动，密切感情，推动海外建设和谐侨社。同时，应充分认识到，侨联组织与海外侨团之间没有隶属关系，必须尊重他们自主决定内部事务，坚持引导而不领导、倡导而不介入，形成最大范围的联谊与团结。

（三）必须服从外交工作大局

海外联谊工作涉及我国与华侨华人住在国的关系，处理不当就可能成为外交纠纷。在推动构建人类命运共同体和"一带一路"建设的新形势下，侨联开展海外联谊必须树立"外交无小事"的观念，遵守华侨华人住在国的法律，增强外事纪律意识，充分听取驻外使领馆的意见，服从相关安排。

（四）要统筹全国侨务资源

在历史上，广东、福建、浙江、广西、海南、云南等地区出国谋生的华侨很多，成为侨务资源较多的传统侨乡。改革开放后，全国很多地区都有出国的新移

民，侨务资源分布趋于广泛。但从总体上看，全国的侨务资源分布很不平衡。开展联谊工作既要基于血缘、地缘、业缘和亲情、乡情、友情巩固感情，又要基于"团结统一的中华民族是海内外中华儿女共同的根、博大精深的中华文化是海内外中华儿女共同的魂、实现中华民族伟大复兴是海内外中华儿女共同的梦"，应充分利用各地区的历史、文化等资源，加强与本地区之外的海外华侨华人的联谊，形成整体合力。

第十二章　积极参政议政

参政议政是党和国家赋予侨联组织的重要职能，是中国特色社会主义政治体制的制度安排和优势体现，是凝聚侨心、汇集侨智、发挥侨力、维护侨益的重要途径。多年来，在党的领导下，各级侨联履行参政议政职能，深入基层，深入实际，对国家政治、经济和社会中的重要问题开展调查研究，倾听广大归侨、侨眷和海外侨胞的呼声，引导侨界群众积极参与国家各项建设，努力反映侨情民意，积极提出意见和建议，为我国改革开放和现代化建设作出了重要贡献。

一、侨联开展参政议政工作的依据与意义

侨联组织具有政治性、先进性、群众性，侨联工作是党和国家事业的重要组成部分。侨联组织开展参政议政工作不仅有着充分的政治制度保障，同时也具有十分重要的现实意义。

（一）加强侨联参政议政工作是中国特色社会主义政治发展道路的具体体现

中国的国情和国家性质决定了中国选择什么样的政治发展道路。中国特色社会主义政治发展道路，就是要坚持党的领导、人民当家作主、依法治国的有机统一，坚持和完善人民代表大会制度、中国共产党领导的多党合作和政治协商制度、民族区域自治制度以及基层群众自治制度，不断推进社会主义政治制度自我完善和发展。这一政治发展道路是中国共产党领导中国人民在长期实践中走出的一条符合我国国情、顺应时代潮流的道路，是侨联组织参政议政的政治基础和制度保障。广大侨界群众与全国各族人民一样，是国家的主人。发展社会主义民主政治，必然包括保障广大归侨、侨眷和海外侨胞通过各种渠道和方式参与国家和社会事务管理。2015 年 1 月，《中共中央关于加强社会主义协商民主建设的意见》明确提出协商民主建设包括政党协商、人大协商、政府协商、政协协商、人民团体协商、基层协商，而人民团体协商的基本职能与要求在意见中都作了明确

规定。① 侨联组织是党和政府联系广大归侨、侨眷和海外侨胞的桥梁和纽带，具有明确的政治属性，能够并应该引导侨界群众的参政热情，汇集侨界群众的集体智慧，履行宪法和法律、政策赋予的神圣职责，参与国家和地方重大问题的讨论协商。

全国和地方各级人民代表大会是人民行使国家权力的机关。根据《中华人民共和国全国人民代表大会和地方各级人民代表大会选举法》《中华人民共和国归侨侨眷权益保护法》的规定，全国人民代表大会和归侨人数较多地区的地方人民代表大会应当有适当名额的归侨代表，这就以法律的形式保障了侨界群众的民主政治权利和参政议政地位。侨联组织通过各级人大归侨侨眷代表积极参与国家政治、经济、文化和社会事务活动，反映广大归侨、侨眷和海外侨胞的意见和要求，发挥了独特的作用。

中国人民政治协商会议是中国人民爱国统一战线的组织，是中国共产党领导的多党合作和政治协商的重要机构。中国侨联是全国政协组成界别之一。1948年，中国共产党发布"五一"口号，号召包括海外华侨在内的全国各民主党派、各人民团体、各界民主人士等"迅速召开政治协商会议，成立民主联合政府"，揭开了华侨界参与新中国民主政治建设的序幕。中国人民政治协商会议第一届全体会议有国外华侨民主人士正式代表 15 人、候补代表 2 人，他们见证了新中国的诞生。此后，在全国政协中，从"海外华侨民主人士委员"到"华侨界委员"，进而到"归国华侨界委员"，再到"中国侨联界委员"，中国侨联作为侨界群众利益的代表者，发挥着越来越重要的作用。改革开放以来，江泽民、胡锦涛、习近平等党和国家领导人多次参加全国政协中国侨联界委员所在团组的讨论，并发表重要讲话，对中国侨联积极参政议政、建言献策，为国家各项事业的发展作出新的更大贡献提出明确要求。

中国特色社会主义政治发展道路要求坚持国家一切权力属于人民，从各个层次、各个领域扩大公民有序政治参与，推进决策科学化、民主化，保障人民享有更多切实的民主权利。各级侨联积极做好参政议政工作，是在实现坚定不移发展社会主义民主政治、扩大人民民主、保证人民当家作主的总体要求下，健全民主制度、丰富民主形式、拓宽民主渠道的重要体现。2015 年，《中共中央关于加强和改进党的群团工作的意见》明确提出："群团组织特别是人民团体是广大群众依法、有序、广泛参与管理国家事务和社会事务、管理经济和文化事业的重要渠道。各级党委要重视发挥群团组织在社会主义民主中的作用，更好保证人民当家

---

① 中共中央文献研究室编：《十八大以来重要文献选编》（中），中央文献出版社 2016 年版，第 297 页。

作主。"① 多年来，各级侨联深入基层，深入实际，倾听广大归侨、侨眷和海外侨胞的呼声，积极反映侨情民意，充分行使知情权、参与权、表达权、监督权，引导侨界群众依法进行民主选举、民主决策、民主管理、民主监督，围绕广大归侨、侨眷和海外侨胞普遍关心的热点、难点问题，向各级党委和政府建言献策，在促进国家和地方经济社会发展中发挥了重要作用。侨联参政议政工作得到了很大发展，已经成为广大归侨、侨眷和海外侨胞实现民主权利的重要渠道。

（二）加强侨联参政议政工作是侨联组织凝聚侨心侨力、同圆共享中国梦的内在需要

中国共产党领导人民推进的一切事业，归根到底都是为了实现最广大人民群众的根本利益，归根到底都要依靠最广大人民群众来完成。在中国共产党成立100周年之际，我国已经全面建成小康社会，党的十九大对实现第二个百年奋斗目标作出分两个阶段推进的战略安排：从 2020 年到 2035 年基本实现社会主义现代化，从 2035 年到本世纪中叶把我国建成社会主义现代化强国。② 这是一项空前伟大的事业，也是一项空前繁重的任务，需要更加充分、更加广泛地调动各方面的积极性，更加主动、更加有效地处理和化解各方面的矛盾，最大限度地激发人民群众的参与热情和创造活力，把海内外中华儿女的智慧和力量凝聚到这一宏伟目标上来。组织、引导广大归侨、侨眷和海外侨胞继续在新发展阶段发挥独特作用，是侨联组织彰显优势、展现作为的重要任务。各级侨联的参政议政工作，是凝聚侨心、汇集侨智、发挥侨力、维护侨益的重要途径，能够源源不断地汇聚侨界各方面的智慧，广泛充分地激发侨界各方面的创造活力；能够为侨界群众的根本利益谋发展，通过参政议政使广大侨界群众更好地共享经济社会发展的成果；能够调动一切有利于树立新发展理念、构建新发展格局的积极因素，化解影响团结稳定的消极因素，促进社会和谐与公平，为实现中国梦提供广泛而强大的力量支持。

（三）加强侨联参政议政工作是广大归侨、侨眷和海外侨胞的迫切愿望

广大归侨、侨眷和海外侨胞是侨联参政议政的源泉与动力，是侨界参政议政的主体。长期以来，广大归侨、侨眷和海外侨胞形成了报效祖国、服务桑梓的优良传统。改革开放以来，海内外侨情发生了重大变化，新华侨华人、留学人员等

---

① 《中共中央关于加强和改进党的群团工作的意见》，《人民日报》，2015 年 7 月 10 日。
② 《中共中央关于党的百年奋斗重大成就和历史经验的决议》（2021 年 11 月 11 日中国共产党第十九届中央委员会第六次全体会议通过），《求是》2021 年第 23 期。

不断增加，新归侨、侨眷迅速增多，广大归侨、侨眷和海外侨胞的整体素质不断提高；随着我国综合国力大幅提升、国际地位显著提高，中华文化的影响力逐步扩大，广大归侨、侨眷和海外侨胞为中国的发展进步和取得的巨大成就感到无比骄傲和自豪，爱国热情空前激发，民族自豪感、光荣感空前增强，实现中华民族伟大复兴的中国梦的信心更加坚定，为祖国和家乡服务的愿望更加强烈。这些都使侨联参政议政的群众基础更加坚实雄厚。近年来，越来越多的侨胞通过各种途径和方式为国家和家乡的经济社会发展献计献策，表达了强烈的参政议政愿望；全国政协每年也都邀请海外侨胞代表列席大会，取得了较好的反响。各级侨联必须顺应侨情的发展变化，切实加强参政议政工作，把广大归侨、侨眷和海外侨胞的爱国热情和伟大民族精神，进一步引导到建设中国特色社会主义伟大事业上来，为实现中华民族伟大复兴中国梦而不懈奋斗。

（四）加强侨联参政议政工作是侨联组织维护社会稳定、促进社会和谐的必然要求

侨联是党领导的人民团体，侨联工作是党的群众工作的重要组成部分。巩固党执政的群众基础，维护社会和谐稳定，是侨联组织的重要政治责任。

当前，我国正处于改革发展的深水区、攻坚期，深层次矛盾逐步显现，影响社会和谐的问题明显增多，不同社会阶层、不同经济主体的利益诉求日趋多样化，社会事务管理日趋复杂，广大归侨、侨眷和海外侨胞对自身权益发展有着很多新期待、新要求，维护侨益工作出现许多新情况、新问题。作为人民团体，侨联组织需要着眼于巩固党的群众基础、推动保持党同侨界群众的血肉联系，认真履行包括参政议政在内的各项职能，发挥协调与沟通的作用，通过组织的力量，表达侨界意愿，反映侨界呼声，参与协调社会利益关系，推动涉及侨界群众切身利益问题的解决，使党和政府及时掌握侨情，了解侨界群众的意见、建议和愿望，不断为促进政党关系、民族关系、宗教关系、阶层关系、海内外同胞关系的和谐，把侨界群众更加紧密地团结在党的周围。

二、侨联参政议政工作的主要渠道与方法

（一）发挥人大归侨代表作用

按照《中华人民共和国全国人民代表大会和地方各级人民代表大会选举法》《中华人民共和国归侨侨眷权益保护法》的规定，侨联组织可以推荐人大归侨代

表，保障侨界群众的民主政治权利和参政议政地位；做好与人大归侨代表联系服务工作，了解掌握各级人民代表大会中人大归侨代表的基本情况，建立健全与人大归侨代表的联系机制；着力从制度、方法、内容和活动形式出发，搭建有效平台，协助人大归侨代表更好地行使管理国家事务的权利，帮助其联系侨界群众，关注社会反映强烈的热点、难点问题；帮助其了解国民经济和社会发展情况；帮助其监督政策和法律法规的贯彻执行情况；帮助其履行好参与执法检查、提出立法建议的职责；帮助其提出对各方面工作的建议、批评、意见，真正代表好、维护好包括侨界群众在内的广大人民群众的根本利益。

（二）发挥侨联界政协委员作用

各级侨联是各级政协的组成界别，侨联界政协委员是各级侨联参政议政的重要途径之一。各级侨联需要注意发现侨界公认的代表人士、勤劳致富的典型、学科行业的领军人、专注公益的热心人、侨界群众的贴心人，真正把政治素质高、参政议政能力强、热心为侨服务的优秀人才推荐到各级侨联界政协委员的行列中，发挥好侨联界政协委员参政议政的作用；及时与各级侨联界政协委员建立联系，因地制宜探索有效的活动形式和载体，提高委员活动质量和实效性；有计划地组织政协委员开展调研和考察活动，深入基层、深入群众，及时了解国计民生，帮助其向党和政府及有关部门正确反映侨界群众的愿望和诉求；努力做好为政协委员提案服务工作，不断提高侨联提案素材质量，围绕广大归侨、侨眷和海外侨胞普遍关心的热点、难点问题积极建言献策，充分突出侨联界委员履行职责、行使权利及在促进国家和地方经济社会发展中的积极作用。

（三）发挥侨联组织自身作用

各级侨联需要发挥人民团体应有作用，及时了解广大归侨、侨眷和海外侨胞的所思、所需、所急，积极反映他们的合理诉求，重视信息的收集、整理和上报工作，积极拓宽反映侨情民意的渠道，及时有效地反映国内外侨情民意及侨界人士对国家工作大局的建议、意见；发挥侨界专家学者、侨联委员、海外顾问及侨联法律顾问委员会、青年委员会、侨商联合会的积极作用，积极为党和政府的中心工作建言献策；认真开展调查研究工作，将专题调研与日常调研相结合，通过调研，广泛深入收集上报信息；建立健全联系互动机制，搭建侨联系统参政议政工作横向、纵向沟通平台，切实提高参政议政工作成效；加强向各级党委、政府请示报告，及时与有关部门沟通联系；建立与侨界各级人大代表、政协委员、侨联委员、海外顾问、侨界专家学者的交流互动，加强与人大华侨委（民宗侨委）、政协港澳台侨委、侨务办公室及致公党的沟通协作。

三、侨联组织参政议政工作的发展与成效

几十年来，各级侨联紧紧围绕党和国家工作大局，积极响应各级党委和政府号召，发挥侨界人才荟萃、智力密集、联系广泛的优势，多渠道、多层次、多形式地集中侨界智慧为推动经济社会发展建言献策，积极参与涉侨政策法规的制定和执法监督检查，引导侨界群众有序参与社会管理和公共服务，认真推荐和热情服务人大归侨代表和侨联界政协委员，为全面推进我国经济、政治、文化、社会、生态文明等各项建设发挥了积极作用，取得了显著成绩。

（一）侨联参政议政工作的确立与典型案例

党和国家对侨联组织参政议政的重视，是基于对海外侨胞和归侨、侨眷地位作用的肯定。1949 年，陈嘉庚作为海外华侨的代表，参加了新政协的筹备。在第一次全国政协会议期间，陈嘉庚根据多年对国内建设的思考和回国后考察东北的情况，提出了七项提案：①在全国各中学普设科学馆案；②在沿海各重要地区设立水产航海学校案；③增加纸烟税率并停止公务人员之配给案；④今后人民新建住宅应注意卫生之设计案；⑤设立各地华侨教育机构案；⑥救济华侨失学儿童案；⑦引导华侨回国投资案。这些提案，大部分是陈嘉庚在国民党统治时期就多次提出的，但均没有实现。新政协会议不仅全部接受了陈嘉庚的提案，还认真对待，并提交中央人民政府办理，此后大都逐步实现。陈嘉庚还在政协一届二次会议上提出了在福建修建铁路和中文书写应统一由左而右横写的提案。[①] 后来，国家在充分调研论证和科学设计，充分听取各方面意见的基础上，作出了修建鹰厦铁路的决策；在郭沫若、陈嘉庚等人推动下，1955 年 10 月，教育部和文字改革委员会召开了全国文字改革会议，建议全国印刷品采用横写印刷。自 1956 年 1 月 1 日起，国内大多数报刊正式改成横排右行，并发展成为中文印刷规范。

另一位著名华侨领袖司徒美堂在参政议政方面也做了大量工作。在新中国筹备成立期间，司徒美堂对很多重大问题发表意见，态度鲜明地反对在中华人民共和国的国号后面加上"中华民国"的简称，提议《共同纲领》要规定"便利侨汇"，这些意见都被采纳。新中国成立后，司徒美堂针对广东侨乡的特殊性，提出了《关于处理华侨土地房屋问题的建议书》和《关于华侨土地问题的几点意

---

① 《中共中央关于党的百年奋斗重大成就和历史经验的决议》（2021 年 11 月 11 日中国共产党第十九届中央委员会第六次全体会议通过），《求是》2021 年第 23 期。

见》，得到毛泽东主席的批示。司徒美堂的大部分建议被 1950 年 6 月颁布的《中华人民共和国土地改革法》与 1950 年 11 月政务院通过的《土地改革中对华侨土地财产的处理办法》所吸纳。① 在此期间，海外华侨代表与委员也提出了很多有价值的提案与建议。

在 1956 年的全国归国华侨联合会成立大会上，参政议政就是重要议程之一。大会设有专门的提案委员会，共收到提案 151 件，其中关于侨务政策方面的 43 件，关于华侨投资、福利、就学方面的 29 件，关于国内宣传、出版、出入境方面的 20 件，涉侨婚姻、房屋及其他问题的 28 件。② "文革"后，全国侨联恢复活动，参政议政始终是其重要工作之一。2004 年，第七次全国归侨侨眷代表大会明确将参政议政职能写入中国侨联章程。多年来，侨联组织通过人大归侨代表、侨联界政协委员各级人大、政协会议提出议案、发表意见，通过各种渠道就国家和地方经济、政治、文化、社会发展中的问题积极建言献策，在社会主义民主政治建设中彰显了侨联组织的特色，很多提案在党和国家大局中发挥了重要作用。比如，2004 年，针对"台独"势力的活动和台海局势出现的新情况，中国侨联海外顾问、全英华人中国统一促进会会长单声建议制定相关法律以遏制"台独"，被全国人大常委会采纳。③ 2008 年 10 月，全国政协侨联界委员黄少良提出了《应尽快设立国务院食品安全委员会》的建议，引起党和国家的重视并被采纳，还在新中国成立 60 周年之际被全国政协评为十大经典提案之一。④

（二）主动推荐人大归侨代表、侨联界政协委员人选，发挥界别作用

各级侨联依据侨联章程和本省《实施〈归侨侨眷权益保护法〉办法》的有关规定，强化人大归侨代表、侨联界政协委员意识，积极争取侨界在人大、政协中的应有名额，抓住本级人大、政协的换届时机，主动与有关部门配合，广泛征询侨界群众意见，通过摸底调查、具体考察、个别谈话等方式，推荐一批德才兼备、参政议政能力强的侨界代表人士担任归侨侨眷人大代表和侨联界政协委员，侨界参政议政队伍素质、水平得到充分保证。作为各级人大中的重要工作方面和各级政协的组成界别之一，各级侨联组织紧扣"侨"的特点，把为人大归侨代表和侨联界政协委员服务作为参政议政的基础工作，突出侨界优势，不断创新工作方式方法，每年在全国和各地两会期间都能够提出大量针对性、可行性强的提

---

① 中华全国归国华侨联合会、人民政协报社联合编印：《使命·中国侨联》，2010 年版，第 17 页。
② 《中国侨联五十年》编辑部：《中国侨联五十年》，中国华侨出版社 2006 年版，第 40 页。
③ 王如君：《英国侨领单声提出"反分裂法"第一人》，《环球人物》2007 年第 14 期。
④ 中华全国归国华侨联合会、人民政协报社联合编印：《使命·中国侨联》，2010 年版，第 91 页。

案。同时，各级侨联组织人大归侨代表和侨联界政协委员开展调研和进行培训，共商共议，支持人大归侨代表和侨联界政协委员应有关部门邀请担任特邀监察员、检察员、审计员和督导员，积极参与本地区、本单位的民主评议、民主监督和民主管理工作，提高履职能力和水平；搭建联谊交流平台，增强参政议政人才队伍的凝聚力和责任感。

历届全国人民代表大会华侨、归侨代表情况

第一届　华侨代表 32 人

第二届　华侨代表 30 人

第三届　华侨代表 30 人

第四届　华侨代表 30 人

第五届　归侨代表 35 人

第六届　归侨代表 40 人

第七届　归侨代表 49 人

第八届　归侨代表 36 人

第九届　归侨代表 37 人

第十届　归侨代表 35 人

第十一届　归侨代表 35 人

第十二届　归侨代表 35 人

第十三届　归侨代表 39 人

中国人民政治协商会议历届全国委员会侨界委员情况

1949 年新政治协商会议筹备会　海外华侨民主人士 6 人（其中 1 人因故缺席）

中国人民政治协商会议第一届全体会议　国外华侨民主人士代表 17 人（正式代表 15 人，候补代表 2 人）

第一届　海外华侨民主人士委员 7 人

第二届　华侨界委员 16 人

第三届　华侨界委员 17 人

第四届　华侨界委员 17 人

第五届　归国华侨界委员 21 人

第六届　归国华侨界委员 31 人

第七届　归国华侨界委员 31 人

第八届　中国侨联界委员 25 人

第九届　中国侨联界委员 31 人

第十届　中国侨联界委员 23 人

第十一届　中国侨联界委员 30 人

第十二届　中国侨联界委员 28 人

第十三届　中国侨联界委员 27 人

（三）发挥民间优势，做好列席政协会议海外华侨华人代表工作

　　每年举行的全国两会备受瞩目，是中国政治生活中的一件大事。其对于与中国有着千丝万缕关系的海外华侨华人来讲，同样意义重大。根据《全国人民代表大会议事规则》和《全国政协全体会议工作规则》，允许有关人士列席与旁听两会。从 2001 年开始，中国侨联积极与各涉侨部门加强沟通协调，推荐海外华侨华人代表列席每年的全国政协会议，各地侨联也先后开展此项工作，使海外华侨能够及时了解中国经济社会发展情况，并提出意见、建议。同时，这也成为十分有效的海外联谊方式与渠道。从 2001 年至 2023 年，已经有 80 多个国家的 600 多位侨胞列席过全国政协会议。一方面，全国政协会议为海外侨胞深入了解中国政治体制与政治生活、国家经济社会发展情况等拓展了重要渠道和平台；另一方面，列席全国政协会议的海外侨胞代表也可以结合海外工作、生活经历，以自身独特的视角为中国经济社会发展建言献策，反映侨胞呼声，发出侨界声音。

　　1. 海外侨胞代表推荐选定比较严格

　　推荐列席全国政协会议的海外侨胞代表，政策性、政治性、涉外性都很强，必须符合有关外交原则和国际惯例，必须有严格严谨的程序。海外侨胞列席代表一般是由其所在国家的中国大使馆与中国外交部、全国政协、国务院侨办等部门联合推荐，经有关各部门审议后，交由全国政协通过。[①] 人选推荐一般要提前几个月进行，经过协调程序，确定最终的名单。海外侨胞列席代表推荐人选要综合考虑各方面因素，包括受邀侨胞在其所在国家有较大的影响力、在当地侨界有较高的声望等。

　　2. 海外侨胞代表的来源具有代表性、广泛性

　　每年列席全国政协会议的海外侨胞代表长期活跃于所在国家的侨社，关心祖

---

① 《海外列席代表的"两会故事"：不是客人而是参与者》，环球网，2015 年 3 月 11 日。

（籍）国发展，具有很强的建言献策能力，地域和专业领域的代表性非常广泛，涵盖了不同地域、行业、年龄段等各方面：既有知名侨领、知名侨商，也有资深报人、专家学者和科技精英；既有在当地侨界德高望重的老侨领，也有充满想法与活力、勇于尝试的华裔新生代；既有来自发达国家的代表，也有来自发展中国家的代表。

3. 每位海外侨胞一般只能当选一次列席代表

根据不同的情况，全国政协每年邀请的海外侨胞代表人数虽然不尽相同，但总的趋势是在增长，由最初的 9 位发展到年度最高 40 位。尽管如此，在邀请海外侨胞代表的过程中也形成了一个惯例，那就是通常不会重复邀请同一位侨胞列席会议，也就意味着如果一位侨胞今年成为列席全国政协的海外侨胞代表，自此以后他就不大可能再次被邀请。因此，不少被选为代表的侨胞将这次机会看作至高无上的荣誉，"一次列席，一生荣誉，终生难忘"是这些海外侨胞代表的共同心声。

4. 海外侨胞代表在两会期间的活动内容丰富

列席全国政协会议的海外侨胞代表与正式委员相比，虽然没有表决权，但可以享受很多一样的待遇，可以全程参加政协的会议、列席全国人大的会议。在小组讨论时，有关领导会参加会议，与海外侨胞代表进行讨论。海外侨胞列席代表虽然不能像正式委员那样提交提案，但有建议权，他们的建议可以被吸纳进相关委员和机构的提案之中。同时，除参加全国政协会议正常议事日程外，全国政协、国务院侨办、外交部、中国侨联、致公党、中国和平统一促进会等单位的领导也会与他们会见或座谈，面对面听取他们的意见和建议。海外侨胞代表列席政协会议已经成为沟通中国与海外侨胞的重要途径。

自 2005 年开始，为使海外侨胞列席代表更好地了解中国改革开放的新发展、新变化、新成就，全国政协参照组织政协委员视察工作的做法，每年邀请海外侨胞列席代表回国，围绕不同专题到全国各地参观考察。他们通过实地考察各地发展情况，更加直接、具体地感受祖（籍）国的发展变化，同时结合自身在国外的各方面经历、经验，向有关省市提出不少见解独到且切实可行的意见、建议，深受当地政府欢迎；也有部分海外侨胞列席代表在考察过程中抓住机遇，寻找合作项目，谋求创业发展的机会，为各地引智引资发挥牵线搭桥作用。①

现在，多数省、自治区、直辖市政协每年都会邀请海外侨胞列席代表参加本地两会，使海外侨胞为中国经济社会发展建言献策有了最直接、有效的渠道，这成为沟通中国与海外侨胞的重要途径。

---

① 张春霞：《广阔的舞台 成功的实践：海外侨胞列席全国政协全体会议十周年侧记》，《中国政协》2010 年第 10 期。

表 12-1　2001—2023 年列席全国政协会议的海外侨胞代表情况

年份	国家/个	列席人数/人
2001	8	9
2002	11	17
2003	13	20
2004	11	18
2005	16	28
2006	14	27
2007	14	28
2008	16	31
2009	18	33
2010	21	38
2011	21	39
2012	25	40
2013	24	39
2014	21	35
2015	27	38
2016	25	38
2017	30	39
2018	25	35
2019	31	40
2021	19	25
2022	18	19
2023	24	29

注：2020 年未邀请。

（四）紧紧围绕大局，积极建言献策

各级侨联始终将"围绕中心、服务大局"作为参政议政工作的根本方向，充分发挥参谋助手作用。

一是围绕国家核心利益建言献策。各级侨联紧密联系和团结广大归侨、侨眷和海外侨胞积极拥护和促进国家统一和民族团结。

二是围绕党和国家工作全局建言献策。全国各级侨联牢牢把握发展第一要

务，为服务经济发展、构建和谐社会谏诤言、献良策。

三是围绕地方党委和政府的决策部署建言献策。

四是通过编发侨情信息刊物，为中央和地方决策提供帮助。自 2007 年 11 月起，中国侨联集中侨界智慧，收集侨界建言献策信息，编写《侨情专报》上报中央，信息量大，独特性强，得到中央领导的重视，各级侨联也形成了相应的信息反映渠道。此外，各级侨联不断创新工作思路，拓展工作渠道，通过参加本级党委、政府及相关部门的协商会、研讨会、座谈会、情况通报会，积极发言，参与决策。

五是广泛开展调研，关注侨界民生。从解决侨界群众最关心、最直接、最现实的利益问题入手，就低保、就业、住房、医疗、教育等民生问题开展调研，了解侨情，汇集民意，及时向相关部门反映，沟通协调，推动解决了许多涉及侨界群众切身利益的问题。

（五）加强组织领导，形成参政议政工作机制

各级侨联始终把履行参政议政职能作为一项重要工作来抓。明确侨联参政议政的原则，坚持把围绕中心、服务大局作为参政议政的根本方向，做到为侨服务与为党和政府中心工作服务有机统一、维护侨益与促进经济社会发展有机统一；坚持把侨界群众作为参政议政的活力源泉，尊重侨界群众的主体地位，"从侨界群众中来，到侨界群众中去"；坚持把为侨服务作为参政议政的出发点和落脚点，最大限度地实现好、维护好、发展好侨界群众的根本利益，让侨界群众与全国人民一道共享改革发展成果；坚持把工作创新作为参政议政的发展动力，适应经济社会发展的需要，不断创新工作的载体、手段和内容，保持侨联参政议政工作的生机与活力。各级侨联把参政议政工作摆上重要议事日程，列入党组会、常委会、全委会和各级代表大会的重要议题，定期研究、分析改进、周密部署。同时，确定一位专职会领导主管此项工作，并责成一个或多个部门具体负责，定期汇报、确定专题、跟踪落实。一些地方侨联还建立了专门委员会或小组，建立征集机制、调研机制、激励机制，做到明确任务、确定部门、强化责任、完善程序，使侨联参政议政渠道畅通、有序、务实、高效。不少地方侨联组织在当地党委和政府及有关部门的支持下，积极争取建立参政议政专项资金，用于开展参政议政专项考察和专题调研、议案提案调查、研讨、培训等开支，为侨联组织更好地履行参政议政的职责提供必要的物质保障。

第十三章　弘扬中华文化

习近平总书记对文化建设非常重视，对海外华侨华人传承弘扬中华文化有很多重要论述，强调"中华文明源远流长、博大精深，是中华民族独特的精神标识，是当代中国文化的根基，是维系全世界华人的精神纽带，也是中国文化创新的宝藏"①，"博大精深的中华文化是海内外中华儿女共同的魂"，"我们的同胞无论生活在哪里，身上都有鲜明的中华文化烙印，中华文化是中华儿女共同的精神基因"②。广大海外侨胞和归侨、侨眷是中华文化走向世界的重要使者，侨联组织在引导他们传承、弘扬中华文化和开展中外交流方面大有可为。多年来，各级侨联积极开展文化交流工作，建立机制、搭建平台，拓展渠道、丰富手段，在开展"亲情中华"主题活动、支持华文教育、建设文化阵地、推动侨乡文化建设等方面做了大量工作，在弘扬中华文化、讲好中国故事、传播好中国声音、推进民心相通等方面取得广泛的社会影响，得到广大海外侨胞和归侨、侨眷的欢迎。

一、大力开展"亲情中华"主题活动

2008 年，中国侨联适应广大海外侨胞和归侨、侨眷的需求，着眼弘扬中华文化，启动了"亲情中华"主题活动，并逐步扩大规模、丰富内容。

（一）坚持高起点、常态化、公益性、大规模组派艺术团

近年来，中国侨联和各地侨联不断完善"亲情中华"主题活动团组选派、节目策划、演员组织、资金筹募、接待承办、系统联动、社会合作、宣传激励等机制和制度建设，侨联组织、政府有关部门、海外侨团、文化公司共同打造，形成集公益化品牌、社会化运作、项目化管理、事业化推进于一体的模式。中国侨联每年均组织若干团组，与各地侨联共同组派几十个团组出访。在国内外重要节假日、中外建交日、海外侨团举办跨地区重大活动期间，重点选择华侨华人相对

---

① 《习近平在中共中央政治局第三十九次集体学习时强调把中国文明历史研究引向深入推动增强历史自觉坚定文化自信》，《人民日报》，2022 年 5 月 29 日。
② 习近平：《实现中华民族伟大复兴是海内外中华儿女共同的梦》，《习近平谈治国理政》（第一卷）（第 2 版），外文出版社 2018 年版，第 63 页。

集中、海外侨团热切期盼的城市开展慰问演出和文化交流活动，加大在国外二、三线城市演出的工作力度，支持帮助少数民族地区侨联组派"亲情中华"艺术团出访，推动"亲情中华"艺术团在港澳地区举办慰问活动文化展演，发挥"台中有侨、侨中有台"的优势，使"亲情中华"演出走进台湾，在多个主要城市举办"欢聚台湾"大型演出，有效促进与台湾侨界密切往来、加深理解、增强凝聚力，为实现祖国和平统一贡献力量。

（二）组织实施"亲情中华"走进侨乡演出活动

为进一步推动侨乡文化建设，活跃侨界文化活动和丰富广大归侨、侨眷文化生活，中国侨联不断推进"亲情中华"品牌活动向基层发力、让群众受益，联合相关单位和地市，每年组派"亲情中华"艺术团走进基层、走进侨乡，开展形式多样、富有地方特色的文艺演出活动，受到各地侨乡的欢迎。支持地方侨联立足本地侨务资源和侨乡群众需要，结合春节、中秋、国庆等重大节日和地方节庆，开展姓氏文化、地域文化、侨乡文化等侨界群众文化活动，使"亲情中华"慰问演出活动有了更加广泛的群众基础。

（三）丰富"亲情中华"品牌内容

各级侨联顺应时代发展和广大侨胞期盼，在做好组团慰问演出的基础上，用战略的眼光、办事业的方法、创名牌的意识、社会化的手段，不断丰富"亲情中华"主题活动的内容与形式，从文艺演出拓展到文化展演、文化讲堂、艺术鉴赏、非物质文化遗产展示等各种活动，力求做到对中华文化的多角度呈现。各级侨联组派"亲情中华"中华医药、中华烹饪、中华武术、中华典籍、中华书画、重点非物质文化遗产展示与专题展览等海外交流活动，在春节等中国传统节日和重大时间节点举办华人春晚、诵读会等演出活动，让海外侨胞领略祖籍侨乡的文化魅力，慰藉海外侨胞的乡情乡愁，增进海内外同胞的感情。组织举办全球中餐业领袖峰会，组织开办中餐推广研习班，培训海外中餐业人士，助推"舌尖上的中国"走出去。组派中医团出国，举办中医讲座，开展咨询义诊，惠及海外侨胞、当地民众和驻外使领馆人员及家属，促进中外民间友好和人文交流。

（四）认真总结"亲情中华"主题活动经验

中国侨联坚持按照文化大发展大繁荣的要求，配合国家总体外交，认真研究文化交流工作的规划与总体设计，多次召开全国侨联系统文化工作会议，不断总结在传播中华优秀文化、团结凝聚海内外侨胞、服务公共外交、开展民间外交等方面的成功做法和经验。坚持以"亲情中华"主题活动为载体，探索一条符合

侨联实际、受海外侨胞欢迎的中华文化"走出去"的新路径，并通过在海外举办推介城市的主题文化周和在国内举办节庆活动等，为地方经济社会发展服务。努力使"亲情中华"演出成为海外侨胞沟通交流、共谋族裔发展的聚会，成为海外侨胞热衷家乡建设和关注中国发展的窗口，成为海外侨胞与中国工商界沟通商贸信息、洽谈经贸技术合作的媒介，成为传播中华优秀文化，彰显中国文化软实力和开展公共外交的舞台。

二、支持和参与海外华文教育

开展海外华文教育是推动中华文化走向世界的重要渠道，是中华文化自信、开放的体现，始终是侨联组织的重要职责。多年来，中国侨联和各级侨联加强总体规划，吸纳归侨、侨眷和海外侨领等侨胞的意见、建议，总结经验，系统推进海外华文教育工作。

（一）组织世界华人学生作文大赛、故事创作大赛和微视频征集等活动

中国侨联发挥海外联系广泛的优势，从 2000 年开始，每年组织举办世界华人学生作文大赛，① 至 2024 年已连续举办 20 余年。拓展举办世界华裔青少年融媒体作品竞赛，加强与地方侨联、海外侨团的联系互动，发动更多海外华裔青少年积极参赛，并邀请大赛海外获奖选手来华参加夏令营等活动，增强活动的广泛性和影响力。依托"亲情中华·为你讲故事"网上营来策划开展"我听我讲""我听我写"等系列竞赛活动，以侨为桥，帮助海外华裔青少年学习中文和感知中华文化，展示华裔青少年的中文素养，加强海内外学生交流，进一步增进海外华裔青少年对中国的文化认同和情感认同。

（二）组织开展华裔青少年夏令营、冬令营活动

中国侨联和地方侨联依据本地实际，将传承中华文化与加强国际传播能力建设相结合，汇集侨联系统及国内相关院校等各方力量，开展"中国寻根之旅"夏令营、冬令营等活动，根据不同国家和地区华裔青少年群体的特点和需求，坚持文化办营、规范办营、特色办营，提高办营质量和水平，不断丰富和创新中华文化体验活动的内容和形式，提升活动质量和效果，激发海外华裔青少年学习中国语言文化的热情，增进对中国和中华文化的认知、认同，促进海外华文教育和侨界青少年交流。

① 《中国侨联五十年》编辑部：《中国侨联五十年》，中国华侨出版社 2006 年版，第 395 页。

（三）支持海外华文学校

目前海外各类华文学校约 2 万所，在职华文教师有数十万人，在校华裔学生有数百万人。[①] 各级侨联组织加强与海外侨团的联系，开展华文教育调研，加大海外华文教育工作力度，探索项目化运作帮扶机制，积极参与高质量华文教材的出版发行和海外捐赠，组派"海外华文教育讲师团"，帮助提高华文教师教学水平，争取更多社会力量支持，推动增强华文教育的针对性和适用性，为海外华文学校、华人社区、图书馆提供青少年简体中文读物，增强中华优秀传统文化对海外华裔青少年的影响力和感召力，吸引更多海外华裔青少年学习中文、认知中国。

三、加强文化阵地建设

多年来，各级侨联根据侨联文化工作需要，坚持加强基础建设，打造文化工作阵地，为更好服务广大海外侨胞和归侨、侨眷文化需求提供了重要保障。

（一）推进建设中国华侨国际文化交流基地

自 2016 年开始，中国侨联以"侨与中国梦"为主题，以弘扬中华文化为核心，以民族文化、地域文化为特色，以华侨文化为纽带，每年有计划、有步骤、有选择地对各地侨联推荐、申报的文化设施、项目等授牌"中国华侨国际文化交流基地"，使其成为服务中华文化传播和交流的重要支撑。基地总体上分为四类：一是文化遗产保护场所，主要包括博物馆、纪念馆、文化遗迹、名人故居、非物质文化遗产展示体验中心等；二是知名旅游文化景点，主要包括文化街区、文化园林、民俗村落，以及风景名胜的文化景点等；三是文化研究培训机构，主要包括华侨特色学校，侨史研究机构，以及书法、国画、武术、中医、民乐、戏曲、烹饪等具有中国传统文化特质的培训馆所等；四是其他文化交流单位，主要包括侨界人士创办、参与创办、捐建的其他文化机构、文化场所、文化设施等。截至2021 年 8 月，中国华侨国际文化交流基地总数达到 442 个。基地的入选、确认工作坚持文化特色鲜明、为侨服务热情、引领作用突出、运行机制完善等标准。各级侨联通过在基地组织海外侨胞参观考察和举办各类文化交流活动，出版"中国华侨国际文化交流基地故事"丛书，召开中国华侨国际文化交流基地经验交流

[①] 林子涵：《华文教育工作者共聚第五届华文教育互联网教学研讨会——"拥抱信息化，海外华校动力十足"》，《人民日报（海外版）》，2023 年 8 月 16 日。

会，充分发挥其文化引领、文化寻根、文化惠侨的作用，使其成为文化交流工作的重要阵地。

（二）支持侨刊乡讯发展

改革开放初期，海外华侨华人希望加强与家乡的联系，了解家乡和中国的情况，交流彼此的信息，丰富文化生活，对恢复"文革"中停办的侨刊乡讯有着热切期盼。1978 年，广东省《新宁杂志》复刊，由此带动和影响了全国各地侨刊、族刊等复办、创办。[①] 1985 年，全国侨联由国务院侨办手中接过侨刊乡讯的管理工作，并向中宣部提交了相关报告。此后，全国侨联多次召开不同地区侨联的侨刊乡讯工作会议，交流经验，提出要求。1986 年 5 月，全国侨联在传统侨乡福建漳州召开"全国乡刊工作经验交流会"，这是侨联系统第一次举行侨刊乡讯专题会议，有力推动了侨乡文化建设。截至 1987 年，全国经批准复办、创办的侨刊乡讯有 140 多种[②]，自办发行和内部发送的数不胜数。此后，全国侨联又在北京、浙江、陕西等地召开区域性侨刊乡讯工作会议，在 1995 年、2005 年召开全国性会议，表彰先进，推进工作。1991 年 10 月，全国侨联创办《海内与海外》杂志，面向全世界发行，该杂志现在仍是其重要文化阵地。在 20 世纪 90 年代末，各级侨联联系、指导着 230 多家侨刊乡讯。[③] 进入 21 世纪，随着互联网、自媒体的发展和信息沟通渠道的便捷化，纸质传媒侨刊乡讯难以避免地出现发展困难。目前，中国侨联《海内与海外》杂志适应时代发展，坚持自身特色，依然在侨联文化宣传工作中发挥独特作用。广东、浙江等省级侨联也努力加强《华夏》《钱江侨音》等刊物工作，使其成为地方侨联文化宣传工作的重要抓手。

（三）大力推进网上文化活动

为适应互联网时代的发展，中国侨联和各地侨联强化依托互联网开展文化交流活动，把网上文化交流摆在突出位置，积极创建网上为侨服务新阵地。例如，中国侨联举办"亲情中华·同心与共""亲情中华·云上基地""亲情中华·童心欢畅""亲情中华·云端观影"等网上文化活动；举办"五洲同心·世界一家"24 小时云端音乐会、"同心逐梦"国庆中秋云端合唱音乐会、华侨华人云端春节晚会、"童心欢畅"六一云端综艺演出；推出"海外侨胞的别样春节"视频展；创建"云端观影"平台，请侨胞在中秋、国庆看电影。他们开设"云上基地"专题，组织中国华侨国际文化交流基地分批制作并推送视频，激发广大侨胞

---

① 《中国侨联五十年》编辑部：《中国侨联五十年》，中国华侨出版社 2006 年版，第 153 页。
② 《中国侨联五十年》编辑部：《中国侨联五十年》，中国华侨出版社 2006 年版，第 154 页。
③ 《中国侨联五十年》编辑部：《中国侨联五十年》，中国华侨出版社 2006 年版，第 255 页。

奋进精神，慰藉海外侨胞思乡之情；开办网上夏令营，面向 6~18 岁华裔青少年推出"为你讲故事"活动，探索 2~5 岁华裔儿童网上"亲子营"试点，满足华裔新生代学习中文、了解中华文化的需求。这些网上文化工作，有效扩大了侨联文化工作的覆盖面和影响力，让侨界群众在网上能找到侨联、参加活动、感受文化，使侨界文化活动更加接地气、聚人气、有朝气。

（四）加强中国华侨历史博物馆和各地涉侨场馆建设

展示华侨华人历史，传承华侨精神，是侨联文化工作的重要内容。国内华侨博物馆、纪念馆的创办、建设工作与陈嘉庚的大力推动分不开。在陈嘉庚的提议下，华侨博物院于 1956 年在厦门动工建设，1959 年竣工并开馆，陈嘉庚出席剪彩。在 1959 年 12 月召开的全国侨联一届四次全委（扩大）会议上，陈嘉庚提议在北京、上海、广州等地筹建华侨博物院，并率先捐款 50 万元。[①] 此后，建立中国华侨历史博物馆成为广大海外侨胞和归侨、侨眷的共同期盼。

出于种种原因，直至 20 世纪末，中国华侨历史博物馆依然未能列入议事日程。为实现陈嘉庚的遗愿，中国侨联第六届委员会于 2001 年决定加快中国华侨历史博物馆的筹建工作，启动立项申报、场馆设计等工作，成立了中国华侨历史博物馆筹建办公室。中国华侨历史博物馆在筹建过程中得到了党和国家领导人的高度重视和亲切关怀，得到了广大海外侨胞和归侨、侨眷的热情关注和大力支持，也倾注了中国侨联历届领导、老同志的心血和各级侨联的努力。经过 13 年的艰苦努力，2014 年 10 月 21 日，在陈嘉庚诞辰 140 周年之际，中国华侨历史博物馆正式开馆。[②]

中国华侨历史博物馆切实抓好管理运营工作，认真落实职能定位，以为海外侨胞和归侨、侨眷提供更好的公共文化服务为己任，积极发挥征集保护、展览研究和教育普及等功能，强化和完善华侨华人历史基本展，举办了几十场不同主题的展览。为展示好、宣传好华侨华人群体的历史与贡献，它不仅做好华侨历史有形物品的展示，全面、系统展现华侨在各个方面的奋斗历程，还深入挖掘经过历史考验锤炼的华侨精神品质，使新一代侨胞珍惜宝贵的精神财富，使华侨精神代代相传。近年来，它根据社会公众的要求，细化展示方案、讲解内容，与有关媒体组织开展"云游侨博"活动，通过多种方式和网络平台，为社会各界了解华侨历史提供窗口，促进全社会形成知侨、爱侨、护侨的氛围。在中国侨联和各级侨联的努力下，中国华侨历史博物馆已经成为海外侨胞和归侨、侨眷精神寄托的

---

① 《中国侨联五十年》编辑部：《中国侨联五十年》，中国华侨出版社 2006 年版，第 62 页。
② 《中国华侨历史博物馆展示中国人走向世界的历史》，《人民日报》（海外版），2014 年 11 月 8 日。

情感港湾，海外侨胞和归侨、侨眷奋斗历程的展示平台，中外文化交流的重要基地。

此外，全国各地涉侨机构依托本地侨务资源，建设了诸多华侨博物馆（院）纪念馆、文物馆等。如 1983 年 10 月，全国侨联在海外侨胞的积极参与和大力支持下，与有关部门一道，在华侨大学内建立了陈嘉庚纪念堂，成为华侨华人、归侨、侨眷、港澳同胞等社会公众缅怀陈嘉庚光辉一生、学习和传承"嘉庚精神"的重要场所。2011 年，在中国华侨历史博物馆的组织协调下，成立了中国博物馆协会华侨博物馆专业委员会，形成了华侨华人文博事业发展的合力。

（五）加强文化工作队伍建设

多年来，各级侨联注重发挥市场作用，拓宽民间渠道，引导更多社会力量参与文化交流工作，表彰对文化交流作出突出贡献的组织和人士，确认和发展一批骨干侨界文化团体，进一步密切联系、规范建设，推动其为传承弘扬中华优秀文化、团结引领侨胞贡献力量。加强与海外侨团特别是海外侨界文化社团的联系，面向海外华侨文化类团体举办各类培训班，组织海外侨界文化团体负责人及文化界重要人士回国参访，提升相关侨领和骨干专业、侨团组织的能力，支持其在当地积极开展传播中华文化的活动，鼓励其承办或参与中国侨联主办的文化活动，涵养一批海外文化交流骨干。发挥中国华侨国际文化交流促进会作用，鼓励支持中国华侨国际文化交流促进会理事在海外举办或参加各类文化活动；发挥中国华侨摄影学会作用，拓展具有"侨"特色的专题摄影展览及交流合作。

四、促进中外文化交流

广大海外侨胞和归侨、侨眷具有融通中外的天然优势，是中华文化走向世界的重要使者。他们在传承、弘扬中华文化的同时，不仅自己从中汲取精神力量，还通过与住在国民众的文化交流与交融，积极推动中外文明交流互鉴。目前，世界各地有华侨华人文化社团数千家、华文媒体约 2 000 家，更有几十万家中餐馆以及唐人街、中国城、中医诊所、武馆，还有形式多样的中华民族节庆文化活动等，都生动地向世界传递着中华文化气息，与各国的多元文化交流互鉴、交相辉映，成为中华文化海外传扬最深厚的基础与最有效的途径。因此，中国侨联和各地侨联在开展"亲情中华"海外艺术演出和专题展览等活动时，不仅面向华侨华人，还面向当地民众，吸引当地政要、知名人士参加；通过举办"亲情中华·筑梦丝路"专项行动等，将博大精深的中华文化、魅力无穷的民族艺术、鲜明生动的中国形象、举世瞩目的建设成就、悠久辉煌的历史遗存等，展示给广大海外侨胞和当地民众，让他们通过浓郁的文化艺术氛围感受中国、认识中国，增进世界各国人民对中国及中华文化的了解和认识，提升中华文化在世界上的影响力。

　　各级侨联积极鼓励、引导海外华侨华人当好中外文化交流的使者，倡导和支持他们把握互相尊重的文化基调，以宏大的包容精神和开放的世界眼光，在继承和弘扬中华文化的基础上，认真了解、充分尊重当地的历史、人文习俗，增进与当地民众的文化交流，虚心学习借鉴各国文明的发展成果，用心体会全世界各国文化的独特魅力，以开放自信的心态融入当地主流社会。进一步树立和巩固中华文化自信，在开展春节等中华传统节日活动时，邀请和吸引当地民众参加，让当地民众亲身感受中华文化传统，增强中华文化在世界上的亲和力、影响力，使中国梦同世界各国人民的梦想相通，为实现中国梦营造良好国际环境。

第十四章　参与社会建设

社会建设是"五位一体"总体布局的重要方面。侨联作为党领导的人民团体，参与社会建设是服务党和国家工作大局的重要任务。

一、侨联参与社会建设的依据与沿革

中国特色社会主义进入新时代，推进国家治理体系和治理能力现代化必然包括加强党领导的人民团体建设，发挥群团组织的作用。2015 年印发的《中共中央关于加强和改进党的群团工作的意见》指出"群团组织是创新社会治理和维护社会和谐稳定的重要力量"，要求群团组织"积极参加城乡基层群众自治和企事业单位民主管理，引导所联系群众正确行使民主权利，推动基层民主健康发展"。①

目前，在全世界近 200 个国家和地区居住着 6 000 多万华侨华人，他们与国内有着千丝万缕的联系；国内有 4 000 多万归侨、侨眷，分布在我国社会各个阶层、各条战线。如何促进海外华侨华人与祖（籍）国和祖籍家乡的联系，如何引导归侨、侨眷与国内各阶层人民紧密团结、和谐相融，是社会管理的重大课题。归侨、侨眷权益的实现情况，工作、生活状况和感受，对其海外的亲属影响很大，关系着华侨华人与家乡的感情、对中国的态度。众多海外侨胞时刻关心家乡和中国的现代化建设，通过多种形式参与、支持家乡和中国的经济社会发展。侨联参与社会管理，对于促进海内外同胞关系的和谐，鼓励、引导海外侨胞宣传中国形象、传承中华文化、增进中国人民与世界人民的友谊，都有着重大影响。

随着改革的深入和我国社会主要矛盾的变化，侨界群众的利益诉求、思想观念、行为方式等日益多元化、多层次化，侨联参与社会管理的任务越来越重。社会建设需要侨联的积极参与，侨联也同样需要通过参与社会管理拉近与侨界群众的联系。

中国侨联自成立以来，积极参与侨乡社会建设，在推动侨乡教育发展、移风易俗、公益慈善等方面发挥了重要作用。改革开放后，加强社会主义精神文明建

---

① 《中共中央关于加强和改进党的群团工作的意见》，《人民日报》，2015 年 7 月 10 日。

设成为国家的重要任务。中国侨联提出，"我们在大力支持侨乡建设物质文明的同时，要大力支持侨乡精神文明建设"，"为了建设文明的新侨乡，对国外侨胞自愿在侨乡兴办教育、科学、卫生、福利事业，各地侨联要积极予以协助"，要在侨乡"积极开展群体性的、健康的、丰富多彩的体育文艺活动"。①

二、侨联参与社会建设的主要工作

多年来，各级侨联坚持以人为本、为侨服务的宗旨，积极发挥基层组织网络优势、努力搭建广阔工作平台、不断丰富为侨服务手段，在组织引导服务侨界群众、参与基层治理、保障和改善侨界民生等方面开展了大量工作。

（一）发挥基层侨联作用，引导侨界群众自我管理与服务

全国侨联系统有着以基层侨联为基础的六级组织体系，各级侨联组织都直接联系着一大批侨界代表性人物，特别是归侨、侨眷比较集中的街道、社区、企业、院校、园区、楼宇、华侨农林场等的基层侨联组织，直接面对广大侨界群众，是侨联参与社会管理的优势和组织基础。多年来，各级侨联坚持"党建带侨建"的原则，主动将基层侨联组织建设纳入当地党建工作格局中去部署和推动，把活跃基层侨联工作放到促进密切党与侨界群众联系的高度，把工作重心向基层侨联倾斜，依托街道、社区、乡村和基层活动站等，把侨界群众最广泛地组织起来，不断增强侨联基层组织活力，主动参与社会基层组织自治，切实保障侨界群众对社会管理的知情权、参与权、表达权、监督权，支持和推动侨界群众在各个层次、各个领域实现自我管理、自我服务、自我教育、自我监督，积极参与经常性的和谐创建活动，推动形成相互尊重、和谐融洽的人际关系，自觉维护安定团结的良好局面。鼓励和弘扬侨界优良传统，不断培养和扩大侨联服务社会的义工和志愿者队伍，以多种形式开展社会服务。面向分布在城市社区、重点侨乡的侨界留守儿童、空巢老人等，积极提供温情关爱和帮助，为他们在海外的亲属解除后顾之忧。发挥侨联传统优势，深入回国创新创业新侨之中，积极为他们做好牵线搭桥、政策咨询和服务工作，通过开展活跃侨界的亲情联谊活动，鼓励海外回国创业人才进行业务探讨、信息交流、工作沟通，开阔视野，密切归侨侨眷之间、海内外同胞之间的感情，以侨界和谐促进社会和谐。

---

① 《中国侨联五十年》编辑部：《中国侨联五十年》，中国华侨出版社 2006 年版，第 150-151 页。

（二）努力践行立会宗旨，切实保障和改善侨界民生

侨联是广大海外侨胞和归侨、侨眷合法权益与正当利益的代表者与维护者，以人为本、为侨服务是侨联的立会之本。这就决定了各级侨联要把确保广大侨界群众与全国人民共享改革发展成果作为参与社会管理的根本要求。多年来，各级侨联坚持"一视同仁、不得歧视，根据特点、适当照顾"的方针，积极参与社会协商，推动涉侨政策与法律法规制定，加强对国际国内经济发展形势、社会利益格局变化的研究，增强对影响侨界群众切身利益因素的预判，参与协调不同阶层侨界群众之间的关系、侨资侨企与社会各界之间的利益关系并提出政策建议。围绕侨界群众就业、分配、社保、住房、教育、医疗等民生问题，充分了解、全面收集、综合分析他们的呼声和意愿，向政府有关部门提出建议和主张，促进各级政府科学、民主决策。全国侨联系统高度重视解决困难归侨、侨眷的生产、生活问题，通过建立健全帮扶机制，推动解决困难归侨、侨眷面临的最直接、最现实的利益问题，确保他们与全国人民一道共享改革发展成果。在归侨、侨眷人数较多的地方，各级侨联积极向党委、政府反映情况和问题，推动建立健全党和政府主导的维护侨益机制，建立困难归侨、侨眷档案，及时了解他们面临的实际问题，并为他们提供有效的帮助。每年元旦、春节期间，全国侨联系统会广泛开展"送温暖、献爱心"活动，重点对华侨农林场、城市散居和农村的困难归侨、侨眷开展慰问活动。各级侨联积极协助归侨学生、归侨子女和侨胞在国内的子女就学，按照国家有关规定给予适当照顾；依据不同归侨、侨眷群体的特点，督促各级政府为他们的就业提供指导和服务；建立相关档案，推动归侨、侨眷的离休金、退休金、退职金、养老金等社会保障相关政策的妥善落实。加强与有关部门的协调合作，监督涉侨法律法规的有效实施，加强归侨侨眷人大代表、侨联界政协委员的联系服务工作，主动参与涉侨法律法规的执法检查、工作视察等活动，及时发现存在的问题，督促地方政府认真解决。

（三）提高参与社会治理能力，促进社会和谐稳定

最大限度激发社会活力、最大限度增加和谐因素、最大限度减少不和谐因素，引导侨界群众自觉维护社会稳定，是侨联参与社会管理的重要任务。各级侨联以加强疏导为手段，切实改进工作作风，在倾听呼声、反映诉求方面体现主动性，深入侨界群众了解实情，把为民务实清廉的要求落到实处，引导教育侨界群众以积极心态面对工作、生活中的困难，以客观心态看待社会中的各种差异和不均衡，培育宽容平和、互助友爱、诚信共赢的侨界品格。推动建立社会管理预警机制，建立健全服务侨界群众、联系侨界群众的制度，及时发现普遍性、苗头

性、倾向性问题，努力把影响社会和谐稳定的问题解决在基层、消除在萌芽状态。按照党中央、国务院关于加强信访工作的要求，引导各级侨联信访干部带着对侨界群众的深厚感情，善待每个信访群众，推动有关问题公正、合理地解决。巩固加强"五侨"信访维权工作联系机制，建立健全与公检法司等部门的合作机制，逐步完善涉侨案件协调解决机制。对海外侨胞和归侨、侨眷反映的困难和问题、权益受到侵害的案件应及时受理，及时向有关部门反映，及时提出对策和建议，把主动务实精神体现在日常的具体工作之中，努力为侨界群众排忧解难。坚持调研先行，切实了解维护侨益工作面临的真实情况，有效排查涉侨社会矛盾，把工作做在前面，提高维护侨益工作的预见性，做到反应及时、行动迅速、敢于负责、勇于作为。

（四）发扬热心公益传统，倡导履行社会责任

实现社会和谐合作、促进社会公平正义，是侨联参与社会管理的最终目的。侨资侨属企业是侨联参与社会管理的重要方面。多年来，各级侨联加强与侨资侨属企业的联系与调研工作，鼓励、支持侨资侨属企业自觉履行社会责任，把企业发展与促进充分就业结合起来，主动改善企业劳动条件，保障劳动者权益，建立和谐劳动关系；引导侨资侨属企业进一步树立新发展理念，向民生和社会事业、农业农村、科技创新、生态环保、资源节约等领域发展，向战略性新兴产业、低碳经济、循环经济和西部地区倾斜。同时，鼓励、支持侨界群众自觉履行社会责任，大力倡导健康文明生活方式，抵御奢靡浪费之风，进一步树立侨界文明形象；教育、引导广大海外侨胞特别是侨商坚持义利兼顾、回馈社会，把支持公益事业作为义不容辞的责任，通过投资、捐款等方式支持教育、医疗、养老等社会保障事业发展。

海外侨胞历来有热心公益的光荣传统，积极向祖（籍）国或祖籍家乡捐款捐物，主要用于教育、医疗、科研、环保、救灾、养老、扶贫助困以及公益事业等社会建设方面。多年来，各级侨联顺应广大海外侨胞和归侨、侨眷热心公益的愿望，把开展公益活动作为一项重要工作来抓，以高度的责任感和服务意识努力搭建公益事业平台。侨联公益组织作为受政府和社会公众赋权的社会组织，在动员侨界力量、积极扶贫帮困、反映民生诉求、化解社会矛盾、传播慈善理念等方面有着不可替代的作用。侨界公益事业目前呈现出项目不断创新、覆盖面持续扩大、治理更加规范、信息日益透明的良好局面。

各级侨联坚持在广大海外侨胞和归侨、侨眷中大力弘扬热心慈善、支持公益的优良传统，倡导义利兼顾、回馈社会，把支持公益事业作为侨联义不容辞的责任，大力发展侨联公益事业，发挥侨联基金会的作用。各级侨联所属基金会坚持

侨联公益活动与侨联整体工作相融合，坚持公开、透明的原则，健全和完善各项工作制度和程序，全面提升自身管理服务水平，努力建设社会化、开放性的新型社团组织。注重调动侨胞捐赠的积极性，保护侨胞捐赠的正当权益，尊重侨胞捐赠意愿，畅通社会监督渠道，认真做好侨胞捐赠管理和服务工作。搭建侨界公益平台，打造"侨爱心工程"等社会公益品牌，提升侨联公益事业的知名度，扩大专项公益基金规模，坚持公益基金来自侨、受惠于侨、服务全社会，做大做强"侨爱心工程"，引导海外侨胞和归侨、侨眷通过公益捐助、爱心行动等方式支持教育、医疗、养老、环保、救灾、扶贫助困等社会保障事业发展。例如，在海内外影响较大的四川省北川中学，就是由中国侨联组织海外侨胞、港澳台侨界同胞和归侨、侨眷捐款 2 亿元人民币援建的。

（五）大力开展普法教育，引导侨界群众学法、遵法、守法、用法

普法宣传是在公民中扩大法律认知面、促进社会和谐稳定的必要途径和重要环节。多年来，各级侨联按照国家普法教育规划，发挥群众组织优势，在宣传侨法、营造护侨氛围和引导侨界群众知法、懂法、用法方面做了大量工作，取得了良好成效。

一是注重宣传广度。在宣传的对象上，不仅要面向各级侨联干部和广大归侨、侨眷，还要面向各级党政部门及其工作人员、司法机关及其工作人员、普通群众，向他们大力宣传归侨侨眷权益保护法等涉侨法律法规，加深社会各界对华侨华人以及归侨侨眷权益保护法的了解和认同，进一步增强爱侨、护侨的良好氛围；在宣传的内容上，不仅包括归侨侨眷权益保护法及其实施办法等涉侨法律法规，还广为宣传宪法，宣传中国特色社会主义法律体系和国家的基本法律，宣传促进经济发展的法律法规，宣传保障和改善民生的法律法规，宣传反腐倡廉的法律法规，以加强社会主义法治理念教育，使法治理念深入侨心。

二是注重宣传方式方法。应避免照本宣科，停留在法律条文表面，而应举一反三，阐明法理，引导社会大众领悟法律的精髓。对于普法对象也区分主次、分清重点，针对不同接受能力的普法对象提供不同深度的普法宣传，使侨联普法工作在人手少、经费有限的情况下达到事半功倍的效果。

三是注重普法深度。按照国家普法规划要求，依托侨联组织体系，积极开展"法律进机关、进乡村、进社区、进学校、进企业、进单位"的主题活动，尤其是以归侨、侨眷集中的侨乡、华侨农场、农垦系统为重点，扩大普法宣传工作的覆盖面，尽可能扫清普法盲区。注重采取法律知识竞赛、法制文艺会演、法制书画摄影作品展、法制座谈会等通俗易懂、侨界群众喜闻乐见的方式吸引他们广泛参与，让他们看得见、听得懂、记得牢、用得好。

四是注重答疑解惑。围绕侨界群众普遍关心的归侨身份认定、出入境管理、子女就学、房屋拆迁、合作纠纷、农场改革等热点、难点问题，通过以案释法等方式宣传法律法规，努力使普法宣传教育更好地体现时代性，具有更强的针对性和实效性，进一步满足广大侨界群众的实际需求。

三、侨联参与社会管理的经验与原则

侨联参与社会管理，必须牢固树立坚持党的领导、服务大局、以侨为本、服务基层的理念，从侨联政治性、先进性、群众性的特点出发，充分发挥自身优势，凝聚和调动侨界群众力量，在党的领导下为社会建设助力。

（一）在党的领导下有序参与社会管理

建立健全党委领导、政府负责、社会协同、公众参与的社会管理格局，党的领导是根本保证。侨联作为党和政府密切联系侨界群众的桥梁与纽带，作为党领导的侨界人民团体，必然在参与社会管理和创新的过程中把政治性放在第一位，始终不渝地坚持党的领导；把先进性作为努力方向，团结联系侨界群众为实现国家治理体系和治理能力现代化贡献力量；把群众性作为牢固的基础，在维护侨界和谐、改善侨界民生中发挥不可替代的作用。

（二）牢固确立服务大局理念

侨联工作是党和国家事业的重要组成部分，在参与社会管理和公共服务中，必须始终围绕党和国家的中心工作。要坚持把维护社会秩序、促进社会和谐、保障人民安居乐业，为党和国家事业发展营造良好社会环境，作为参与社会管理的根本目的；树立全局观念，在坚持全国人民总体利益一致的基础上，关注侨界群众的利益诉求，找准参与社会管理的切入点和着力点，在服务和谐稳定、服务改革发展、服务侨界群众中不断推进工作。

（三）坚持以人为本、为侨服务的宗旨

以人为本、为侨服务是侨联的宗旨，在参与社会管理和公共服务中，必须坚持这一宗旨。要把关注侨界民生、维护侨界群众权益作为加强和创新社会管理的出发点和落脚点，深怀爱侨之心、恪守为侨之责，坚持侨界群众的主体地位，紧紧依靠侨界群众，做好保障侨界民生和维护侨益工作。

（四）坚持深入基层

广大归侨、侨眷主要集中在基层，侨联在参与社会管理和公共服务中，必须把侨联"纵向到底、横向到边"的基层组织网络作为参与社会管理的根基和重心，坚持深入基层、服务基层，与侨界群众保持广泛接触和密切联系。

附　录

附录一
中国侨联先辈事迹选录

在中国共产党百年历史中，涌现出一大批杰出的共产党人，他们当中很多人成为党和国家的卓越领导人。与党史的进程同步，侨联事业在党的领导下逐步发展壮大，出现了一批坚定选择党的领导的华侨民主人士、坚定共产主义信念的侨务干部，中国侨联历史上不少领导就是其中的突出代表。除享誉中外的陈嘉庚外，还有庄希泉、庄明理、蚁美厚、张国基、洪丝丝、庄世平、张楚琨等。他们当中有的参与了新中国成立、全国侨联成立，有的积极推动"文革"后全国侨联恢复活动，有的积极在改革开放中推动侨联事业发展。从 1956 年全国侨联成立到现在不过 60 多年，从 1978 年侨联恢复活动到现在也不过短短 40 多年，但是他们当中很多人已经被淡忘，相当一部分侨联干部，对他们的事迹也知之甚少。列宁曾说，忘记历史意味着背叛。习近平总书记强调："全党要坚持唯物史观和正确党史观，从党的百年奋斗中看清楚过去我们为什么能够成功、弄明白未来我们怎样才能继续成功，从而更加坚定、更加自觉地践行初心使命，在新时代更好坚持和发展中国特色社会主义。"[①] 落实到侨联工作上，就是要在认真学习党史的基础上，学习侨联先辈为国家富强、民族复兴、人民幸福的坚定追求，一心为公、无私奉献的高尚品质，让侨联先辈的精神在侨联事业发展中代代相传，在华侨华人研究事业中发扬光大。本文初步梳理部分侨联先辈的事迹，与大家共同感受他们的伟大精神。

---

① 习近平：《在庆祝中国共产党成立 100 周年大会上的讲话》，《求是》2021 年第 14 期。

一、万世流芳陈嘉庚

陈嘉庚先生是伟大的爱国主义者，杰出的华侨领袖，享誉海内外的企业家、慈善家、教育家和社会活动家，曾任中国人民政治协商会议全国委员会副主席、全国人民代表大会常务委员会委员、中华全国归国华侨联合会主席等职。

1874年10月21日，陈嘉庚出生于福建省同安县集美社（现厦门市集美区）。17岁时，他到新加坡跟随父亲经商，后独立经营菠萝罐头厂、米店和橡胶园等。1916年后，他以经营橡胶和胶制品业为主，事业逐步发展壮大，成为驰名海内外、实力超群的大实业家。

陈嘉庚虽然身居海外，但始终保持中华优秀传统，倾力帮助侨胞，倾资兴办教育。1913年，陈嘉庚在家乡创办集美小学，后逐步增办师范、中学、水产、航海、商业、农业等学校，统称为"集美学校"。1921年，陈嘉庚创办厦门大学，不辞辛苦亲力选择校址、参与设计、主持建筑校舍、挑选校长，并提出高薪聘请师资等，设文、理、法、商、教育等五院十七系，为海内外培养高等人才。1929年世界经济危机爆发后，虽然陈嘉庚的企业经营遇到极大困难，但他仍多方筹措经费，以维持厦门大学等学校运转。1932年，有外国财团虽然答应支持他的企业，但以停止支持厦门大学和集美学校为条件，陈嘉庚断然拒绝。为了筹集办学经费，陈嘉庚出售原本为儿子在新加坡购置的三栋别墅以及自己名下的橡胶园，在有人劝阻时，他毅然道："公司可以关门，学校不能不办""宁可变卖大厦，也要支持厦大"。1937年春，陈嘉庚已经无力支持厦门大学经费，于是多方协调，无条件地将厦门大学献给政府，但他始终关注厦门大学等学校的发展。厦门大学、集美学校师生都尊称他为"校主"。新中国成立后，台湾当局经常派飞机到大陆东南沿海地区骚扰和轰炸。1950年，陈嘉庚回到福建集美，看到他倾力创办的集美学校、厦门大学多处被炸成残垣断壁，满目疮痍，愤怒和伤心难以言表。同时，他支持办学的信念也更加坚定，下决心修复并扩建两校。他多方筹措资金，自己每月500元工资只留下15元作为生活费，其余全部用于学校建设。其婿李光前更是出资不少。有人劝陈嘉庚，校舍建起来还会有国民党来轰炸。他坚定地说："我就是要把它建立起来，看他蒋介石敢不敢再来轰炸。"

陈嘉庚赤诚爱国，一生致力于振兴中华。1909年，陈嘉庚结识孙中山，并于第二年毅然参加同盟会，积极募款支持孙中山的革命活动。自"九一八"事变后，陈嘉庚不遗余力地在南洋发动华侨捐款捐物，支持国内抗战。随着1937年"卢沟桥事变"后国共实现第二次合作进入全面抗战阶段，南洋华侨爱国热情高涨。来自南洋各地40多个爱国团体的代表共160多人，齐集新加坡华侨中

学，宣布成立"南洋华侨筹赈祖国难民总会"（简称"南侨总会"），陈嘉庚被选为主席。南侨总会动员南洋华侨踊跃捐款，购买救国公债，选送华侨司机回国运送抗日物资。仅 1938 年和 1939 年两年，南侨总会的各地分会共募得一亿四千多万元，占同期海外华侨捐款总数的 70%。他抗日态度坚决，于 1938 年提出了"敌未出国土前，言和即汉奸"的著名提案。1940 年 3 月，陈嘉庚率领"南洋华侨回国慰劳视察团"回国视察，对重庆国民党当局的纸醉金迷、消极抗战状态深感失望。后来他访问延安，深为毛泽东和延安的清新氛围所折服，得出了"中国的希望在延安"的结论，并以其巨大的影响力带动海外侨胞认同共产党、拥护共产党，反对蒋介石独裁，坚持团结抗战。太平洋战争爆发后，陈嘉庚到印度尼西亚避难，其间历经多次险境，直至日本投降。1945 年 10 月 6 日，陈嘉庚安全回到新加坡。消息传到重庆，在重庆的集美学校和厦门大学校友会、福建同乡会等 10 个团体联合发起，决定在 11 月 18 日举行"陈嘉庚先生安全庆祝大会"。重庆各界纷纷响应，500 多人与会，邵力子担任大会主席，张治中、沈钧儒、黄炎培、柳亚子、陶行知、郭沫若等知名人士参加。后来知名的"华侨旗帜　民族光辉"的条幅就是毛泽东送给这次大会的。1984 年，邓小平在视察厦门期间再次书写了这一条幅。

1948 年中共发出"五一"口号后，陈嘉庚带领新加坡侨团热烈响应。1949 年 1 月 20 日，毛泽东发出电报："嘉庚先生：中国人民解放斗争，日益接近全国胜利。召开新的政治协商会议，建立民主联合政府，团结全体人民及海外侨胞力量，完成中国人民的独立解放事业，亟待各民主党派及各界领袖共同商讨。先生南侨盛望，众望所归，谨请命驾北来参加会议，肃电欢迎，并祈赐复。"陈嘉庚心情十分激动，经过十七八天的考虑，于 2 月 8 日复电："毛主席钧鉴：革命大功将告成，曷胜兴奋！严寒后，决回国敬贺。蒙电邀参加新政治协商会议，敢不如命。惟庚于政治为门外汉，国语又不通，冒名尸位，殊非素志，千祈原谅！"

1949 年 5 月 5 日，陈嘉庚在庄明理陪同下启程，成为海外华侨参加新政协会议的代表。1949 年 6 月 4 日，陈嘉庚辗转到达北平，董必武、林伯渠、叶剑英等前来欢迎他和同时抵达的其他华侨民主人士。第二天晚上，陈嘉庚在周恩来的陪同下来到香山见到毛泽东，回想起当时在延安的相见，两人相谈甚欢。陈嘉庚回国前曾自谦"于政治为门外汉，国语又不通"，对参加新政协会议心存疑虑，对此，毛泽东笑着说："陈先生现在讲闽南话，我讲湖南话，我们通过翻译不是交谈得很好吗？心通胜于言通啊！"在新中国筹备成立过程中，陈嘉庚代表海外侨胞发挥了重要作用。新中国成立后，陈嘉庚在广州与庄希泉相见时，平时不苟言笑的他一反常态，非常激动地说："希泉老弟，中国得救了，一个强大的新中国已经出现，从此以后，中国再不受帝国主义列强欺凌了，海外侨胞也可以抬起头

来了!"

陈嘉庚一生勤俭,生活简朴。1923 年,集美学校师生为庆祝陈嘉庚先生六十寿辰,集资捐款建造一座"介眉亭",陈嘉庚对此做法坚决反对,先后发出两封信函严肃批评校长。1950 年回国后,陈嘉庚定居在集美一栋简朴的二层楼,床、书桌、沙发、蚊帐等都是旧的,穿的衣服、裤子、鞋子、袜子全都打了补丁,自己定的伙食标准每天只有五角钱,经常吃番薯粥、花生米、豆干、腐乳加上一种鱼。陈嘉庚到集美以外的地方参加公务活动、陪同侨胞或访亲问友活动时,为避免给接待方增添麻烦,都是事先让炊事员煮好咸粥装入保温瓶里,再带些其他食品,在到达目的地前吃完自带的食物后才去办事或会友。

据庄明理回忆,1961 年,陈嘉庚病重,他对庄明理交代了遗言:"一、自己身后的事,死后不要火化,希望运回集美安葬。二、人总要死,死不要紧,最要紧是国家前途。中国有两派,旧的一派是国民党,这一派很坏;新的是共产党,她领导全国人民,建设社会主义。人都有一死,早死晚死不要紧,最要紧的是国家。国民党过去做尽坏事,他们逃到台湾去了,那些人一生自私自利,假公行私,现在还在捣乱。我们应尽早解放台湾,台湾必须归中国。三、集美学校一定要继续办下去。香港集友银行是集美学校的校产,每年都有股息和红利。厦门、上海两所集友银行,也是校产,它们赚钱不多,只要不亏本就可以。学校要继续办下去。"周恩来总理闻讯赶来探望,并作出指示:第一,应按嘉老的意愿办理。第二,解放台湾是全国人民包括台湾同胞、爱国侨胞的共同愿望。嘉老关心台湾回归祖国,他的爱国精神给广大华侨树立良好榜样。他的愿望一定会实现。嘉老如醒过来,请告诉他,台湾回归祖国一定要实现,请他放心。第三,集美学校一定照嘉老的意见继续办下去,一定要把它办得更好,请他放心。

1961 年 8 月 15 日,首都各界举行公祭陈嘉庚大会,由周恩来总理担任"陈嘉庚先生治丧委员会"主任委员,主祭人周恩来总理、华侨事务委员会主任廖承志致悼词。周恩来总理和朱德委员长领先执绋,在哀乐中护送灵柩上灵车,然后用专列载往厦门;8 月 20 日,运载灵柩的专列抵达集美,由时任中共福建省委书记林一心、副省长梁灵光及从北京护送灵柩来的华侨事务委员会副主任庄希泉等领先执绋,将灵柩送到鳌园墓地。

2014 年,在陈嘉庚先生诞辰 140 周年之际,中共中央总书记、国家主席、中央军委主席习近平给厦门市集美校友总会回信,盛赞"嘉庚精神"。回信全文如下:

值此陈嘉庚先生诞辰 140 周年之际,我谨对陈嘉庚先生表示深切的怀念,向陈嘉庚先生的亲属致以诚挚的问候。

陈嘉庚先生是"华侨旗帜、民族光辉"。我曾长期在福建工作，对陈嘉庚先生为祖国特别是为家乡福建作出的贡献有切身感受。他爱国兴学，投身救亡斗争，推动华侨团结，争取民族解放，是侨界的一代领袖和楷模。他艰苦创业、自强不息的精神，以国家为重、以民族为重的品格，关心祖国建设、倾心教育事业的诚心，永远值得学习。

实现中华民族伟大复兴，是海内外中华儿女的共同心愿，也是陈嘉庚先生等前辈先人的毕生追求。希望广大华侨华人弘扬"嘉庚精神"，深怀爱国之情，坚守报国之志，同祖国人民一道不懈奋斗，共圆民族复兴之梦。

二、不渝其志庄希泉

1961年，全国侨联第一届主席、在海内外享有崇高威望的陈嘉庚先生不幸逝世。接替嘉老担任第一届全国侨联代主席并在1978年全国侨联恢复活动后当选为第二届主席的正是庄希泉先生。

庄希老是1888年生人，祖籍是福建省泉州市安溪县。1906年到上海经商，追随孙中山从事实业救国。1911年辛亥革命后，受上海军政府委托组织南洋募饷队，三下南洋为民主革命筹款，其筹款的数额大大超出当时大家的期望。1912年，庄希老任中华实业银行南洋总分行协理，1916年在新加坡创办中华国货公司。这个时候，庄希老与嘉老相识并有了很深的交往，他有可观的经济实力，完全可以靠经营自己的企业发大财，但是，他矢志追求强国之路。1917年，他与夫人余佩皋创办南洋女校，探索"教育救国"的道路。1920年，在新加坡因发动、组织华侨反对英国殖民当局迫害华侨的教育苛例入狱，并于次年被驱逐出境；1925年，因在"五卅运动"中组织"厦门国民外交后援会"发动罢工、罢课，被日本驻厦门领事馆非法关押，后被押送到台湾囚禁了9个多月，受尽折磨；1934年，因从事抗日活动再次被捕关入日本领事馆的地下监狱，遭严刑拷打，坚贞不屈。

酷刑拷打使庄希老的意志更坚。抗日战争爆发后，庄希老利用自己在海内外的影响力，积极投身抗日救亡事业，并向中共香港分局的连贯提出了入党申请。连贯说："我们党早就注意你了！你这些年革命很坚决，所做的工作也很有成效，完全够入党的条件。但你现在是社会知名人士，又擅长经商，留在党外对我们更有好处。一来你可继续扩大社会影响，在外围帮助建立全民抗日统一战线，二来还可在经济上帮助革命。"庄希老听从组织安排，继续开展工作。香港沦陷后，又按党组织的要求到桂林支持地下党的工作。

1942年7月，由于叛徒告密，刚刚从香港撤退出来的廖承志等同志被捕，

粤、桂、赣三省的党组织不断遭到严重破坏，情况十分危急。当时，庄希老正在广西从事抗日救亡活动，其子庄炎林担任中共广西大学地下党支部书记和广西省委交通联络员。广西省委要求他利用自己的关系筹集一笔钱款，用来掩护撤退和营救被捕的同志。庄炎林想到了父亲，于是他回家问父亲："爹爹，您能不能设法弄一笔钱？"庄希老感到有些奇怪，不由得反问："你想要做生意？""不，我有特殊用途。"庄炎林知道父亲的政治倾向，就向他讲了地下党组织的处境。庄希老听了有些为难，自己虽然是南洋富商，但因为支持抗战，现在财产所剩不多了，远远不能满足组织上的需要。可是转念一想，自己在香港还有一些财产，因此建议冒险去一次香港，把家里的财产运出变卖，以解组织上的燃眉之急。

广西省委立即批准了他们的计划，派出梁林、梁智、张应麟等五人与庄希老、庄炎林一同出发，前往香港执行这一任务。从桂林到香港，有一两千里的路程。当时，由于日军侵袭，铁路、公路大部分被破坏了，不能通车。他们只好长途步行，跋山涉水先到湛江，又从湛江辗转到澳门，沿途经过多次盘查。日军侵占香港后对抗日人员搜捕很严，由于庄希老曾在香港从事爱国救亡运动，目标太大，进出香港风险很大。经过商议，他们决定：庄希老留在澳门负责接应，庄炎林和另外两位同志前往香港，用船将财产运到澳门，再转到湛江拍卖。在澳门期间，他们一日三餐都是喝稀粥吃咸菜，舍不得花钱，却毫无保留地把变卖财产的全部所得交给了党组织。

1978年12月，庄希老在第二次全国归国华侨代表大会上当选为全国侨联主席。庄希老利用自己在侨界的威望，带领全国侨联认真贯彻党的十一届三中全会精神，落实党的侨务政策，在海外侨胞中引起了强烈反响。1982年9月，党的十二大胜利召开，提出了党在新的历史时期的总任务，确定了从1981年到20世纪末的20年，我国经济建设分两步走的战略目标，即实现小康的目标，而没能成为中华民族的先锋队——中国共产党的一员，始终是庄希老的一个心结。庄希老深受这一目标鼓舞，他回顾自己从实业救国到追随共产党的历程，经过深入反复思考，于12月18日郑重提交了入党申请书。由于庄希老是全国政协副主席，又在海内外有着重要影响，他的入党申请需要中共中央审批。十多天后，中共中央书记处批准庄希老成为中国共产党正式党员（无需预备期）。时任中央政治局委员、书记处书记的习仲勋对此作出批示，要求庄希老的入党宣誓在年前举行，并且由新华社、《人民日报》播发新闻。12月30日，廖承志代表中共中央宣布接收庄希老为中共正式党员的决定，并担任入党监誓人。此时，庄希老已是95岁高龄，是中共历史上入党时年龄最大的党员。

庄希老是中国华侨历史学会的第一任会长，上任时已是94岁高龄。他以平等的姿态参加学会活动，在学术研讨会上认真听取专家学者发言，不时记录，真心诚意尊重他们。

1988 年 5 月 14 日，庄希老病逝于北京，享年 100 岁。在八宝山公墓为其送行的有首都各界人士及海外代表 500 余人，敬送花圈的党和国家领导人有邓小平、杨尚昆、李先念、邓颖超等。

三、心忧天下张国基

张国基先生出生于 1894 年，祖籍湖南益阳，与毛泽东是湖南省立第一师范学校的同学。改革开放后，当时的党和国家领导人及侨界都尊称他为"国老"。

国老于 1920 年前往新加坡道南学校任教，兼任华侨中学及南洋女中的教学工作。1926 年 12 月，回国投入大革命的洪流之中。1927 年 4 月，加入中国共产党，介绍人为毛泽东等人。同年参加了八一南昌起义，并任中央独立一师师长。在起义失败后，为躲避国民党反动派的追捕，于 1929 年远避印度尼西亚，继续从事华侨教育工作。新中国成立后，当选为第一届全国人民代表大会代表，后连续当选第二至七届全国人大代表。他于 1958 年 10 月回国。自 1978 年侨联恢复活动以来，历任第七届北京市侨联副主席，第八、第九届北京市侨联名誉主席，第三届全国侨联主席，第四届全国侨联名誉主席。1992 年 8 月 30 日，因病在北京逝世。

国老一生俭朴，淡泊名利，把"共产党人心里要装着老百姓"这句话作为人生准则。凭他的人生经历和革命资历，他完全有资格享有良好的生活待遇，但是，改革开放后，他在一套不带客厅的两居室中一住就是 20 多年，一直到去世也没有搬离。其间，组织上曾多次提出为他改善住房条件，但他始终婉拒。有人对此十分不解，劝他："住在这样的居民楼，既拥挤不堪，又嘈杂，为什么不搬呢？"国老悠然一笑说："住在居民区好啊，成天和群众生活在一起，能经常了解民情，听得到群众的呼声，这样既有利于我履行人大代表的职责，也能从群众中汲取政治营养，永远保持普通劳动者的本色。""别看我这间屋子小，它的用途可大哩，白天是我的办公室兼会客室，夜晚就变成了我的卧室兼书房。这样的'四合一'住房，既简朴又方便，我非常喜欢。"他心忧天下，进而解释说："现在北京市祖孙三代挤住一间房的还不少，我们爷孙俩，一人分住一间房，已经够用了。如果再给我换大房，我心里就不安了。共产党员应当'先天下之忧而忧，后天下之乐而乐'。如果只想自己，不顾群众的疾苦，那叫什么共产党员呢？"按照当时的规定，国老可配一名秘书、一个服务员和一台专车。但国老一样都没要，只在开会时让汽车接一下。他说："国家要用钱的地方多，能省则省，绝不能浪费国家和人民的钱，如果让三四个人来为我一个人服务，我怎么能安宁呢？"

国老对自己节俭，对公益事业却十分慷慨。国老在海内外 40 余年的华侨教育生涯中，呕心沥血，教书育人，深受师生拥戴。因此，每逢大寿，许多学生都敬献寿金为其庆贺。1984 年国老九十大寿，收到海外学生寄来的 10 万元寿金。这在当时可是相当可观的巨款，购买力不亚于现在的几百万元。那时国老的家乡益阳经济比较落后，其中一个村庄的群众还在用油灯。国老没有丝毫犹豫，把这笔寿金全部赠给家乡人民，不仅使这个村的 400 多户家家通了电灯，为村里办起了几个加工厂，还有一部分节余。当地干部想用 1 万元来维修国老儿孙在当地的住房，国老坚决不同意，他写信强调："这 10 万元寿金，集着海外侨胞的爱国尊师之情，要全部用于造福于民的公益事业。如果把它用来为子孙营建安乐窝，我怎么来为人师表呢？所以余下的钱，我们自己一分也不能动用。"此后，他又利九十五大寿和一百大寿汇集的 100 余万港币寿金设立张国基文化教育基金，借以推动教育事业的发展。

难能可贵的是，1989 年底，在第四次全国归国华侨代表大会召开之前，国老郑重向党中央和大会提出，出于年龄等原因，恳请不再担任全国侨联主席职务，以利于侨联事业发展。其实，以他的资历和威望，如果他坚持不退，组织上是会慎重考虑的。国老虚怀若谷、顾全大局的高风亮节，让我们看到了一名老共产党员的高贵品质。

国老对华侨华人研究十分重视和支持，他在推掉很多荣誉性职务的同时，却欣然同意兼任中国华侨历史学会第二届名誉会长。他不但出席学会相关活动，而且力所能及地帮助学会处理经费、办公、出版等事宜。学会创办的内部刊物《侨史资料》（后因经费问题停刊）以及向国内外公开发行的学术刊物《华侨华人历史研究》的刊名均由国老题写。他的题词是我们做好刊物编辑工作甚至开展华侨华人研究的宝贵精神财富。可以告慰国老的是，《华侨华人历史研究》从他题写刊名时的小刊物，已发展为 CSSCI 来源期刊（1998 年至今），2012 年入选全国中文核心期刊，2018 年入选"中国人文社会科学期刊 AMI 综合评价"A 刊核心期刊，成为中国华侨华人研究成果发表的主要阵地。

四、侨心永驻庄明理

在全国侨联，有多位庄姓前辈，除主席庄希泉外，还有副主席庄明理。大家都尊称前者为"庄希老"，而尊称后者为"庄明老"。

庄明老于 1925 年前往南洋地区经商，"九一八"事变后任槟城华侨筹赈东北难民、伤兵委员会募捐委员，是陈嘉庚先生组织成立南侨总会的重要支持者、协助者，为抗日筹款出力甚巨。他秘密组建槟城华侨抗敌锄奸团（后改组为槟城华侨抗敌后援会），组织 500 多名华侨机工回国支援抗战。1940 年 2 月，被英国殖民当局驱逐出境。回国后，庄明老不顾危险，深入滇缅公路并慰问南侨机工。嘉老率领南洋华侨回国慰问团回国期间，庄明老陪同大部分行程，并出任南侨总会常驻滇缅公路代表。1946 年，庄明老加入中国民主同盟，参加反蒋活动，并回到马来亚，组建中国民主同盟槟城分部。1948 年 6 月，再次被英国殖民当局逮捕，释放后仍受监视。

1949 年 6 月，庄明老随嘉老一起回国参加新政治协商会议筹备会，作为华侨代表为新中国的筹备尽心尽力。此后，庄明老成为新中国侨务工作的重要参与者，担任很多重要职务，包括华侨事务委员会副主任，全国侨联第一至四届副主席，中国民盟第四至六届中央委员会常务委员，第一至五届全国人民代表大会代表，第六届、第七届全国政协常务委员等。

新中国成立后的二十世纪五六十年代，华侨学生回国就学的需求很大、热情很高。1959 年，在国内经济面临严重困难的情况下，周恩来总理批准成立华侨大学，廖承志主抓，时任中侨委副主任、全国侨联副主席的庄明老成为具体执行者，以办好华侨教育的千秋大业为己任，为创建华侨大学呕心沥血，不遗余力。从选定校址、征地补偿到用电用水等，庄明老多次和省、市领导座谈，做了大量细致的工作；在学校建设中，他想方设法节约开支，从设计议案修改到建筑材料选用，从学科设立到招生规模，他事事过问、严格把关、提出设想、落实细节，用好国家拨款和陈嘉庚先生生前赠给华侨大学的 500 万外汇捐款。1964 年，由建设部总工程师牵头的专家验收组对华侨大学的评价为："质量优秀，耐用百年。"如今，华侨大学已经成为国内最重要的"侨"特色高校之一，其中饱含庄明老的心血，他的精神光照千秋。

"文革"结束时，庄明老已步入古稀之年，此时他曾对人说，在有生之年要办三件事：一是协助解决好国内华侨机工的政策落实问题，并且为他们立碑纪念；二是推动在北京兴建中国华侨历史博物馆；三是要把"文革"中被占的北京华侨大厦收归全国侨联。

第一件事：南侨机工为中国抗战作出了巨大贡献，除当时牺牲的千余人和后来返回南洋者外，还有近千人留在国内。由于"左"的思想影响，他们受到了不公正待遇。作为南侨机工回国服务的重要发动者、组织者，南侨机工的命运始终是庄明老的牵挂。1986 年 1 月，他不顾年迈体弱，率领调研组深入云、贵、川等地，了解新中国成立后南侨机工的生存状况，呼吁落实南侨机工政策。1989 年，在庄明老及有关方面领导的共同推动下，在南侨机工回国参战 50 周年之际，"南洋华侨机工抗日纪念碑"在昆明落成。同时，贵州、四川、广东、海南、广西、福建、湖南、新疆等地尚健在的南侨机工得以落实相关政策，政治、生活待

遇得到改善。

第二件事：在北京兴建中国华侨历史博物馆是嘉老的遗愿，庄明老是坚定的响应者、支持者。改革开放后，经庄明老与当时的全国侨联及有关方面领导不断呼吁和推动，中国华侨历史博物馆终于在 2014 年陈嘉庚先生诞辰 140 周年之际落成开馆。虽然庄明老没有亲眼看到这一幕，但侨博如今的发展足以告慰庄明老在天之灵。

第三件事：在庄明老和众多中国侨联领导、侨界人士的共同努力下，有关部门将北京华侨大厦划归中国侨联。但在拆除、复建过程中出现了一些波折，现以合作方式开展经营。

五、至情至性蚁美厚

蚁美厚是泰国著名侨领蚁光炎的义侄。蚁光炎为支援国内抗战奔走呼号，积极为八路军、新四军捐款捐物，不幸于 1939 年被日本特务机关暗杀。蚁美老毅然继承叔父遗志，成为泰国华侨的领袖。1949 年，他作为华侨代表回国参加新政协会议，与陈嘉庚先生等共同见证新中国的诞生。新中国成立后，蚁美老曾任中侨委副主任、全国侨联第一至四届副主席。

新中国成立之初，恢复国民经济需要大量资金和外汇，还要倾力保障抗美援朝。当时，蚁美老的夫人金素娟从泰国汇来 10 万港币。这在当时是一笔巨款，更是宝贵的外汇。蚁美老把这 10 万港币全部用来购买公债。有人不理解，对他说："为什么不拿来投资，不也同样可以帮助国家吗？"他回答道："目前国家财政有困难，又缺外汇，购买公债更能直接帮助国家解决困难。"此后，蚁美老还捐献了很多资金和医疗用品等物资支援抗美援朝。蚁美老的爱国精神和义举让时任中侨委主任何香凝十分感动，为表示肯定和钦佩之情，何香凝与另外三位画家一起，在一帧画中分别画了竹、梅、兰、菊，于 1951 年 2 月赠给蚁美老。

蚁美老和夫人金素娟于 1940 年初结婚，夫妻感情深厚，育有三子三女。1949 年 6 月初，中共中央邀请蚁美老回国参加新政协会议。接到信函后，蚁美老悄悄对金素娟说："祖国快要完全解放了，北平要开全国政治协商会议。党中央要我代表泰国华侨回去开会，共商国家大事。"金素娟一听，赶忙问他是如何打算的。蚁美老接着说："我打算回国去。海外华侨盼了多年，现在国家算是有希望了，回去参加祖国建设是光荣的。因为事情紧急，那边要我过几天就动身。他们会派人来接应的，你放心好了。"金素娟理解蚁美老的心情，十分支持他的决定。蚁美老当时以为回国后很快就会来接金素娟和孩子们，但出于种种原因，他回国 30 多年，夫妻二人只见过几次面。金素娟要操持家业，抚育子女，不仅在泰国支持社会慈善事业，还多次向中国汇款捐物。1979 年春天，蚁美老随代表团赴泰国访问，回到了阔别已久的曼谷家中，祖孙三代第一次享受骨肉团聚的天伦之乐，夫妻两人终于可以讨论如何解决两地分居之苦了。

蚁美老希望妻子回中国，金素娟则意见相反。在代表团回国前夕，金素娟饱含深情地对蚁美老说："你真的不想回泰国了吗？你已经为国家工作了大半辈子了，这么多年都没有跟家里人在一起过。现在你我都老了，家里盖起了新楼房，我看你还是回来享享晚年的清福吧！"但是，在亲情和信仰面前，蚁美老还是选择亲情服从信仰。最后，金素娟终于被说服，答应把泰国的家业交给子女后回国与他团聚。然而，天不假年，正在准备行装的金素娟突然心脏病复发，于 1981 年 11 月 30 日与世长辞；1994 年，蚁美老也不幸离世，最后的允诺竟成了永远无法实现的遗言。为了振兴中华的理想和信念，蚁美老把自己的一生献给了祖国；为了支持丈夫献身的正义事业，金素娟展现了贤妻良母的美德，备受赞颂和尊敬！这对至情至性的夫妻，永远是侨界的光辉！

六、万人追仰庄世平

庄世平 1934 年出国后，曾长期旅居泰国，积极投身救难救国活动，为抗日募捐和输送物资作出很大贡献。1949 年，得知新中国成立消息的庄老心情异常激动。同年 12 月 14 日，由庄老创办的南洋商业银行在香港开业，他组织在银行升起了全香港第一面五星红旗。

庄老一生都保持着强烈的爱国主义情怀和百折不挠的民族精神，他说："作为一个中国人，这个根不能忘，离开了这个根还能说什么呢？只要我们的国家能够好，这是一个总体原则。国家民族不富强、不自立，做一个中国人是很难过的。在国内大家都在一起，也许感觉不强烈，跑到国外去，这种感觉十分强烈。一个民族有几千年的文化，怎么不能在世界上发挥我们国家的作用呢？现在中国解放了，中国人站起来了，这些都是很值得骄傲的。""人要争口气，不是你给我多少钱，我就服你。我们国家要富强起来，而不是一两个人有钱的事。一个人做事业做生意当然有其渠道，但是人格、国格不能丢。对国家、对家乡的贡献，是应该的。"1997 年 7 月 1 日，中国对香港恢复行使主权。当时已经 86 岁高龄的庄老出席了交接仪式。当他在现场看到代表殖民政府的"米字旗"落下，鲜艳的五星红旗徐徐升起、高高飘扬在香港上空时，他的眼眶湿润了。庄老说："40 多年来，我一直坚持在香港升国旗，最早和我一起升旗的伙伴们都已经去了。如今我已八十有六，终于亲眼见到祖国收回香港，我第一件要做的事就是告慰伙伴们在天之灵：夙愿已了！"

庄老重视培养子女的独立能力，把所有的孩子都送到内地接受教育和工作，从不用自己的关系和影响力为他们谋私利。他的六个子女没有一个在政界和商界工作，长子在香港开了30多年巴士，退休后住在廉租房里。他的子女回忆说："父亲总是教导我们要自食其力，不愿意借用自己的影响力为子女办事。我到香港后，他从不过问我的事。""我们是没有什么埋怨的，因为这是一个国家、一个民族，总有一批人是这样做的。"实际上，庄老以自己的言传身教，给子女们留下了最宝贵的财富。

2007年6月2日，庄老因心力衰竭在香港去世，享年97岁。助力和支持中国发展，是庄老一生的追求，他从来没有想过把财产留给自己的子女。晚年的庄老家产有2 000多亿港币，他在去世之前的最后关头决定将自己的全部资产无偿转让给国家，没有留给子女一分一毫，让世人深为震惊和敬佩。

周恩来总理曾说："潮汕为中国革命贡献了两个经济人才，一个是理论的许涤新，一个是实践的庄世平。"庄老去世后，国学大师饶宗颐为他亲题挽联："万人追仰惠泽深 一老功勋邦国重。"

七、奠基侨研洪丝丝

洪丝丝，福建金门人，原名洪永安。"丝丝"是他发表文章时用女儿乳名所起的笔名，此后一直沿用而成为本名。他的女婿就是曾为《祝酒歌》《在希望的田野上》等歌曲谱曲的著名音乐家施光南。

洪老长期在南洋开展文学和宣传工作，1950年回国后，历任中央人民政府华侨事务委员会委员、中国新闻社专稿部主任、新闻社理事长等职。洪老是全国侨联第三届、第四届副主席。他是中国华侨历史学会第一届副会长、第二届会长，也是中国华侨华人研究所的首任所长。

洪老在海外工作的20余年间，发生了中华民族的抗日战争、太平洋战争和新中国成立等重大历史事件。这一时期，包括海外华侨在内的中国人民显示了空前的团结和高涨的爱国主义热情。洪老积极参加抗日宣传活动，为荷兰、英国殖民当局所不容，1931年和1950年两次被拘捕并驱逐出境。太平洋战争爆发后，他被迫化名，与胡愈之、郁达夫等爱国文化名人避难印度尼西亚苏门答腊的不同地方，历尽磨难。洪老才华横溢，文思敏捷，能写不同体裁和内容的文章，如新闻、杂文、随笔、文艺评论、诗歌及国际时事问题分析等，是名副其实的多面手。1938年初至1941年末，他在槟城任《现代周刊》编辑部主任。该刊为现代报社所办，除周刊外，该社还办有日报、晚报。现代报社秉承两个办报宗旨：一个是"讲良心话"；一个是"大众化"，坚持抗战到底，反对法西斯。《现代周

185

刊》在马来亚华侨中有着广泛的影响。当时编辑部人手很紧，从组稿、编辑、校对到答复读者问题、处理来往信件，全由洪老一个人负责。由于《现代周刊》办得出色，发表的文章针砭时弊、文锋犀利，与名记者邹韬奋办的《生活周报》有许多相似之处，因而洪老被读者赞为"南洋邹韬奋"。后来，洪老担任嘉老创办的《南侨日报》主笔之一，1950年报社被查封后，他被殖民当局驱逐出境。

回国后，洪老先后在中侨委、中国新闻社担任领导职务，为侨务事业倾注了大量心血。据巫乐华、方雄普两位老所长回忆，洪老性格耿直，擅于独立思考，敢于坚持真理，不随波逐流。1957年，洪老因言获罪，成为"内定右派"，人生坎坷，岁月蹉跎。五六十岁，对于一个知识分子，尤其是杰出的知识分子来说，是稍纵即逝的黄金岁月。在政治风浪旋涡里，洪老不改真汉子本色，在逆境中写下"白骨纵然沉碧海，丹心犹欲照青天"诗句以表心迹。

巫老回忆说，"绝不要说正确的空话"是洪老给他印象最深刻的一句话。大约是1988年，洪老和巫老谈及社会上的种种不正之风时，洪老非常气愤地说："没想到有的人对这股亡党亡国的歪风，只说一些无济于事的正确的空话！"他认为，涉及党的原则、国家和民族的利益、人民的疾苦问题时，应不说顺风话、正确的空话，而应坚持原则立场，铁骨铮铮。

改革开放后，中国的华侨华人研究事业才算全面起步，并不断繁荣发展，华侨历史学会、华侨历史研究所分别于1981年、1984年成立是标志性事件，其中倾注了洪老的心血。面对全国华侨华人研究困难重重的局面，洪老实际担负起华侨历史学会的日常组织协调工作，团结联系专家学者制定研究规划，身体力行撰写学术文章和著作、编辑史料和相关文章。由于华侨历史学会只是一个民间的学术团体，全国各地虽有近30个地方学会，但与华侨历史学会没有隶属关系，学会没有人员编制及专项经费来源。有鉴于此，在学会成立3年后的1984年4月，经肖岗、洪老的努力，在全国侨联机构进行调整扩充时，增设了华侨历史研究所，并于1991年更名为"中国华侨华人历史研究所"、2017年更名为"中国华侨华人研究所"。出任所长时，洪老虽已77岁高龄，但依然笔耕不辍，且从不跟风，坚持实事求是，秉笔直书。他兼任《华侨华人历史研究》首任主编时，虽会议多、社会活动繁忙，但事事操心。事前如何组稿，他有通盘的考虑；等到刊物出来后，他又认真细读，发现问题及时改进。据方老回忆，洪老因病住院期间依然坚持审读稿件，对当时一位著名学者的文章指出三个错漏之处：一是把"天经地义"错写成"天径地义"，二是"为学术界所重视"误为"为学术界可重视"，三是把"in"写成"is"。由此可见他做事的细致认真。

中国华侨华人研究能够有今天的大好局面，离不开洪老的开拓性、基础性工作，他的精神永远是我们开展研究工作的宝贵财富。

八、侨史武训张楚琨

张楚琨出生于福建泉州贫苦家庭，早年随家人赴新加坡谋生。1937 年，他参加"中华民族解放先锋队南洋总队"，任宣传部部长，曾到香港当面向八路军办事处的廖承志请教工作。太平洋战争期间，他与胡愈之、郁达夫等在印度尼西亚避难，抗日战争胜利后协助陈嘉庚先生创办《南侨日报》并任经理。

在南洋长期的华侨宣传工作，使张楚老对这片热土产生了深厚的感情。新中国成立后，他曾在厦门市任副市长。改革开放后，他主要从事侨务工作。他是中国华侨历史学会第三届、第四届会长，在中国侨联的最高职务是副秘书长。张楚老以赤诚的为侨情怀展现了甘当侨史研究当代武训的风采。清朝末年，山东聊城人武训为办学而行乞，他站在街边向行人喊道："踢一脚给两个钱，办个义学不犯难。"武训忍辱负重、行乞办学的事迹在民间广受赞誉。方雄普老所长曾深有感触地说："我们如果把张楚老比作为侨史研究去忘我筹款的武训，是不为过的"。

1993 年至 1995 年，张楚老曾先后三次访问新加坡，他在抗日战争时期结交的新加坡好友郑添文先生出于友情和对他的尊重，给了他 13 000 多美元。这在当时是再正常不过的事情，张楚老完全可以把这笔钱装进自己的腰包里，但是他一分未花，回国后悉数交给中国华侨历史学会，用于支持学会工作。郑添文先生深受感动，与夫人许婉华女士又多次向学会捐款，仅 1996 年就三次捐赠，达 275 万港币。张楚老又以自己的人脉和影响力，动员泰国橡胶大王李引桐先生和我国香港地区的温平先生、陈剑敦先生分别捐赠 100 万元人民币、3 万港币、5 万港币。张楚老为了学会的事业四处筹措，把学会的工作放到比处理自己家事还重要的位置。虽然张楚老筹措了这么多钱，但他自己一分未曾花过，即使是其诗文集的出版费用，也未在学会列支。

2000 年，张楚老因病去世，享年 88 岁。张楚老精神品格的高尚令人景仰，他为筹措侨史研究经费而甘当武训的行为永远激励我们克服困难，坚毅前行。

附录二
中国侨联历届主席、副主席、秘书长

全国侨联第一届委员会主席、副主席、秘书长名单

主　席：陈嘉庚

副主席：（按姓氏笔画排序）

王源兴　尤扬祖　方　方　庄希泉　庄明理　李铁民　陈其瑗

罗理实　蚁美厚　高明轩　郭棣活　黄长水　彭泽民　颜子俊

秘书长：庄明理（兼）

全国侨联第二届委员会名誉主席、主席、副主席、秘书长名单

名誉主席：廖承志

主　席：庄希泉

副主席：（按姓氏笔画排序）

王汉杰　王纪元（增补）　尤扬祖　刘念智　庄明理（驻会）

李广臣　连　贯　苏　惠（女，驻会）　吴桓兴　陈宗基

林慧卿（女）　蚁美厚　钟庆发（驻会）　洪丝丝（驻会）

郭棣活　郭瑞人　黄长水（驻会）　谢文思　廖灿辉　廖　胜

秘书长：钟庆发（兼）

全国侨联第三届委员会名誉主席、主席、副主席、秘书长名单

名誉主席：叶　飞　庄希泉

主　席：张国基

副主席：（按姓氏笔画排序）

王汉杰　庄世平　庄明理（驻会）

庄炎林（1988 年 12 月增补，驻会）　刘念智　连　贯

肖　岗（驻会）　吴桓兴　陈　明　陈宗基　蚁美厚

洪丝丝（驻会）　郭棣活　郭瑞人　黄军军（女，驻会）

黄登保　黄鼎臣　廖灿辉

秘 书 长：黄军军（兼）

全国侨联第四届委员会名誉主席、主席、副主席、秘书长名单

名誉主席：张国基

主　　席：庄炎林

副 主 席：（按姓氏笔画排序）

王汉杰　王宋大　王善荣　庄世平　庄明理（驻会）

肖　岗（驻会）　陈兰通（驻会）　陈　明　陈宗基

陈彬藩（1992 年 12 月四届四次全委会议增选，驻会）　林水龙

罗豪才　蚁美厚　徐发淦（驻会）　郭瑞人　黄长溪

黄军军（女，驻会）　黄其兴　廖灿辉

秘 书 长：黄军军（兼）

中国侨联第五届委员会主席、副主席、秘书长名单

主　　席：杨泰芳

副 主 席：（按姓氏笔画排序）

古华民　朱添华（驻会）　庄世平　陈兰通（驻会）

陈彬藩（驻会）　林丽韫（女）　罗豪才　郭瑞人

郭麟恭（驻会）　黄长溪　黄军军（女，驻会）　黄其兴

黄翠玉（女）　廖灿辉

秘 书 长：朱添华（兼）

中国侨联第六届委员会主席、副主席、秘书长名单

主　　席：林兆枢

副 主 席：（按姓氏笔画排序）

古华民　叶迪生　庄世平　刘锦才　李祖沛（驻会）　李欲晞

杨国庆　林丽韫（女）　林其珍　林明江（驻会）　俞云波

郭麟恭（驻会）　唐闻生（女，驻会）　黄长溪　谢文霖

冀朝铸

秘 书 长：李祖沛（兼）

中国侨联第七届委员会主席、副主席、秘书长名单

主　　席：林兆枢（2008 年 1 月中国侨联七届五次全委会议接受其辞职请求）

　　　　　林　军（2008 年 1 月中国侨联七届五次全委会议当选）

副 主 席：（按姓氏笔画排序）

　　　　　王宋达　王荣宝（女）　叶迪生　庄世平（2007 年 6 月逝世）

　　　　　李本钧（驻会，2008 年 1 月中国侨联七届五次全委会议接受其辞职请求）

　　　　　李昭玲（女）　李祖沛（驻会）　李雪莹（女）

　　　　　李欲晞　杨玉环（女）　杨　国　何小平

　　　　　阿不都热依木·阿吉依明（维吾尔族）

　　　　　陈有庆（2008 年 1 月中国侨联七届五次全委会议增补）

　　　　　林　军　林明江（驻会）　林淑娘（女，驻会）　俞云波

　　　　　董中原（驻会，2008 年 1 月中国侨联七届五次全委会议增补）

秘 书 长：李本钧（兼，2008 年 1 月中国侨联七届五次全委会议接受其辞职请求）

　　　　　董中原（兼，2008 年 1 月中国侨联七届五次全委会议当选）

中国侨联第八届委员会主席、副主席、秘书长名单

主　　席：林　军

副 主 席：（按姓氏笔画排序）

　　　　　王永乐（驻会）　王成云　王荣宝（女）　朱奕龙

　　　　　乔　卫（驻会）　李卓彬（驻会）　李昭玲（女）

　　　　　李祖沛（驻会，2012 年 1 月中国侨联八届四次全委会议卸免）

　　　　　李欲晞　吴幼英（女）　何小平　张小建　张元龙　张玉卓

　　　　　陈有庆　雪克来提·扎克尔（维吾尔族）　梁国扬

　　　　　董中原（驻会）

秘 书 长：乔　卫（兼，2012 年 1 月中国侨联八届四次全委会议卸免）

　　　　　王　宏（2012 年 1 月中国侨联八届四次全委会议增补）

中国侨联第九届委员会主席、副主席、秘书长名单

主　　席：林　军（2017 年 6 月中国侨联九届五次全委会议卸免）

　　　　　万立骏（2017 年 6 月中国侨联九届五次全委会议当选）

副 主 席：（按姓氏笔画排序）

万立骏（2017 年 6 月当选中国侨联主席） 王亚君（女）

王荣宝（女） 朱奕龙 乔 卫（驻会） 刘艺良 许荣茂

李卓彬（驻会） 李昭玲（女） 吴 晶（女） 汪毅夫

沈 敏（女） 张玉卓 陈有庆 邵旭军（女） 胡胜才

康晓萍（女，驻会）

董中原（驻会，2017 年 6 月中国侨联九届五次全委会议卸免）

秘 书 长：王 宏（2015 年 1 月中国侨联九届三次全委会议卸免）

陈 迈（2015 年 1 月中国侨联九届三次全委会议当选）

中国侨联第十届委员会主席、副主席、秘书长名单

主 席：万立骏

副 主 席：（按姓氏笔画排序）

卢文端 包 东 朱奕龙 刘艺良 刘以勤（女） 李兴钰

李卓彬（2022 年 3 月不再担任副主席职务）

连小敏（驻会，2022 年 2 月起） 吴 晶（女） 余国春

陈式海 邵旭军（女） 周建农（女） 周 琪 黄志贤

隋 军（女，2022 年 5 月不再担任副主席职务）

程学源（驻会） 黎 静（女）

秘 书 长：陈 迈

附录三
全国侨联组织建设概况

据中国侨联统计，2020 年全国共有各级侨联组织 2.6 万多个，其中省（自治区、直辖市）侨联 32 个，地（市）侨联 310 个，县（市、区）侨联 1 931 个，乡镇（街道）侨联 3 604 个，村（社区）侨联 10 793 个，高校侨联 556 个，机关、事业单位和国有企业侨联 632 个，新经济组织、社会组织侨联 285 个，其他侨联组织（如侨联小组）7 985 个。各级侨联工作人员 9 000 多人，其中兼职及长期抽调人员约 30%。

附录四
各省级侨联成立时间

（按成立时间先后排序）

北京市侨联　1950 年 10 月

云南省侨联　1956 年 2 月

上海市侨联　1956 年 9 月

广西壮族自治区侨联　1957 年 5 月

天津市侨联　1957 年 9 月

山西省侨联　1957 年 10 月

广东省侨联　1958 年 12 月

河南省侨联　1959 年 5 月

福建省侨联　1959 年 8 月

湖北省侨联　1959 年 12 月

河北省侨联　1960 年 6 月

山东省侨联　1962 年 7 月

辽宁省侨联　1962 年 11 月

浙江省侨联　1964 年 6 月

江苏省侨联　1979 年 4 月

湖南省侨联　1979 年 4 月

青海省侨联　1979 年 5 月

陕西省侨联　1979 年 8 月

四川省侨联　1979 年 11 月

新疆维吾尔自治区侨联　1980 年 2 月

内蒙古自治区侨联　1980 年 6 月

江西省侨联　1980 年 7 月

黑龙江省侨联　1980 年 10 月

吉林省侨联　1980 年 12 月

甘肃省侨联　1980 年 12 月

宁夏回族自治区侨联　1980 年 12 月

贵州省侨联　1981 年 10 月

安徽省侨联　1982 年 4 月

新疆生产建设兵团侨联　1985 年 4 月

海南省侨联　1991 年 5 月

重庆市侨联　1999 年 12 月

西藏自治区侨联　2012 年 9 月

参考文献

［1］邓小平：《邓小平文选》，人民出版社 1995 年版。

［2］胡锦涛：《胡锦涛文选》，人民出版社 2016 年版。

［3］全国政协文史和学习委员会编：《回忆陈嘉庚》，中国文史出版社 2013 年版。

［4］江泽民：《江泽民文选》，人民出版社 2006 年版。

［5］范中汇：《将军、外交家、艺术家：黄镇传》，中央文献出版社 2007 年版。

［6］中共中央文献研究室编：《十八大以来重要文献选编》，中央文献出版社 2016 年版。

［7］习近平：《习近平谈治国理政》，外文出版社 2018 年版。

［8］《习仲勋文选》编委会编：《习仲勋文选》，中央文献出版社 1995 年版。

［9］张楚琨：《张楚琨诗文选》，中国华侨出版社 1994 年版。

［10］全国政协文史和学习委员会编：《峥嵘岁月：华侨青年回国参加抗战回忆录》，中国文史出版社 2016 年版。

［11］《中国侨联五十年》编辑部：《中国侨联五十年》，中国华侨出版社 2006 年版。

［12］北京市人民政府侨务办公室编：《侨务政策汇编》，1981 年版。

［13］《党政干部统一战线知识读本》编写组编著：《党政干部统一战线知识读本》（第 2 版），人民出版社、华文出版社 2016 年版。

［14］陈文寿：《华侨华人侨务——北京视点》，香港社会科学出版社有限公司 2007 年版。

［15］郭德宏、张明林：《李大钊传》，红旗出版社 2016 年版。

［16］国务院侨办干部学校编：《论中国侨》，2010 年版。

［17］国务院侨办侨务干部学校编著：《侨务工作概论》，中国致公出版社 2006 年版。

［18］国务院侨务办公室：《侨务法规文件汇编（1995—1999）》，1999 年版。

［19］国务院侨务办公室、中共中央文献研究室编：《邓小平论侨务》，中央

文献出版社 2000 年版。

［20］国务院侨务办公室政策法规司编：《新中国侨务政策六十年回顾与探析》，2009 年版。

［21］金冲及主编，中共中央文献研究室编：《周恩来传》（1898—1949），中央文献出版社 1998 年版。

［22］［美］孔飞力著，李明欢译：《他者中的华人：中国近现代移民史》，江苏人民出版社 2016 年版。

［23］廖承志文集、传记编辑办公室编：《廖承志文集》，人民出版社 1990 年版。

［24］卢海云、权好胜主编：《归侨侨眷概述》，中国华侨出版社 2001 年版。

［25］毛起雄、林晓东编：《中国侨务政策概述》，中国华侨出版社 1993 年版。

［26］侨务报社编：《侨务政策文集》，人民出版社 1957 年版。

［27］全国人大华侨委员会办公室法案室编：《涉侨法律法规选编》，中国民主法制出版社 2010 年版。

［28］任贵祥、赵红英：《华侨华人与国共关系》，武汉出版社 1999 年版。

［29］任贵祥：《华侨与中国新民主主义革命——兼论民主革命时期华侨与中国共产党的关系》，中国华侨出版社 2006 年版。

［30］尚明轩、余炎光编：《双清文集》，人民出版社 1985 年版。

［31］王俊彦：《廖承志传》，人民出版社 2006 年版。

［32］王棠编：《侨务春秋》，中国国际广播出版社 1997 年版。

［33］习近平：《干在实处走在前列：推进浙江新发展的思考与实践》，中共中央党校出版社 2006 年版。

［34］谢益显主编：《中国外交史》，河南人民出版社 2004 年版。

［35］杨建新、石光树、袁廷华编：《五星红旗从这里升起——中国人民政治协商会议诞生记事暨资料选编》，文史资料出版社 1984 年版。

［36］张应龙主编：《华侨华人与新中国》，暨南大学出版社 2009 年版。

［37］中共广东省委党史研究室、广东省档案馆编：《方方文集》，广东人民出版社 1990 年版。

［38］中共广西壮族自治区委员会党史研究室编，王福琨、邓群主编：《中共中央南方局的统一战线工作》，中共党史出版社 2009 年。

［39］中共河北省委统战部编：《李家庄纪事》，华文出版社 2018 年版。

［40］中共河北省委统战部编：《李家庄时期统一战线史料选编》，华文出版社 2018 年版。

［41］中共延安市委统战部编：《延安时期侨务工作史略》，华文出版社 2012年版。

［42］中共中央党校理论研究室编：《历史的丰碑——中华人民共和国国史全鉴》，中央文献出版社 2005 年版。

［43］中共中央统一战线工作部、中共中央文献研究室编：《新时期统一战线文献选编》，中共中央党校出版社 1985 年版。

［44］中共中央统一战线工作部、中共中央文献研究室编：《新时期统一战线文献选编》（续编），中共中央党校出版社 1997 年版。

［45］中共中央统一战线工作部、中共中央文献研究室编：《周恩来统一战线文选》，人民出版社 1984 年版。

［46］中共中央统战部、中共中央文献研究室编：《习仲勋论统一战线》，中央文献出版社 2013 年版。

［47］中共中央统战部编著：《中国共产党统一战线史》，中共党史出版社、华文出版社 2017 年版。

［48］中共中央统战部研究室编：《历次全国统战工作会议概况和文献》，档案出版社 1988 年版。

［49］中共中央文献研究室、中央档案馆编：《建国以来周恩来文稿》（第 1册），中央文献出版社 2008 年版。

［50］中共中央文献研究室编：《邓小平传（1904—1974）》，中央文献出版社 2014 年版。

［51］中共中央文献研究室编：《邓小平年谱（1975—1997）》，中央文献出版社 2004 年版。

［52］中共中央文献研究室编：《建国以来重要文献选编》，中央文献出版社 2011 年版。

［53］中共中央文献研究室编：《毛泽东选集》，人民出版社 1991 年版。

［54］中共中央文献研究室编：《习近平关于社会主义政治建设论述摘编》，中央文献出版社 2017 年版。

［55］中共中央文献研究室编：《周恩来年谱（1949—1976）》，中央文献出版社 1997 年版。

［56］中共中央文献研究室编：《毛泽东年谱（1893—1949）》（修订本），中央文献出版社 2013 年版。

［57］中国人民政治协商会议全国委员会文史资料研究委员会编：《文史资料选辑》（第 60 辑），中华书局 1979 年版。

［58］中国中共党史人物研究会编：《中共党史人物传》，中国人民大学出版

社 2017 年版。

［59］中华人民共和国外交部、中共中央文献研究室编：《毛泽东外交文选》，中央文献出版社 1994 年版。

［60］中华人民共和国外交部档案馆编：《中华人民共和国外交档案选编（第二集）：中国代表团出席 1955 年亚非会议》，世界知识出版社 2007 年版。

［61］中央党校采访实录编辑室：《习近平在福州》，中共中央党校出版社 2020 年版。

［62］中央党校采访实录编辑室：《习近平在厦门》，中共中央党校出版社 2020 年版。

［63］中央档案馆编：《中共中央文件选集》，中共中央党校出版社 1989 年版。

［64］中央统战部、中央档案馆编：《中共中央抗日民族统一战线文件选编》，档案出版社 1986 年版。

［65］周南京主编：《华侨华人百科全书·总论卷》，中国华侨出版社 2002 年版。